U0717544

哈佛公开课

Lectures on the Harvard Classics

[美] 威廉 · 艾伦 · 尼尔森 / 编著
尤娜　陈小颖 / 译

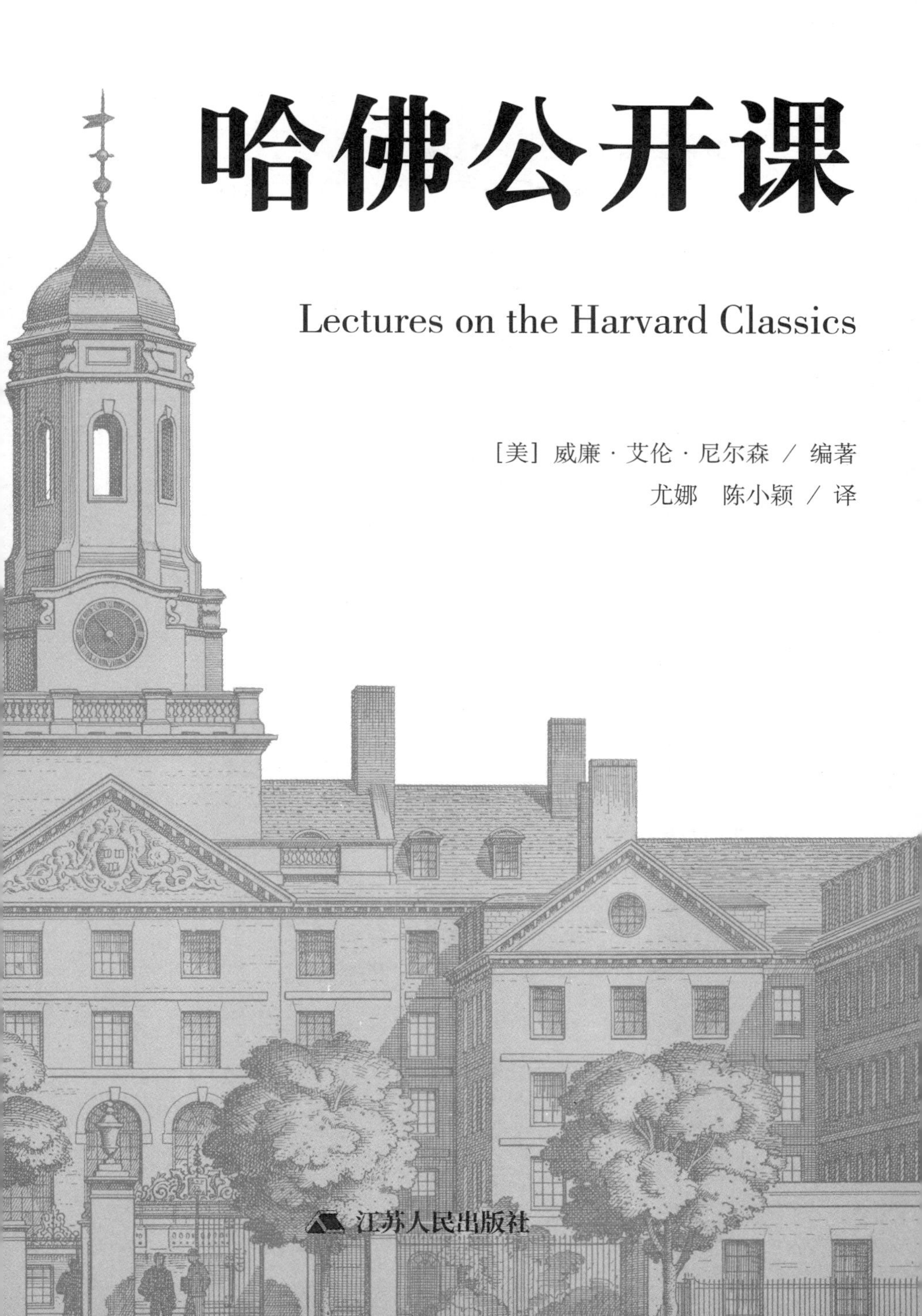

江苏人民出版社

图书在版编目（CIP）数据

哈佛公开课 / (美) 威廉·艾伦·尼尔森编著；尤娜，陈小颖译 . -- 南京：江苏人民出版社，2022.4

ISBN 978-7-214-26462-6

Ⅰ. ①哈… Ⅱ. ①威… ②尤… ③陈… Ⅲ. ①人文科学—通俗读物 ②社会科学—通俗读物 Ⅳ. ① C49

中国版本图书馆 CIP 数据核字（2021）第 255597 号

书　　名　哈佛公开课

编　　著　[美] 威廉·艾伦·尼尔森
译　　者　尤　娜　陈小颖
责任编辑　张延安
装帧设计　东合社
版式设计　书情文化
出版发行　江苏人民出版社
出版社地址　南京市湖南路 1 号 A 楼，邮编：210009
印　　刷　三河市兴达印务有限公司
开　　本　880 毫米 ×1230 毫米 1/32
印　　张　15.5
字　　数　268 千字
版　　次　2022 年 4 月第 1 版
印　　次　2023 年 9 月第 3 次印刷
标准书号　ISBN 978-7-214-26462-6

定　　价　68.00 元

出版前言

哈佛大学作为世界著名高校，向来注重学生人文素质的培养，致力于将“全人类的文明经典”介绍给学生以及普通读者。因此，哈佛校长查尔斯·爱略特主持编纂了《哈佛经典》（*Harvard Classics*）丛书，又名《五尺书架》（*Five-Foot Shelves*）。丛书从浩如烟海的典籍中，选择了各时代、各领域最具代表性、权威性的经典著作，意图通过这种方式，将这些人类文明的基石介绍给读者，践行哈佛大学“通识教育”的理念。

这套丛书获得了极大成功，受到了各界人士的一致赞颂，胡适先生即誉之为“奇书”。然而，对于学生和普通读者来说，通读皇皇数十卷的《哈佛经典》，依旧太过吃力。哈佛大学著名学者、教育家威廉·尼尔森曾协助查尔斯编纂《哈佛经典》，为了让更多的人更便利地了解这些人类文明经典，他依托《哈佛经典》丛书，邀请哈佛大学各领域顶尖教授进行了数十场讲座，讲座内容经整理后结集，便是这本《哈佛公开课》。

《哈佛公开课》涵盖了历史、政治经济学、哲学、教育、诗歌、小说与传记、评论与随笔、戏剧、旅行等领域，每个领域分为数节。本书之不寻常，正如一位读者所言：“每一章都是由好几位教授集体完成，结构却完整、严谨，把这个领域的方方面面基本都讲到了；同时每位教授所讲内容的深入性、独特性又保留了下来。”因此，本书受到美国大学生的广泛欢迎，很好地体现了哈佛大学“通识教育”的理念。

我们出版这本书的中文版，也是希望中国的读者能借此窥哈佛大学通识教育理念之一斑，并从这本书中汲取人类3000年文明的营养。需要说明的是，长期以来，一些西方学者对中国的理解有着某种程度的偏颇，这一不足在本书中也有体现，在此敬请读者朋友阅读时加以甄别。

目录

第一讲

历　史

第一节 概述

罗伯特·马特森·约翰斯顿[1]

在所有的学科中，只有历史学将读者的地位摆在作者之上。当历史学家们在学术蹊径上辛勤探索着历史的极微小之处时，想象力丰富的读者看到的却是条条林荫大道。对他们来说，只要是关于人类的、有着过去的东西都可以算作历史——除了政治领域，艺术、科学、音乐也都有其产生与发展的过程；除了国家制度，民间传说、编年史以及卷帙浩繁的文学名著也都记录了民族冲突、英雄悲剧，而且正是因为读者只是纯粹的读者，才能完全体会到历史学的乐趣。他不会受到任何羁绊，即使前一秒钟还下定决心要背诵美利坚的宪法文件，下一秒钟也能问心无愧地倾听

---

[1] 罗伯特·马特森·约翰斯顿（1867—1920），美国历史学家，生于巴黎，曾在伊顿公学与剑桥大学彭布罗克学院学习，在哈佛大学与曼荷莲女子学院任教。主要作品有《拿破仑传》（*Napoleon: A Short Biography*，1904）、《美国士兵》（*American Soldiers*，1907）、《法国大革命》（*The French Revolution*，1909）等。

在隆赛佛峡谷受伤的罗兰吹响号角的回声，[1] 或者站在克努特大帝的身旁，望着北海的潮汐轻轻地拍打着这位丹麦老人的脚背。

历史像变色龙一样，出现在文学的几乎每一个分支，出现在各个地方。然而，历史却并不是真实存在的。至今尚无人能编撰出一部完整的人类历史，将来也不可能有人完成这样的伟业，因为这超出了人的能力范围。麦考利撰写的历史只涵盖了40 年的时间，修昔底德则只记录了伯罗奔尼撒战争，吉本是近代史学大家，写的历史书艰难跨越了一千年的时光，之后却再无继踵之人。之所以出现这种情况，是因为大概除却天文学，就再也没有哪个学科像历史学这般漫无涯涘，为人们所知道的部分又这般之少。学生们迫切地需要了解历史的轮廓，课本却不可信。他们了解历史的细节，却很难将这些细节联系起来。出于这个原因，我们就很有必要试着在一篇短文里，将从远古到近代的各个伟大历史时期简单加以梳理。

距今最久远的历史可以追溯到约公元前 1000 年，也就是大约 3000 年前。在此之前，我们只能通过零星的考古学证据、岩画作者的名字证明埃及、幼发拉底河沿岸及其他地区曾先后出

[1] 罗兰是查理曼大帝的侄子，十二圣骑士之首。他随查理曼大帝征战时受伤，临死之前吹响腰间的号角。罗兰作为一个法国的民族英雄，作为一个骑士所应效仿的模范，其故事在法兰西大地上长久流传。

现过许多君主国。然而，这些民族最终都在历史长河中逐渐消失了，反而是一支容易被人忽略的、粗野的游牧部落——雅利安人，一直延续了下来。他们穿越伏尔加河、第聂伯河和多瑙河，最终闯进巴尔干半岛和意大利半岛。大海挡住了他们前进的脚步，于是他们在海岸边定居下来，很早就建立了城市，其中最为赫赫有名的当属雅典与罗马。在公元前 1000 年左右，或是稍晚的时间，荷马使希腊名满天下。

就在此时，犹太民族也产生了能与荷马平起平坐的人物。犹太人是闪米特人的一支，在《约书亚书》中，他们用本族特有的忧郁口吻记录了自己的十二个游牧部落征服巴勒斯坦的历史，《摩西五经》以及后来的一些著述则记载了他们的法律和宗教。荷马与约书亚的时代距我们并非十分久远，从他们这里讲起，就足以追溯地中海与整个西方的历史了。

希腊的霸主地位

起先的尼罗河与幼发拉底河，以及后来向西延伸至大西洋的内海（地中海），是人们经商、买卖奢侈品的途径，同时也是文化传播的必经之路。提尔[1]、福西亚[2]、迦太基和马赛都是早期

[1] 提尔，古代腓尼基著名港口，现属黎巴嫩。

[2] 福西亚，小亚细亚半岛古爱奥尼亚地区北部城市。

的商业中心，尚武的雅利安人在这里能买到东西方的一切商品，更重要的是，他们还在这里学会了语言——字母系统。他们是最伟大的民族之一，值得被赐予这最宝贵的财富。凭借这宝贵的财富，希腊人创作出了令人叹为观止的文学，在整个西方文明史中留下了华丽的一笔。他们把民族早期传说加工成文雅的荷马史诗，以及埃斯库罗斯、索福克勒斯和欧里庇得斯那阴郁而辛辣的戏剧。之后，他们转而投身历史学和哲学。在史学领域，修昔底德留下了一部伟大的杰作，希罗多德则写出了愉悦大众的故事集；在哲学领域，他们也取得了极伟大的成就。

时间将证明，希腊哲学是人类最伟大的智慧遗产。在希腊诞生之前，一切抽象概念，比如时间、意志、空间、美、真等，从来不曾在其他文明和语言中出现过。这些抽象词汇不尽完美，却非常重要，正是因为有了它们，希腊勤勉而敏锐的知识分子迅速地建起了自己的哲学体系——柏拉图、亚里士多德和芝诺完美地诠释了这个体系。然而，公元前 4 世纪末，也就是亚里士多德和他的弟子亚历山大大帝所处的时代，却见证了希腊文明是如何丧失活力、逐渐衰落的。

这次衰落伴随着一系列具有重大历史意义的政治事件。亚历山大大帝创造了伟大的亚历山大帝国，国土从地中海一直延伸到印度河。在他死后，这个帝国分裂成了为数众多的君主制国家，即东方希腊化王国，其中存在最久的是埃及的托勒密王朝。而公元前 31 年屋大维在亚克兴打败了克利奥帕特拉和安东尼后，这个王朝就覆灭了。此时距亚历山大的最后一次胜利——在阿贝拉打败大流士，已整整 300 年。

罗马的统治地位

在这 300 年间，西进的雅利安人的分支——罗马人逐渐确立了自己的霸主地位。大约公元前 200 年，罗马打败了迦太基，控制了地中海西部，随后又突然掌控了东部。在不到两个世纪的时间里，罗马就完全征服了巴尔干半岛、小亚细亚半岛和埃及，同时，地中海也成了它的内湖。

罗马城的建立可以追溯到公元前 1000 年，关于罗马共和国的民间传说与史料记载则提供了公元前 500 年的大致情况。不过，罗马人真正能够用自己的语言表达自己的想法，是在与希腊的文明和语言建立联系之后。他们的语言没有希腊语那么灵活协调，也没有丰富的词汇和抽象术语；其特点是简洁、清晰和庄严，更适于立法和行政。

在外族入侵和希腊文明的影响下，罗马效仿它所征服的民族创造出属于自己的优秀、成熟的文学，浸染着罗马共和国最后的荣耀以及罗马帝国早期即屋大维时代的辉煌。维吉尔模仿

荷马，创作了虽然内容不那么可信、语言却极其优美的史诗。卢克莱修在抑扬六步格的诗中，用温和的诗句阐述了自己粗糙的唯物主义宇宙观。西塞罗效法德摩斯梯尼，获得了更大的成功，并且成功加入了一些本土化特征。然而，历史学家中却有真正能与希腊的大师匹敌者，具有政治敏感度并且善于讽刺的塔西佗，在罗马拥有完全相当修昔底德在希腊的地位。

就在罗马帝国取代了不合时宜的罗马共和国时，拉丁语和希腊语成为地中海一带的通用语言。希腊的各所大学、雅典、帕加马以及亚历山大港，见证了理性主义成为时尚，希腊黄金时代的大师们所提出的颓废而细致的批评和哲学观点获得了崇高的地位。不过，在此时新的地中海政治体系当中，第三股力量正在凸显出来——这就是犹太民族。

犹太人的贡献

要想知道犹太人在新的地中海政治体系中即将扮演的角色，首先需要回顾古代社会和政治斗争的大致特点。在荷马所描述的英雄时代，从某种程度上说，一直持续到亚历山大大帝统治时期，国家的规模都非常小，一般只有一座城市，或是一个城市群。那时战事频繁，并且战争通常伴随着破坏和奴役。而几百年后，国家的规模扩大了。雅典企图像迦太基那样成为殖民帝国，而不容小觑的内陆国家——马其顿和罗马，也紧随其后。在公元前的最后一个世纪前后，大规模的战争几乎连续不断地爆发，对此，至少有一个与之相关的社会环境因素需要我们特别注意。

社会不平等是古代社会的一个基本情况。希腊的城市起初是一种由少数高贵家族统治的社区。这些少数贵族位于社会阶层的最高处，而往下细数，处于最低地位的是奴隶。战争都是在奴隶制的基础上发动的，胜利的一方俘虏战败的一方。罗马共和国对抗希腊君主国的几次大的战争，初衷都是为了掠夺财富与奴隶，最终变成对被征服国家最有才干和最有教养的人口的奴役。罗马创建了一个庞大的地中海国家，但也为此付出了惨重的代价。它所建立的文明只有空洞的形式，没有宗教信仰，更没有灵魂，而犹太人的出现正是要补救这一缺陷。

在整个东部以及西部的某些地区，犹太商人在帝国的城市中建立了醒目的社区，树立了精神信仰、严肃正直的榜样，与普通社区里盛行的价值观念形成了鲜明的对比。在经济繁荣的时代，物质主义和享乐主义自然是大行其道；在糟糕的时期，宗教则成为徒具形式的空壳，人们只管纵欲享乐，道德几近沦丧。不过，当时对信仰缺失和道德沦丧的反抗正在拉开序幕，人们迫不及待地想要拥护一个能帮他们建立强大精神体系的领袖，这个精神体系要强大到能够满足人们长期以来被压抑的良心的渴望，要强大到足以填满整个地中海帝国。耶稣、保罗和斐洛挺身而出，接下了这项重任。

耶稣是人之楷模，是道德化身，是救世之神。就凭这最后一个名号，他就能轻易地将亚洲人对太阳和救赎的狂热崇拜（当时最活跃、强大的宗教思潮）转移到自己身上——这也是当时看来最能看得到希望的宗教思路。保罗是转向罗马的犹太人，是帝国主义者、政治家，有着宽广的见识和传教的热情。斐洛是转向希腊的犹太人，是亚历山大里亚学派的守护神，他将希伯来文化的元素注入了埃及希腊人僵死的哲学，赋予其新的生命租期。这段租期很长，一直延续到亚历山大里亚思想被灌入基督教的模具，并为这个宗教提供了它独一无二的教条体系。

在这 300 年时间里，一直到 312 年，基督教在地中海世界还默默无闻，只是在许许多多期望得到皇帝庇护的教派中显得奇怪、与众不同而已。在这 300 年间，地中海地区是帝国管理、商业贸易以及文明交流的和平通道。岸边的大港口是民族的大熔炉，从撒哈拉沙漠到德意志森林，从直布罗陀海峡到幼发拉底河谷的人都汇聚在这里，互相通婚，为这个庞大帝国打下根基的少数贵族种姓几乎已经消失。国家机器还在自身动力的驱使下往前行进，不过战争还只是发生在遥远的边境，外国雇佣兵守护着帝国的边界，帝国的心脏却难以见到尚武精神。实际上，这是由于经济的罪恶在盛行——物质主义、无宗教主义以及怯懦胆小。

帝国脆弱的框架不足以支撑宏伟的大厦，皇位不断更迭，好皇帝，坏皇帝，还有不好不坏的皇帝，时不时地出现一个暴君，时不时地又出现一个圣君。衰落的因素一直存在，而且日渐增强。军队不得不从蛮夷部落招募雇佣兵，皇冠成为战利品争夺中的最高奖赏；帝国渐渐失去控制，即将土崩瓦解，众多竞争者一拥而上，企图凭借武力赢得统治权。

罗马的基督化

312 年，这样的争夺正在热火朝天地进行着，君士坦丁即是争夺者之一，他想方设法地在竞争中增强自己的力量，于是就在基督教中寻求帮助，把自己置于十字架的保护之下。不管他实际的宗教信仰是什么，毫无疑问君士坦丁这步棋走得非常高明。当异教还在通过习惯和情感诉求笼络大众时，基督教已经为自己，特别是在帝国的西部吸引了能够严肃思考并且处于较高阶层的人群：行政官、商人、有地位有影响力的人都成了基督徒。君士坦丁需要他们的帮助，于是履行了所需的一个条件，即认同他们的信仰。

就这样，在经历了漫长斗争和多次迫害之后，基督教一夜之间成为帝国的国教。但基督教本身是排外的，皇帝又是其首脑，因此，帝国的所有公民都必须信仰基督教，为了达到这种整齐划一，又必须付出相应的代价。民众执着于一直以来所信奉的古老宗教，执着于他们的远古之神、年代久远的寺庙以及古老的仪式，要想将这一切一笔勾销，代之以完全不同的东西是不可能的，所以妥协就产生了。祭司、神庙、仪式还有雕像都可以保留，但是被重新贴上了基督教的标签，而在这背后，基督教的思想也悄悄渗透进来。这是一场伟大的转变，时至今日，聪明的旅行者和读者还是能够发现其中的蛛丝马迹。

“地中海地区曾经充满了华丽的装饰、欢乐的游行，而今，那些大理石雕像、玫瑰花环和热情的人群都已经成了梦想家的素材。一袭白袍的祭司，烟雾缭绕的祭坛，狂欢的队伍以及神秘的仪式，也无法再撩动人类的情感。牧羊人不会再为了纪念西布莉女神而捶打自己嶙峋的胫骨，也不会再有上千则有趣的寓言和想象丰富的诗句萦绕在宗教祭坛边和神殿柱廊间。日复一日，夜复一夜，正如阿波罗与狄安娜在天上过着神的生活一样，在地上，人们也过着人的生活。而现在，在耶稣基督的魔咒之下，它们全都如彩虹一般消散，成了过往云烟，缥缈虚幻，只有历史学家可能会令些许遗迹重现，只有诗人能令逝去的生命复活。异教的外在形式在很大程度上保留了下来，其最脆弱的核心却被摧毁。异教曾试图兼收道德作为教义，但失败了，而新的信仰正是在‘道德’这坚不可摧的基石上建立起来的。基督教曾通过个体良知的反抗大获全胜，而现在，它正试图完成一项危险的任务——创造集体的良知。”[1]

罗马的衰落

基督教被确立为罗马国教，并没有来得及为这个迅速衰落的帝国注入一丝活力。君士坦丁大帝通过迁都君士坦丁堡，一手将帝国分裂为两部分，一半属于罗马文化，一半属于希腊文化。而边境更是危机四伏，受到日耳曼人的持续入侵，很难支撑下去。日耳曼部落一步一步侵入了边界，当基督教正在成为地中海世界的官方宗教时，他们已经凭借武力占据了莱茵河和多瑙河一线以内的神圣领土。自此以后，在一个世纪抑或更长的时间里，日耳曼人的入侵过程与罗马帝国的分裂过程一直持续着，直到375年日耳曼民族大迁徙以及410年阿拉里克率领哥特人洗劫了罗马城，这一过程达到了高潮。

[1] 引自约翰斯顿《神圣基督教会》(*Holy Christian Church*)。

在接下来可怕的半个世纪里，罗马世界被数个日耳曼部落的王子瓜分殆尽，只有两项旧的秩序得以保留，分别是以君士坦丁堡为都城的支离破碎的东罗马帝国和地位越来越重要的罗马主教——很快人们称之为罗马教皇。这也初步预示着，皇帝们曾经丧失的统一领土，即将以新的方式重新收回。

日耳曼人粗鄙好战，拉丁人则细致安宁，当征服的风暴横扫帝国西部时，他们在修道院中寻求安全。“当狂风肆虐时，罗马遗留下来的理性主义躲避在野蛮人不敢亵渎的拉丁式十字架下，不久就会重新戎装待发，作为基督的大军，用崭新的武器去征服父辈年代的罗马军团从未涉足的领土。”[1] 日耳曼人头脑简单，容易受骗上当又非常迷信，于是拉丁牧师们很快就学会如何利用他们，给他们灌输基督教崇高的理想和道德标准。他们不仅通过宗教来控制日耳曼人，还很快成为日耳曼王国的民政官、立法者以及精神领袖。

此时，文化也发生了显著的变化，整个文化成为一种混合物，其中最为主要的要素是基督教文化和日耳曼文化。从文化角度讲这也许是好事，但从经济和物质层面而言，却是损失重大。巨额的财富化为乌有，完善的交通被破坏得七零八散，帝

---

[1] 引自约翰斯顿《神圣基督教会》(*Holy Christian Church*)。

国的通信几乎中断。在地中海上，商人不再安全，罗马的大道即将被毁，原来的交通要道被军事国家的边界所阻断。在这样的情况下，文化只可能变得更加区域化，较之以前更加衰落。

伊斯兰教的兴起

接下来，在公元7世纪，穆罕默德横空出世，创立了伊斯兰教，从此开始了阿拉伯民族的伟大征服运动。他死后刚刚几年，阿拉伯半岛和东罗马帝国的狂热的军队就攻陷了君士坦丁堡，随后又向西一路沿着地中海南岸扫荡，直到被大西洋挡住去路。他们又转向西班牙，毁灭了西哥特王国，翻越比利牛斯山脉，到达高卢人的腹地，才最终被阻拦下来。732年，夏尔·马特领导下的法兰克人在图尔市打败了他们，或许这次胜利也拯救了基督教世界。如果阿拉伯人成功通过了这最后一关，谁能知道会出现什么样的结果呢？正如吉本那段经典的文字所说："胜利的军队从直布罗陀的海礁一直行进到卢瓦尔河岸上，绵延了一千多英里；本来萨拉森人[1]前往波兰和苏格兰高地的边

[1] 萨拉森人，原意系指从今天的叙利亚到沙特阿拉伯之间的沙漠游牧民族，广义上则指中古时代所有的阿拉伯人，也可以说萨拉森人就是阿拉伯人；狭义的萨拉森人只用来指中世纪时期地中海的阿拉伯人海盗，他们在9—10世纪时最猖獗。他们有统一的语言——阿拉伯语，有统一的文化和风俗习惯，绝大部分人信奉伊斯兰教，极少数人信仰基督教。

界也是同样的距离；莱茵河也并不比尼罗河或幼发拉底河更难以通行，阿拉伯的舰队也本可畅通无阻地进入泰晤士河口。如果这些成为现实，也许现在牛津的学校里就会教授对《古兰经》的阐释。”而后在阿拉伯梦想的废墟上，夏尔·马特的后代建立了一个君主国，并在查理曼大帝的统治下盛极一时。800年，法兰克统治者中的精英恢复了帝国称号，并且在圣彼得大教堂接受了教皇的加冕。但是旧的帝国不可能苏醒过来，仅仅凭借这些，法兰克王国也无法长期保持这种鹤立鸡群的地位。一个新的不速之客即将到来，查理曼大帝在临死前已经看到，第一批热衷于冒险的北方海盗的平底船出现在王国北方海域的地平线上。

封建制度

在大约200年的时间里，欧洲经历了一个极度悲惨的时代。丹麦人和斯堪的纳维亚人从西北部侵扰它，南部还要应付强悍的萨拉森人，只有莱茵河和多瑙河的上游逃过了这场灾难，孕育出了灿烂的日耳曼文明。加洛林帝国分裂成了法兰克、洛林（或称勃艮第）和日耳曼，在它们之中，只有最后一个保留了帝号。若非封建制度的出现加强、稳定了逐渐衰落的文明，这次分裂可能会无限地继续下去，直到欧洲变成乱糟糟的一团。

只有暴力才能成功地对抗暴力。在每一个千钧一发的时刻，受压迫地区的人们都会以一成不变的模式起来反抗。那些有意愿、有力量去抗争的人们保护了整个团体，反过来，他们要求人们为他们提供相应的服务。他们很快就开始建筑城堡，把权力以及领土传给继承人。有了军事和其他服务，统治者很快就开始垂涎其他土地。教会也以之为榜样，直到最终，11 世纪时，一个具有普遍意义的共识为西欧的观念打下了根基：每个个体都归属于某个阶层，他为上级阶层提供各种各样的服务，依据其表现享受特定的权利，处于该等级阶梯顶端的是皇帝或教皇，或二者平起平坐。

此时，封建制度在稳定社会环境方面已经干得非常漂亮，并逐步终结了北方和南方的海盗时代。从西西里岛到苏格兰的边界，欧洲如今已经分裂成一团小规模军事公国，不过有些地方时不时地被诸如法兰西和英格兰那样的君主国（或帝国本身）用或多或少还算有效的方式结合在一起。每一条贸易路线周边都建有防御工事，各个公国都可以向商人们征收巨额的苛捐杂税。在较为和平的环境下，在意大利、德国和尼德兰出现了大规模的贸易城市，引发了一场公民与封建君主争夺控制权的激烈斗争。

与此同时，教会本身也野心勃勃，并经历了最剧烈的起起

落落。在法兰克人的保护下，罗马教廷暂时获得了领地，直到 1870 年 9 月 20 日被新建立的意大利王国驱逐。有了这一块领地，在古罗马与教会强大传统的驱使下，在教皇格列高利七世（希尔德布兰德）的领导下，罗马教廷一步一步地伸出双手，企图抓住欧洲封建化的权杖。查理曼大帝广袤疆土的一个分支——日耳曼帝国奋起抵抗，两大党派由此产生，分别是教皇党和保皇党，教皇党是教皇的支持者，而保皇党是皇帝的支持者。在很长一段时期里，这两个党派在徒劳地争夺至高无上的权力的过程中令德国和意大利四分五裂。

在封建运动中，热衷于教会利益的罗马教廷暂时成功地制造了一个插曲，它既是宗教性质、充满骑士精神的，也是经济上的，即十字军东征。它把封建领地军队中多余的士兵抽出来，组成了声势浩大的军队，要把圣地从亵渎圣地的异教徒那里解放出来。这片东部的土地因宗教战争和随之而来的屠杀变得伤痕累累，战败者徒留创伤。对于崇尚节约的热那亚共和国和威尼斯共和国来说，十字军东征着实是一项庞大的运输和贸易事业，并且最终使东方贸易得到了大大扩展；西部再一次到东方学习，并且变得不那么虔诚，具备了更多的怀疑精神。从十字军东征结束（1270 年）到 250 年后宗教改革爆发这段时间里，经济活动和怀疑论的发展都非常突出，还值得一提的是，一些新的语言的产生，以及在部分程度上由这些力量引发的文艺复兴运动。

文艺复兴

很快，在经历了 11、12 世纪的好大喜功之后，教皇制度开始瓦解。教皇制度的根基——拉丁语的地位迅速下降，因为但丁创造了意大利语（1300 年），而且，在接下来的两个世纪里，法国、英国和德国的文字也逐渐成型。人们不仅不再坚持拉丁形式的信仰，还渴望将宗教信仰注入新的语言形式，尤其是希望拥有一部用本国语言书写的《圣经》。面对这样的冲击，罗马开始了神学研究，创立了中世纪的大学，并试图通过回归阿奎那诠释的希腊黄金时代的文本，复活亚历山大大帝带给它的哲学。

不过这些都于事无补，欧洲人已经感受到了一种新的生活、一种新的民族主义在传播。那些前往印度、美洲的发现之旅，先是激发了人们的想象力，后来又用源源不断的黄金填补了野心勃勃的政治家、士兵以及艺术家的贪欲，世界的脉搏跳动得愈加迅速。君士坦丁堡在建立 1000 年之后落入土耳其之手，这座城市所收藏的手稿、艺术作品以及手艺人都流入了意大利，许多人成为发明家、创新家、艺术家，还有改革家。凯萨·波吉耳尝试建立一个意大利帝国，后来失败了；马丁·路德尝试脱离教会，后来成功了。

路德宣称，人只能通过上帝的恩典拯救自己的灵魂，并以此为基础，开始了无止无休的辩论与纷争，使欧洲再一次跌入战争的地狱。直到1648年《威斯特伐利亚和约》签订，这一切才宣告终结，欧洲北部皈依新教，而南部仍然信奉天主教。

法国与英国

这个时候，路易十四刚刚登上王位，使法国注定在之后的两个世纪里雄霸欧洲。封建时代很快成为过去，最后那些强大的封国在宗教战争中已经耗光了国力。君主国重新捡回了它们之前丧失的东西，现在开始将凡尔赛宫装饰得富丽堂皇，将曾经无拘无束的封建军人转化成卑躬屈膝的朝臣。从大部分方面来看，波旁家族都是十分成功的。他们依旧是法兰西的独裁者，身为特权阶级的教士和贵族都比他们位低一等，他们还能随意控制政府机构。然而，他们很快就开始滥用这个机构。1789年法国大革命爆发后，波旁王朝彻底垮台。

这一戏剧性的事件是由很多不断汇聚起来、缓慢发生作用的原因所导致的，其中我们可以留意一下波旁王朝糟糕的财政管理，食物供应的不足，以及受过良好教育却无法影响政策也无法参与政事的中产阶级的不满。这一阶级控制了后来成为国民议会的三级会议，开始着手以自由、平等、博爱的名义摧毁保守顽固的波旁王朝。由于国民议会缺乏经验，王室宫廷又软弱无能，一帮野蛮的巴黎暴徒由此崛起，并最终把法国拖入了与欧洲的战争，还把波旁家族以及成千上万最高贵和最优秀的、少数最卑鄙的法国人，一齐送上了断头台。

战争胜利之后，接替了恐怖统治的共和国政府十分软弱无能，这不可避免地导致军事独裁政权和君主政体复辟。历史上最伟大的暴发户拿破仑·波拿巴，凭借他的远见卓识和铁腕手段，控制了法国 15 年之久。在统治期间，他把法国组建成了一个在欧洲前所未有的国家，他抱着妄自尊大的征服欲带领着法兰西一路侵略，从酷热的埃及到寒冷的俄罗斯。最终，他倒下了，留下一个精疲力竭的法国，以至于波旁王朝很快便卷土重来。

为了打垮法国和拿破仑，整个欧洲都参与了进来，最后是遥远的俄国给了最致命的一击。然而，历史证明，英国才是法国最持久、最顽固、最成功的敌人，法国和英国之间的纷争在历史上由来已久。

在查理曼大帝之后的黑暗时代，诺曼底人曾一度武力控制了法国和英国之间的一个中间地带。1066 年，他们在诺曼底公爵威廉的领导下征服了英国本土，并在那里建立了一个强大的岛上君主国。然而，他们在法国的据点使盎格鲁—诺曼底的国王们陷入了与邻国法国的冲突，从此以后，直到 1815 年之前，两国之间持续发生战争，中间少有停歇。起初，他们的主要目的是侵占领土；后来，经济因素逐渐凸显，到了 18 世纪，拿破仑将这场战争演变成了一场争夺海外殖民地的斗争。

西班牙与哈布斯堡王朝

随着都铎王室在 16 世纪开始了对英国的统治，英国对法国旷日持久的斗争，由于一个新兴的大陆强国而变得更加复杂，因为在某些情况下，这股新兴力量很可能与老对头联手——这股新势力就是西班牙。

自 732 年在图尔被法兰克人打败后，阿拉伯人就一蹶不振。然而，在几个世纪的时间里，他们在西班牙站住了脚跟，并且在学术和艺术方面取得了辉煌的成就，而与此同时，基督教统治下的欧洲依然处于黑暗之中。但不久之后，位于比利牛斯山脉和阿斯图里亚斯群山的封建公国便开始崭露头角，最终，在 15 世纪末，这些国家组成了一个联合君主国，征服了最后的阿拉伯王国，创建了近代西班牙。

就在此时，通过欧洲历史上最著名的巧合之一，即联姻以及其他客观条件，使得西班牙王国、勃艮第公爵们的伟大遗产和匈牙利王国瞬间落入了奥地利的哈布斯堡公爵们之手，他们几乎源源不断地将自己的王公推上德意志的皇位，直到 1806 年古日耳曼帝国走向终结。

权力高度集中在查理五世（1519—1556）的手中，这很明显地逆转了宗教改革爆发以来的形势，因为依然信奉天主教的法国和新教国家英国都不得不面对同一个问题，那就是哈布斯堡王朝的大肆扩张打破了整个欧洲的平衡，这在很大程度上解释了为什么那个时代政治格局不断变动。直到路易十四统治末期（1753 年签订的《乌特勒支条约》所规定），一位波旁家族的王子登上了西班牙的王位，哈布斯堡王朝大权独揽的局面才被打破。从此以后，法国和西班牙常常联合起来对付英国。

在英国，轰轰烈烈的宗教改革大约持续了一个世纪，从亨利八世开始一直到克伦威尔统治时期；总的来说，并没有欧洲大陆的宗教运动那么激烈。最终的结果主要是建立了英国国教，以及更著名的新教教派，新英格兰那些最坚定的移民者就来自这些教派。

大英帝国的建立

正是在宗教战争期间，英国展开了与新兴的西班牙哈布斯堡王朝的斗争。在这场斗争中，西班牙无敌舰队在巡航中制造了一些十分戏剧化的插曲；英国海员则在旅行中有着新的发现，时不时地做出一些海盗式的壮举，留下了许多浪漫的故事，比如他们冲破了西班牙企图在南部诸海糊起的纸墙。从此以后，浩瀚的大海，西印度群岛的黄金，蔗糖、烟草、咖啡种植园，新世界里不断拓展的殖民地和国家，全都成了争夺的对象。当西班牙在无敌舰队覆灭之后日渐衰弱，一个世纪后唯法国马首是瞻时，这场斗争本身便又成了英法两国之间的事。

英国在七年战争（1756—1763）中奠定了自己在世界上的霸权地位，虽然在接下来的一场战争中它丧失了美洲殖民地，不过在 1793 年再次与法国交手时，它的贸易和制造业，它无可匹敌的地理位置和经济形势，以及它那些精明而有效率的政治家们，使它的实力跃居欧洲各国之首。英国参与了 1793 年的反法同盟，除了两次短暂的中断之外，英国一直在战场上对阵法国，直到 20 年后，拿破仑最终在滑铁卢一役被威灵顿和布吕歇尔打败。

在这场规模庞大的战争中，法国一直面临着两大挑战：一方面是大海之上的英国，另一方面是陆地之上的东北欧三大军事强国——奥地利、俄国和普鲁士。这场斗争即将收尾时，也就是拿破仑兵败西班牙、开始与俄国决一死战之后，来自大陆的挑战上升为法国所要面对的主要问题。但英国一直着眼于海洋、殖民地以及海上贸易，于是在维也纳会议（1815 年）上，欧洲列强瓜分这个满目疮痍的帝国时，英国成为公认的唯一的海上殖民强国。

现代欧洲

拿破仑的统治垮台之后，欧洲经历了一段恢复时期，但这段恢复时期在 1848 年的一场革命风暴中结束。那时，欧洲的人口有所增长，交通越来越发达，促进了知识分子之间的交流以及经济的发展，人民的基本政治权利受到了过度的限制，政府则因循守旧。在意大利，在德国，古老的帝国已经于 1806 年寿终正寝，新的民族主义的种子正在孕育。从巴勒莫到巴黎，从巴黎到维也纳，爆发了一连串的革命，在短短两年的时间里，整个欧洲都被撼动了。一个新的波拿巴帝国在法国崛起，在意大利和德国，国家观念确立起来，虽然当时并没有成为现实。这还要等 20 多年的时间，需要在拿破仑三世叵测的野心的配合下，被加富尔和俾斯麦巧妙地付诸实践。

1859 年，法国帮助萨伏伊王室将奥地利人从波河流域赶了出去，从而为加富尔和加里波第解放和统一整个意大利扫清了道路。1866 年，普鲁士把哈布斯堡家族赶出了德意志，四年之后又带领德意志联军兵临巴黎城下，拥护霍亨索伦家族的威廉为新的德意志帝国皇帝。

此后的事件，主要集中在殖民地及经济宗主权的争夺上，这更多地属于现代政治领域而非历史领域，因此，我们可以不予考虑。实际上由于篇幅限制，还有很多别的内容也被省略了。若是要补充最后一句话，以帮助读者从历史这个任人宰割、支离破碎的领域收获点什么，就这么说吧：人们能从每一件事中获得一个新的视角，一种新的精神状态。

读者是“历史”这场大戏的看官，必须冷静地判断、仔细地辨别，不要怀着偏见、赞扬或指责。当历史的长河闪耀着变幻多彩的光芒时，只要静静地观察就足够了。但要时刻准备好去判断人物的行为和动机，要有丰富的想象力去捕捉永存的真相，要在心中感受那数不胜数的英雄行为，正是这些英雄行为，创造了伟大的人物和伟大的民族，它们与全人类同在。

第二节 古代西方史

威廉·斯科特·弗格森[1]

我们将西方世界的历史分为三个时期，每段时期包含大约1500年时间，其中的两个时期属于古代史部分。

“永恒之链”上的第一环包含了东方三个互不相同但联系紧密的文明中心——埃及、巴比伦及克里特－迈锡尼的崛起、兴盛和衰落。第二个时期从公元前1200年开始到公元300年结束，这段时期也包含了一种文明的发展、成熟和衰退过程，即希腊和罗马高度发达的物质文明与精神文明。第三个时期也就是基督教时期，与前者重叠了几百年的时间，并且一直持续到我们的时代。我们可以把19世纪视作第四个时期的开端，这是

[1] 威廉·斯科特·弗格森（1875—1954），古代史专家，哈佛大学古代史教授。主要作品有《希腊化时代的雅典》（*Hellenitic Athens*，1911）、《希腊帝国主义》（*Greek Imperialism*，1912）、《雅典娜的司库们》（*The Treasurers of Athena*，1932）和《雅典的部落周期》（*Athenian Tribal Cycles*，1932）等。

人类发展史上一个包含着无限可能性的时期。

像基督徒一样，希腊人这么多世纪以来也在以自己的祖先为师。他们的早期诗歌，比如荷马的《伊利亚特》和《奥德赛》，在某种意义上就是克里特－迈锡尼时代的遗产，诗里的活动场景就设在那个时代。不过，像中世纪和现代欧洲的各民族一样，希腊人还是通过自己的努力创造出了属于自己的独特文明。

公元前 8 世纪到公元前 7 世纪，希腊人正式加入人类文明大家庭。在这一时期，也就是他们从爱琴海扩张到地中海的时期，他们打破了曾束缚东方精神的镣铐，依靠自身的智慧，勇敢地面对人类生活中的严肃问题。接下来，在意识到自己的位置后，他们发现自己拥有的那些城市同时也是国家。此前这些城邦之间没有任何政治联系，不仅如此，那些把米利都、科林斯、叙拉古、马赛以及当时其他数以百计的希腊城邦中的希腊人互相连接在一起的情感、语言和宗教纽带也相当脆弱。当时希腊政治地图的复杂程度，从克里特岛一岛之上就存在 23 个城邦这一点上就可以看出来了。但不管是在希腊还是在别的地方，只要城邦里的生活既具有城市性，也具有国家性，这样的城邦就是最有利于自由制度发展的土壤。

希腊的个人主义

希腊的形成伴随着个人主义的兴起这一主题。诗人们不再沿袭荷马的传统，不再讴歌古代英雄的壮举，而是书写他们自己的情感、思想和人生经历。他们不再纠结于史诗宏大的规模和晦涩的词语，而是用自己熟悉的韵律和方言描绘身边普通的男男女女。雕塑家和画家，从前一直从属于自己的门派，致力于发扬光大本门派的艺术，如今他们逐渐意识到，自己的作品主要来源于自己的创造力，于是开始通过在作品上留下自己的大名来主张自己的权利。

荷马的启示对宗教问题的解决也不再令人满意，每一个思想个体都被迫开始关注这些问题。有人依然坚守正统，有人则狂热地崇拜狄奥尼索斯和得墨忒耳，从中寻求庇护；还有人起身反抗神学，把世界解释为自然规律的产物，而非出于神的创造。一些早年淹没在自己的家庭、宗族和交际圈中的人，如今为了各种公共目的而脱离了所有这些联系，只承认城邦的权威，而这个城邦接受所有公民参与到城邦的公共事务中来。正如政治领域出现了反叛者一样，宗教和艺术领域也出现了反叛者，他们所反叛的暴君是像阿基洛古、萨福、阿尔凯奥斯这样的一些诗人，以及像米利都的泰勒斯和爱奥尼亚的物理学家之类的科学家。

总体而言，亚洲土地上的希腊人是这一时代的领袖，米利都则是当时整个希腊世界最伟大的城邦。

斯巴达、雅典和底比斯

随之而来的公元前 6 世纪是一个保守的时代，人们不再像前几代人那样热血方刚。这是“希腊七贤”的时代，是信奉“凡事不可过度”的时代，也是贵族们克己自制的时代。

在这个压抑欲望的时期，斯巴达曾发展出的丰富的文化消失了，只剩下单一的眼前利益——战争和准备战争。随着斯巴达贵族的没落，由他们支撑起来的艺术和文学也逐渐衰落。斯巴达人民组成了一个武装阵营，人与人之间维持着战友般的关系，过着清教徒式的艰苦生活，总在担心为自己服务的奴隶们（每个斯巴达人拥有 15 个奴隶）的造反和滥杀，还要时刻保持警惕，以防止他们在希腊事务中（当时的斯巴达人有 1.5 万，希腊人有 300 万）树立的领袖地位受到威胁。

雅典的发展方向恰恰相反，虽然雅典的贵族也丧失了对政治权力的垄断，但在另一方面，奴隶的公民身份却得到了承认。在雅典民主发展时期，塑造雅典的那些人自己也是贵族，他们一直坚定不移地认为，他们的制度文化必能使民众的生活变得高贵。因此，他们不辞劳苦，贡献自己的家当来修建和维护公共角力场和体操场，不管是贵族还是平民，都能在这里锻炼身体，使身体更加柔韧和优雅，使自己的行为举止充满魅力和活力；他们还举办一般公民通常都必须参加的“音乐比赛”，而在为比赛做准备时，所有阶层都积极地研究文学和艺术，尤其是学习抒情诗和戏剧合唱中的语句和曲子。因此，虽然贵族阶层在雅典灭亡了，雅典人却成了整个希腊的贵族。

这主要应归功于雅典最杰出的政治家地米斯托克利。在他富于远见的指导下，雅典耗费巨资建造了一支无敌舰队，在献身精神与英雄主义的鼓舞下与斯巴达联手击退了波斯人，成就了一个海上帝国。起初，阿里司提戴斯在与地米斯托克利的竞争中失利，后来却成了他忠实的合作者。伯里克利也从这二人身上受益匪浅，此人广泛涉猎科学、哲学、法学、艺术和文学，并因此成为巅峰时期的希腊最完美的代言人，他不仅完善了雅典的民主制，还界定、规划了他的帝国使命。没有哪个身处高位的人像他一样坚信所有公民都有资格参与公共事业，不过也没有谁比他更热衷于帝国主义了。实际上，如果没有雅典的海上帝国，雅典民主制以及与之相关的一切都是不可能实现的。对雅典人来说，臣服的同盟者就像奴隶、技师和商人之于柏拉图理想国中的公民一样，是不可或缺的。

斯巴达曾试图消灭这个帝国，为此发动了一场耗时 10 年

（公元前 431—前 421）针对雅典的战争，却无果而终。斯巴达人没能完成的事情，被雅典的魔鬼天才亚西比德完成了，因为民主主义者们正是在他的坚持下开始了西西里远征，这是一场真正的灾难。他们在叙拉古遭遇惨败（公元前 413 年）之后，附庸国纷纷起来反抗，并且停止了进贡；雅典没能打败联手对付它的西西里人、斯巴达人和波斯人，于公元前 405 年屈服。我们不能确定历史上是否还出现过像雅典这样的城邦，有 5 万名成年男性从事和平事务，另外 5 万名成年男性参与战争。在希腊引领世界之时，雅典引领着希腊。

斯巴达人取代了雅典的地位，但要维持这个地位，他们只能依赖其同盟者——波斯和叙拉古的支持。在他们与波斯人起争执时，便立即失去了这个地位；后来通过公元前 387 年的《国王和约》又失而复得，岂料在 16 年之后就被底比斯彻底击败。底比斯是一个完全依靠伟大的武士政治家伊巴密浓达的政权，这位伟大的政治家在公元前 362 年战死，导致了底比斯霸权的没落。

到了公元前 356 年亚历山大大帝出生的时候，我们终于可以说，希腊人苦苦追寻了两个世纪的梦想终于要实现了：欧洲所有的希腊城邦，不论大小，都重获自由，就如同回到了公元前 7 世纪那样的自由。事实上，正如普鲁塔克在《德摩斯梯尼传》中为我们展示的那样，它们始终生活在派系斗争之中，彼此之间充满了恐惧和嫉妒，同时又面临着巨大的威胁，要抗拒这威胁，就只有联合起来。

马其顿王国

马其顿王国在菲利普的领导下统一了希腊，由此拥有了强大的实力，使亚历山大大帝得以征服波斯帝国，并迅速开始了持续不断的希腊殖民活动。正如马基雅维利在他的《君主论》中所指出的："他的继任者们面临的唯一的困难，是由他们的野心引起的相互之间的纠纷。"就这一个困难就已经够他们受的了。它引发了一次长达 30 年的战争，这是希腊历史上前所未有的。战争结束后，脆弱的势力平衡使希腊－马其顿世界陷于瘫痪。在这种情况下，托勒密王朝治下的埃及耗巨资供养着一支强大的舰队，从而控制了马其顿和亚洲。

在罗马的统治下，意大利获得了统一（公元前 343—前 270），随后迦太基帝国覆灭（公元前 264—前 201），由此，一个比任何一个希腊王国都更加强大的军事强国开始与埃及的对手在战场上一决高下。这个国家的人口有 500 万，士兵有 75 万，能连续多年保证有 10 万人在战场上打仗，只有整个希腊世界联合起来才可能抵挡这样一支力量。希腊人再次因为分裂而受到了应有的惩罚，在一番痛苦挣扎之后，希腊落入了罗马人之手。

罗马的崛起

这一批征服希腊的罗马人和150年之后的西塞罗、恺撒那一代人不一样，这批人可不是什么“绅士”。普鲁塔克在《科里奥兰纳斯传》里只记录了他们本性的一部分，这本书中的一个传说，被普鲁塔克时代的罗马人和希腊人奉为事实。人们用这个传说证明罗马人在政治斗争中所谓的不妥协性格，以及他们在家庭生活中所具备的高尚品德。但事实上，他们身上具有很多易洛魁人的特质，他们的士兵都是些没有受过教育的农民，曾经钢铁般的纪律在他们占领城池之后就会放松下来，于是他们经常会在大街上滥杀无辜：男人、女人、孩子甚至动物。所以说，罗马并不是通过玫瑰香料或现代人道主义的手段来征服世界的。

又过了五代人之后，意大利人开始了平稳的希腊化的历程，此前东部各省曾对此反应激烈。在这个迅速去民族化的时代，曾经领导国家首先实现内部和谐、然后巩固了在意大利的统治地位、最终建立了世界帝国的罗马贵族内部开始瓦解。罗马帝国供养了一个所谓的骑士团，由一大批承包人、放债人、谷物商人和奴隶贩子组成。他们将组成元老院的大土地所有者们架空，从他们手中夺取了各省的控制权，然后在地方上横征暴敛，加速了政府的瘫痪，而由皇帝进行统治是结束这种瘫痪的唯一办法。西塞罗的青年时期，刚好是贵族阶级的两翼——农业和商业之间进行自杀式斗争的时代。西塞罗作为一个“新人”，为了跻身政坛，而不得不依附于庞培这类的政界要人，所以不管是他的政治路线还是他的政治观点，都是那样的“摇摆不定”；但是他至少有一个坚定的信念，就是要竭尽全力恢复“和谐的秩序”，不过这根本就行不通。

尤利乌斯·恺撒和奥古斯都·恺撒的成就

罗马帝国还建立了一支常备军，而且由于帝国必须利用这支军队来对付条顿人、意大利人、希腊人和高卢人，于是一任又一任军队领袖就能够对文人政府发号施令。这其中最后一位就是尤利乌斯·恺撒，他成为最后一位是因为他决定不再控制元老院，而是直接取而代之。他短暂的统治（公元前49—前44）是罗马历史上值得纪念的一段时间，因为这是一个世界性的君主国自亚历山大大帝以来的第一次再现。在当时的希腊文献中，恺撒被称为“整个人类的大救星”。在他遇刺之后，刺客们感到悲伤的是，候选人之间为了恺撒军队的控制权争来斗去。

最终，恺撒的手下安东尼带着一半军队去了东方，去完成恺撒征服帕提亚人的计划。他生活在亚历山大里亚，拜倒在恺撒的情妇、埃及女王克利奥帕特拉的石榴裙下。克利奥帕特拉是一个精明强干却寡廉鲜耻的女人，而且又继承了一种糟糕的政治传统——通过把罗马帝国领导者捧上埃及王座而把埃及并入罗马帝国。至于安东尼，我们最多只能说他是个“混蛋恺撒”。

事实证明，恺撒的养子屋大维（后来改为奥古斯都）却是个一流的政治家，安东尼没带走的军队都由他掌控。他勾起了意大利人反对安东尼及其埃及“荡妇”的民族情绪和共和主义情绪。但是，在公元前 31 年的亚克兴战役中打败了安东尼和克利奥帕特拉之后，他不得不开始对付那个他唤醒的恶魔——或者说是幽灵。为了解决这个麻烦，他中和了共和主义与君主制度，创立了元首制，这个制度虽然曾间接性地恢复恺撒模式，并逐渐地向彻底的专制制度退化，却一直持续到公元 3 世纪的一场大的军事叛乱。当时，希腊－罗马文明随着罗马的政府体制一起迅速衰落。250 年来，有 6000 万人在秩序井然的政府统治下过着稳定而富庶的生活。他们砍伐树木，把沙漠装点成花园，建造了上百座城市，使正义感和光荣感从罗马一直传播到世界各地，并且令其永垂不朽，然后他们又成为数十万本国野蛮士兵的无助的猎物。罗马帝国的衰落是历史上演的最大的悲剧。

在实行元首制期间，追根溯源，似乎所有的行为都因君主或皇帝而起，不论是好的行为还是坏的行为。很明显，一个人的意志和品质决定了所有人如何生活以及是否幸福。因此，很自然，这个时代的人们对传记十分感兴趣。于是，普鲁塔克就成了他所生活的那个时代的“记录者”，同时也是他所缅怀的希腊–罗马世界的可爱的“叛徒”。

第三节　文艺复兴

默里·安东尼·波特[1]

对于文艺复兴之前的那段时期，我们有时候称之为“黑暗时代”，这个术语一直沿用至今。由此，我们几乎不可避免地得出结论：光明到来之前总有一段黑暗。黑夜的面纱被撕碎，世界在光明中一片欣喜，带着满满的能量开始了新纪元。但是，那段黑暗时期——其实应该更恰当地唤作“中世纪”世纪之所谓黑暗，恐怕要归结于命名者见识上的昏蒙吧。而且，我们把文艺复兴时期称作光明时代，恐怕仅仅是因为这一时期的光辉让我们目眩神迷吧？说到底，文艺复兴是中世纪的后嗣，而子辈常常要承载父辈留下的沉重负担。

蒙昧主义是中世纪的沉重负担之一，所谓蒙昧主义，它“阻碍启蒙的实现，妨碍知识与智慧进步”。蒙昧主义并未随着

---

[1] 默里·安东尼·波特（1871—1915），语言学家，1901 年执教于哈佛大学。主要作品有《索拉布与鲁斯坦》（*Sohrab and Rustan*，1902）。

中世纪的结束而销声匿迹，整个文艺复兴时期都有它的身影：小心、警惕、目不转睛地盯着那些被它视为仇敌的人，待对方因为年迈或体弱而勇气低落时，便从埋伏处偷袭。16 世纪时，蒙昧主义胜利了。事实上，只要有人存在，蒙昧主义就不可能消亡殆尽，迷信也将长生不朽，恐惧以及根深蒂固的恶的激情，都不可能死去，它们可能只是暂时蛰伏，但终究会有一番更猛烈的爆发。如果乐意，你完全可以把文艺复兴时期描绘得比中世纪还要黑暗，而且这么做也不会缺乏信服力。马基雅维利、梅第奇家族和博吉亚家族，长期以来一直被认为是恶的化身。即便我们将历史记载所可能有的夸大和扭曲尽数考虑在内，我们仍然可以说，文艺复兴并不是一个黄金时代，那些恐怖的戏码比疯子的噩梦还要教人不安。但它依然是一个光明的时代，即便是太阳也带着斑点，而文艺复兴时期正因为混在其中的阴影所带来的黑暗而显得愈加光明。

文艺复兴时期的个人主义

没有哪个时代能用一句短语就完全定义，但我们不妨再次推出那条广为人知的宣言：文艺复兴是发现人的时代。很重要的一点是，不仅是发现普通意义上的人，而且是发现个体。当然，在中世纪也存在着许多颇有个性的人，比如大贵格利、图尔的圣格列高利、查理曼大帝、利乌特普兰德、阿伯拉尔和克莱尔沃的圣伯纳德。而文艺复兴时期却不同于以往，这时候人们已经普遍认识到了个体的完美有多么重要，并希望自己生前死后都被当作与他人不同的个体对待。

可以说——这么说兴许有些夸张，中世纪的人，这些柏拉图口中的穴居人，终于成功逃到了光明的地方，进入了文艺复兴时期，看到什么都欣喜若狂，并且贪婪地望着未来的图景。仿佛他们被现实世界所约束，所以必须去寻找自己的理想国，他们既活在当下，也活在过去和未来。

古典时代的复生

文艺复兴时期的人对古典时代的热情是尽人皆知的。学者们像寻宝者似的，在法国、瑞士、德国、意大利和东方疯狂地搜寻手抄本和古代遗物，但有所得，其狂喜要赛过发现了黄金宝藏。他们对这些宝藏并未极其谨小慎微，借助它们打开了通向古代的大门后，宝藏本身便被抛之脑后。人们拥挤着穿过大门，渴望对他们的偶像有更多的了解，渴望从他们那里获得中世纪先人所提供不了的东西。有些人被偶像之光照耀得目眩神迷，呈现出一副全然驯从的姿态，于是这些人并未能使自己成为自由之身，不过是选择了新的主人，然而新的主人无疑是更慷慨仁慈的。

彼特拉克早在安德鲁·朗格之前就曾写信给那些死去的作者。关于西塞罗，他说："尽管我们之间横亘着无法逾越的时间和距离，我却感到仿佛对他很熟悉似的向他致意，这种熟悉源自我对他的天才所产生的共鸣。"在写给李维的信中，彼特拉克说："我但愿（要是上天允许），我生在您的时代，或者您生在我这个时代；后一种情形下，我这个时代会因您而变得更好，而在前一种情形下，得益的是我本人。"蒙田说，他自孩提时代起就在往生者的陪伴下成长，"他对罗马的种种谙熟于心，而且远早于对自己国家和民族的了解：在参观卢浮宫之前，他就熟悉了古罗马的主神殿；在到访塞纳河之前，他就对台伯河了如指掌"。

文艺复兴时期的求知欲和好奇心

虽然文艺复兴时期的人对古代有一种近乎古怪的迷恋，但他们对身边的世界、对自己、对国家以及对远近民族也怀有了解的热情。彼特拉克喜欢讲述关于印度和锡兰的趣事，虽然他骨子里有几分吉普赛人的天性，却怎么也不肯从心爱的书旁离开半步，这使他成了"行走极远"的"炉边旅人"的绝妙例子。他在自己的书房里随神思漫游至远方，而不必经历狂风暴雨或者艰难险阻。

蒙田"像鸭子一样热爱雨水和泥巴"，与彼特拉克相比，他

更乐意亲近自然。他说："大自然给我们的本是一个自由而不羁的世界，我们却将自己囚禁在了某种困境之中。""在我看来，旅行益处良多；在旅行时，灵魂总是忙于观察新鲜的未知事物，人接触到如此众多形形色色的人啊、事啊、观点啊、习俗啊诸如此类，有如此丰富、如此无穷无尽的各色人性供他见识。我实在是不知道，在我们中规中矩的生活中，是否还有比旅行更好的学校。"自然地，文艺复兴时期的人从这样或那样的渠道了解到大量的事实，并且记了下来；对于他们似乎永不枯竭的记忆，前人已经说得很多。重要的是我们要知道，他们用这些事实材料做了些什么。他们对事实的追求，是不是就像守财奴对黄金，像未开化的野蛮人对那些闪闪发光、五颜六色的小珠子那样怀有的狂热？我可以回答说，不是的。

事实总是令人愉快的、有益的，文艺复兴时期的人一直被后人所称道的是，他们重视事实的价值，并且非常努力地去获得事实，从而牢牢抓住现实。他们不再仅仅扫视事物的表面，正如但丁所说的那样，他们用思想的目光径直射入事物的本质。晚但丁两百多年诞生的马基雅维利曾抱怨，他的同时代人都喜爱古物，却没能学到历史中所隐含的教训。马基雅维利这么说并不全然公道，文艺复兴时期的人都是细心的园丁，在他们悉心照料的花园里，每一个事实、每一个理论、每一种可能都得以萌芽、开花、结果。

但是，这个时代那种博而不专的局限性确实被一些人意识到了。在回顾了学术研究的主要分支之后，皮埃尔·保罗·弗吉里奥宣布文科教育并不意味着对所有学科都要熟悉：“因为，哪怕只对其中一门学科掌握透彻，也算得上是毕生成就了。我们当中的大多数人必须学会对适度的能力感到满足，就像不贪求过多的财富一样。可能，明智一些的做法是，从事最适合自身智力和品位的研究。可是有一点我们仍然不能否认：‘如果我们不能认识一门学科跟其余学科有什么关系，我们就不能正确地理解这门学科。’”这些话很可能写于当下，但它在文艺复兴时期也可能同样适用；然而，真要放在文艺复兴时期来讲的话，这番话似乎又略显谨慎，几乎是太过胆怯，因为这一时期有许多人不仅是著作等身的学者，而且是大名鼎鼎的作家、能干的公务员或者政治家、艺术鉴赏家、画家、雕塑家和建筑师，似乎只要他们想做，就没有做不了的事。

发现的时代

每一种兴趣都要开花结果。在文艺复兴时期的人追求完美的过程中，一个更广阔的环境成为必须。文艺复兴时期是一个大发现的时代，是迪亚士、哥伦布、瓦斯科·达·伽马、韦斯

普奇、卡伯特父子、麦哲伦、弗兰西斯·德雷克等人的时代，这些人的远航并不仅仅是要满足那颗永远活跃着的好奇心——他们抱着一个更加艰难远大的目的。

同样在实际中发挥作用的还有对天空的研究。长期以来，人们一直认为星星是天上的灯塔，引导人类走向某种终极目标。它们的影响，不管是好的影响还是坏的影响，都决定着个人和民族的命运，故而明智的人理应向它们寻求赐教。人们研究大自然的种种奥秘，不仅是为了理解它们，更是为了让它们为自己服务。虽然有过很多挫折和失误，但如果要说文艺复兴时期是浮士德的时代，那么它也是哥白尼的时代。

当文艺复兴时期的人研究周围的世界、天空、过去和未来的时候，他恍惚觉得研究对象是被创造出来的，而创造者就是自己。为了从纷纷扰扰的现实世界逃离，他便创造了田园牧歌中的阿卡狄亚，那是成年人的童话世界。在我们的视野中几乎再也看不到它的踪迹，但它的音乐和香气依然飘荡在空气中。还有一种更加实际的对现实世界表达不满的方式，那就是创造理想国、太阳城或者乌托邦。

对美的崇拜

现在，爱美之人都闭口不谈文艺复兴时期的乌托邦，但事实上，那个时代的务实之人对美的喜爱超乎我们的想象，美是他们的骨中之骨、肉中之肉，是一位永受欢迎的宾客。但丁在其第一篇颂诗的序言中说：“颂诗！我相信，能正确理解你意义的人很少，只因你对美的表达是如此精妙而复杂。所以，假若你碰巧行至那些人的面前，那些似乎并不能正确理解你的人面前，我请你务必再次鼓起勇气，对他们说，我亲爱的听众：‘请至少注意一下吧，看我是多么美丽。’”他们会注意到的，而且，文艺复兴时期很多人甚至在对美的崇拜上走了极端，以至于到了贬抑自己委身于美的地步。不过，大部分人的心智依然健全；尽管满腹疑虑，在人生路上跌跌撞撞，他们还是成功地成为值得与上帝交流的人。

最后，可能有人会提出这样一个问题：文艺复兴时期是否不仅仅是一个暴风骤雨的时期，也不仅仅是联系中世纪与现代的一个纽带？如同很多时代，它是一个过渡期，但在这一时期本身之中也产生了辉煌的成就。这一点是毋庸置疑的，我们只要回忆一下那些令人肃然起敬的名字就行了：彼特拉克、薄伽丘、阿里奥斯托、马基雅维利、拉伯雷、蒙田、卡尔德隆、洛佩·德·维加、塞万提斯、莎士比亚，但丁亦在这一行列中——他以自己在与维吉尔、荷马并肩时所表现出来的沉静而威严的自信，为自己赢得了应有的地位。

第四节　法国大革命

罗伯特·马特森·约翰斯顿[1]

从1789年5月5日到1794年热月[2]9日，在这短短五年的时间里，法国大革命聚集了人们所能想象到的一切最戏剧化的事件、最深的反感和恐惧、最大的振奋与荣耀以及最沉重的沮丧。在这场革命中不存在折中主义，人们找不到平衡，丧失了辨别能力；一切都是极端的，既有饥饿、杀戮、压迫和暴政带来的痛苦，又有创造历史、攀登到一定高度看到自由与改良满载着希望出现在地平线上所感受到的狂喜，两者交融奔突，使人类情感以最热烈的方式喷薄而出。正是因为这样，法国大革命比历史上的任何其他时期都更令读者着迷。它为我们展现了什么是高贵，什么是卑劣，展现了我们内心一直处于萌芽状态却多半无法表露的一切。

---

[1]　见第一讲第一节作者简介。

[2]　热月，即法兰西共和历的11月，相当于公历7月19日到8月17日。

大革命中的强烈反差

要描述这样一场运动是多么困难！就连博爱仁慈的卡莱尔，都没能捕捉到这样一个不幸的场景：在一个灰蒙蒙的秋日，天刚亮，一个可怜的女人在巴黎空荡荡的街道上流浪，因饥饿而深陷的眼眶里充满了绝望，她一边麻木地敲打着一面鼓，一边悲伤地念叨着："面包！面包！"这是多么赤裸裸的情感！而后来，正是像她一样命运悲惨的人们把波旁王族彻底赶出凡尔赛宫，使巴黎重新成为法国的首都，也使整个法国历史终于脱离了两个世纪以来的轨道。描述这场运动之所以困难，就是因为这种无处不在的强烈反差。

米拉波是个见利忘义的小人，他的堕落一直令我们不解，但他同时又是一个拥有远见卓识的政治家，总能透过时间的迷雾精准地预见未来。夏洛特·科黛——一个普普通通、微不足道的年轻村姑，却把刀子插进了马拉的心脏，她那英勇的身姿，照亮了一场可怕危机的最深处。

大革命的历史

关于法国大革命，有一个事实非常令人好奇，不过如果反复思考的话，似乎又很正常，这就是：所谓优秀的法国大革命史是不可能存在的。已有的三本引人注目的书，作者分别是米什莱、卡莱尔和丹纳，不论是思想方面还是艺术方面，这三本书都注定成为永世传颂的杰作。然而，在现在看来，这三本书不管是在事实陈述、写作手法还是思想意识方面，都没有一本令人完全满意，而且也没有丝毫迹象表明有哪部称得上伟大的法国大革命史将会在近期面世。相反，历史学家们倾向于把注意力集中在这场运动无穷无尽的细节与各式各样的角度上，从每一个细节或者角度里找出一个研究对象，使自己既心甘情愿为之抛洒汗水，也不枉费自己的才能。以此为榜样，或许我们在这里最好探讨一下法国与英国对大革命的反应，特别是与此相关的两本名著——伏尔泰的《英国书信集》和伯克的《法国革命反思录》。

思想的变革

18 世纪初叶的人们见证了一次法国思想潮流的大变革。路易十四去世后，奥尔良公爵[1]腓力二世成为执掌权力的摄政王。他令辉煌壮丽的凡尔赛宫威严扫地。[2]作为统治者，他既不在乎

---

[1] 奥尔良公爵（法语：Duc d'Orléans）是从 1344 年开始使用的一个法国贵族爵位，以其最初的封地奥尔良命名，这一称号主要被授予王室的亲王。这里的奥尔良公爵腓力二世是路易十四的侄子。

[2] 摄政王做出象征性决定——调迁政府到巴黎，并且遣散在凡尔赛的法院，他在巴黎的宫殿大皇宫（*Palais Royal*）里处理国事。

盛大的场面，也不拘泥于细小的礼节，满脑子小聪明小伎俩，同时又是一个浪荡子。他专注于享乐，哪怕别人批评他有伤风化；他赌博，鼓励股票交易投机；他放松舆论监管，解除了路易家族对当时的朝臣和伟大文人的束缚。于是，法国的作家们就立即开始在政治讽刺和政治批评这个广阔的战场上冲锋陷阵。1721 年，孟德斯鸠凭着他的那本《波斯人信札》打响了第一枪；1734 年，伏尔泰紧随其后，发表了《英国书信集》。

勇敢的伏尔泰

孟德斯鸠对旧秩序的猛烈抨击没有遇到什么阻碍，只是因为他“用来调味的辣椒酱足够多”，正好满足了摄政王那腐化的口味。而对于伏尔泰来说，情况就比较糟糕了。他的书甫一出版即获罪，当局下令逮捕他，要把他关进巴士底狱。出于安全的考虑，伏尔泰不得不逃出巴黎。不过，以现代读者的眼光来看，《英国书信集》毫无疑问是十分温和的。

只有牢牢记住法国当时的政治独裁的状况，才能明白作者的勇敢。伏尔泰在书中用深入浅出的语言描绘了自己对英国的印象，不过他的做法有点像扔球——把球投向一个目标，然后试图在球反弹回来的时候抓住它。他在书里写的是英国，心中想的却是法国，他在前者的习俗和制度中寻找能衡量本国习俗和制度的东西。

总体来说，对于自己探访的这个与法国隔海相望的陌生民族，伏尔泰评价颇高，虽然他同时也顺理成章地得出了这么一个结论——他们的哲学、自由和气候会使人患上抑郁症。在他眼中，英国人知足常乐，国家繁荣昌盛、秩序井然，政府机构健全，君主制受到议会制度的完美制衡，最重要的是，在面对信仰和批评时表现得非常宽容。伏尔泰对此大加赞赏，并号召本国国民积极效仿这个在他看来最值得钦佩的楷模。然而，值得注意的是，他总是很明显地回避严格意义上的政治问题，倾向于绕道宗教去祈求宽容。

大革命的英国视角

半个多世纪后，我们在伯克身上看到了与伏尔泰最强烈的反差。伯克蔑视一切，斥责一切，他总能预见未来时代的糟糕与混乱。这时候，大革命已经爆发。但是它所带来的好处已经不那么明显了，形势越来越混乱，国民议会还故意组织破坏行动，以打击不问世事的波旁王朝，看起来法国很可能会进入无政府状态。伯克认为，是长期以来持续不断的残暴统治与治国无方导致了这样的结果，而这种局面似乎比以前的统治状态更加要不得。他已经步入老年，与年轻时相比就更加保守了。[1]他觉得英国奥兰治的威廉亲王和辉格党人发动的光荣革命大概是最佳的革命形式，英国的议会制度则是最理想的政府组织形式。巴黎的无序状态和国民议会采取的破坏政策震惊了他，伤害了他，于是他起来攻击它们，撕咬它们。他承认自己的确没有宣判的权力："我并没有假装我自己像其他一些人那样对法国了解得那么准确。"于是他局限于担任辩护人的角色。他反对大革命的诉状在欧洲宫廷回荡，令所有心存疑惑的人心服口服，直至今日，这依然是对近代法国的缔造者们最有力的控告。伯克的书大获成功，一部分是因为在它出版后紧接着便是"恐怖统治时期"[2]，这似乎恰好证明了作者的论述是正确的；但最重要的是，本书华丽与高贵的风格，虽然多少有点过于浮华。关于这一点，下面这一个例子就够了。

伯克眼中的"绝代艳后"[3]

"而今，距我于凡尔赛宫初见法国王后——当时的太子妃，

---

[1]　伯克被称为"保守主义之父"。

[2]　又称雅各宾派专政时期，法国大革命 1793—1794 年，由罗伯斯庇尔领导的雅各宾派统治法国的时期的称呼。

[3]　法国皇帝路易十六的王后玛丽·安托瓦内特，在大革命中与路易十六一起被推上了断头台，雨果、伯克等人对其抱有深切同情。

已有十六七载；自此以后，定然没有比她更美好的倩影使这个星球光彩夺目，可是，她的到来似乎并未唤起这里的人足够的同情心。我看到她从地平线上款款而来，装饰这个高贵的星球，为之带来欢声笑语——这座星球像晨星一样闪耀着，充满了生命的气息、壮美的风景和欢乐的笑声。天啊！这是怎样的一场革命啊！我要拥有什么样的灵魂，才能对这其中的崇高和堕落都视若无睹！我做梦也想不到，当她把尊贵的头衔赐予那些来自远方、拥有热烈而恭敬之爱的人们时，竟不得不携带解药去抵抗他们内心藏匿的邪念；我做梦也想不到，居然在有生之年，在一个勇士之国、贵族之国、骑士之国，目睹这样的灾难降临在她的头上。我想，若是有人用羞辱的眼光看她一眼，也本应该有千万把宝剑为她出鞘。但是，骑士时代已经离我们远去了，诡辩家、精打细算和机关算尽的时代继之而来，欧罗巴的辉煌已经烟消云散。”就这样，伯克傲慢地俯视着法国的灾难，而伏尔泰则艳羡地仰慕着英国的繁荣。而我们，作为一个世纪之后走来的后人，在承认他们身为文学家的杰出造诣时，或许也能感觉到，作为思想家，他们也许离自己的思考对象有点太近了。伯克的论据始终是令人敬佩的，却不那么令人信服；而伏尔泰对英国人大加赞扬的依据，却经常建立在对他们的明显的误解上。

第五节 美国领土的扩张

弗雷德里克·杰克逊·特纳[1]

扩张一直是美国的生存法则。通过那些记载了美国领土兼并过程的条约，我们可以领略到这个国家是如何一步一步地获得自己的物质基础的，整个欧洲加在一起才足以比得上它所拥有的土地面积和资源。如果把美国地图平铺在同样比例的欧洲地图之上，使旧金山对准西班牙海岸，那么就会产生以下景象：佛罗里达州占据巴勒斯坦，苏必利尔湖毗邻波罗的海南岸，新奥尔良位于小亚细亚海岸的下方，而北卡罗来纳海岸则几乎能与黑海东端重合。整个西欧都将位于1783年美国的西部边

[1] 弗雷德里克·杰克逊·特纳（1861—1932），美国20世纪初最有影响的历史学家之一，在美国边境地区的研究方面造诣精深，1911—1924年任哈佛大学历史学教授。主要作品有《新西部的兴起，1819—1829》（*Rise of the New West, 1819—1829*，1906）、《美国历史上的边疆》（*The Frontier in Amerincan History*，1921）和《地域在美国历史上的重要性》（*The Significance of Sections in Amencan History*，1932）等。

界——密西西比河西侧。这些条约见证了美国是如何一步步获得相当于黑海西岸所有欧洲国家面积总和的国土的。

新国家，新边界

自从1763年《巴黎条约和胡贝图斯堡条约》签署之后，美国便不再担心来自法国的进攻，13个殖民地宣布独立。美国违背了西班牙的意愿，甚至顶住了独立战争中法国盟友的压力，通过1783年条约，从英国那里拓展了本国的边界，使得领土沿着五大湖四周延伸，西至密西西比河，南至佛罗里达，另外还获得了密西西比河的自由航行权。西班牙则从英国手中收回了它在以往战争中征服的佛罗里达。

但这些边界只是存在于纸上而已，因为英国并未放弃它在五大湖地区的据点。英国声称美国没能执行所签署条约中关于亲英分子和债务的条款，而加拿大官方则鼓励印第安人穿过俄亥俄河去阻挡美国人北上。同样，在西南地区，西班牙拒绝英国把阿利根尼山脉与密西西比河之间的领土转让给美国，并且凭借其占据新奥尔良的优势，拒绝交出密西西比河的航行权。在美国各个州之间的联盟较为薄弱的时候，西班牙撺掇肯塔基和田纳西两个殖民地的领导人脱离联邦，而且，它也像英国那样利用印第安人阻挡美国前进的脚步。

在华盛顿执政期间，正当美国人在俄亥俄河北岸与印第安人打得不可开交的时候，法国大革命爆发了。这时候，英国一方面担心美国对印第安人远征的目的其实是清除英国在五大湖地区保留的据点，另一方面则担心美国会帮助法国对它发动总攻。1783 年，法兰西共和国中断了它与西班牙之间长久的同盟关系，设法让美国政府和西部拓荒居民先后卷入了攻打佛罗里达和路易斯安那的战争中。

所有这些因素最终导致了一个结果：1794 年，约翰·杰伊奉命出使英国并缔结条约，英国同意放弃西部的据点。

密西西比河之争

西班牙被英美之间的和解吓了一大跳，它随后不仅于 1795 年在巴塞尔与法国休战，还通过同年的《平克尼条约》，承认了美国的密西西比河边界，并交出了该河的航行权。而航行权对密西西比河流域的繁荣是至关重要的，因为当地居民只有通过这条河才能把他们的剩余农产品运到市场。

到了 1795 年，事态已经变得十分明朗：在美国人西进的过程中，作为对手的欧洲国家不断威胁它的北部和南部，干涉其国内政治，利诱其西部居民，美国有成为欧洲国家体制附属国的危险。当时的法国一方面为了维持美国对自己的依赖，另一方面为了给他的西印度群岛争得一个粮仓，于是敦促西班牙交出路易斯安那和佛罗里达，并承诺阻挡美国进入这两个地区。

似乎在法国的决策者们看来，阿利根尼山脉最适合做美国的边界。最终，拿破仑于1800年迫使西班牙让出路易斯安那。在等待法国军队到来时，西班牙驻新奥尔良的行政长官对美国商人封闭了密西西比河，整个西部沸腾了。如今这里居住的人口已经超过了38万，他们声称要武力夺取新奥尔良，就连爱好和平、亲法的杰斐逊总统都暗示自己将与英国结盟，要求法国交出对密西西比河河口的占有权，并宣布："谁占据密西西比河河口，谁就是我们的天敌。"要占领新奥尔良，就要面对英国的海上力量和美国的进攻，拿破仑认为这是非常不明智的选择，于是，他于1803年执意通过《路易斯安那购买案》，把整个路易斯安那省抛给了杰斐逊，为自己的国库增加了1500万美元的收入，还跟美国交上了朋友。而美国则领土翻倍，拥有了北美大陆大动脉的控制权，从此踏上了辉煌之路。

深入落基山脉

美国拥有的土地越多，西进的胃口就越大。俄亥俄流域垂涎着加拿大，南方则渴望得到佛罗里达——在那里，英国影响着西班牙行政机构的决策。西部带头引发了1812年第二次独立战争。在 1814 年的和谈中，英国想在加拿大与俄亥俄河流域殖民地之间建立一个印第安国家作为中立区，但美国通过条约保住了它之前占有的土地。通过 1818 年的协定，英美两国把加拿大与美国之间的边界从伍兹湖沿着北纬 49 度线划至落基山脉，只剩下俄勒冈地区还有争议，于是决定该地区向双方各开放一定的年限，做到不损害任意一方的权利。

获得佛罗里达和得克萨斯

同一年，美国正给西班牙方面施加压力，令其交出佛罗里达。联邦政府声称，《路易斯安那购买案》也包括佛罗里达和得克萨斯，于是，于 1810 年和 1812 年分两次吞并了前者。杰克逊将军 1818 年在未经授权的情况下成功地入侵了佛罗里达，使西班牙明白：自己能否继续保住墨西哥湾这块地方，完全取决于美国的心情。另外，西班牙也希望能避免美国承认叛乱的西属美洲殖民地，于是在 1819 年让出了佛罗里达，在它与美国的领地之间划了一条不规则的分界线，仍然占据着得克萨斯及西南地区的其他领土。接下来，在 1823 年，美国承认了那些起义的共和国，从此以后，美国要获得大陆领土就只能跟墨西哥而不是西班牙打交道了。1824 年，俄罗斯撤回了他对北纬 54° 40′ 线以南领土的要求。作为在此之前几次谈判的结果，同时也是为了防止将来欧洲干涉西属美洲殖民地，1823年，门罗总统发表了著名的“门罗主义”，宣布美洲大陆不再臣服于欧洲殖民，也不接受任何压迫与控制。

早在19世纪30年代初，美国传教士就进入了俄勒冈地区，当时哈德孙湾公司在英国国旗下统治着该地。美国的移民者，主要是密西西比河流域那些能吃苦耐劳的拓荒者的后代，还在墨西哥的得克萨斯省建立了定居点。1836年，得克萨斯人起身反抗，宣布独立，并请求加入美国。1842年的《韦伯斯特－阿什伯顿条约》解决了东北边界问题，却留下俄勒冈地区的命运搁置待议。就在同一年，美国农民开始大移民，他们穿过平原和大山，到达那片遥远的土地，美国和英国的关系立刻紧张起来。同样，在得克萨斯也存在着欧洲利益问题，因为从得克萨斯共和国成立到它被并入美国这之间的很长一段时间里，英国和法国利用它们的影响力保障了它的独立。此外，加利福尼亚也令人忧心忡忡，因为英国已经表现出了对它的兴趣，而此时的墨西哥，却已经因国内纷争而四分五裂，只能眼睁睁地看着它那些偏远的省份即将从它软弱的双手中丧失。

关于奴隶制的争论打断了美国一贯的扩张趋势，因为就在南方发出警告说自由的得克萨斯有可能被英国纳入保护之下因此要求将其吞并的时候，那些北方辉格党人和反奴隶制人士则被奴隶制的蔓延和新蓄奴州的前景吓了一跳，他们反对在西南部继续领土扩张。但在1844年围绕“收复俄勒冈，吞并得克萨斯”这个问题的大选中，苏格兰-爱尔兰裔田纳西州人波尔克赢得了总统职位，他代表了美国一直以来的扩张精神。根据1845年国会的联合决议，得克萨斯被并为美国的一个州，之后波尔克宣誓就职，随之做出了一个重大决定：如果墨西哥以得克萨斯被吞并为由发动战争，那么要想再换回和平，它将不得不把加利福尼亚及西南部的其他领土也割让给美国。

向太平洋进发

虽然波尔克的竞选口号是“要么54° 40′，要么决死一战”，但他还是通过1846年的条约，就俄勒冈问题与英国妥协，同意把北纬49°线作为边界线。同年，墨西哥战争爆发，美国军队在这场战争中占领了加利福尼亚及介于中间的一些土地。

随着美国国旗插满墨西哥的首都，一场占领墨西哥全部国土，至少占领更多领土的激烈运动开始了。但根据1848年签订的《瓜达卢佩-伊达尔戈条约》，两国将边界沿着希拉河划到该河河口，又从该河河口一直延伸到太平洋。为了获得一条通向太平洋的南方通道，美国于1853年通过盖兹登购地案进一步占据了希拉河南岸的一条地带。

就这样，在 1846 年至 1853 年间，美国占据了超过 120 万平方英里的领土。1848 年，人们在加利福尼亚又发现了黄金，后来在这个辽阔的新帝国还发现了丰富得令人难以想象的贵金属、木材和农业资源，但最重要的却是：美国终于在太平洋沿岸立住了脚跟，在这里，它将与这个大洋及其亚洲海岸的命运息息相关。

经过了 1850 年的妥协之后，南方无法再通过这些新增的大片领土获得好处，于是它试图通过吞并古巴来寻找新的出路，但这纯属白费力气。不过，这些扩张地区之间的竞争所导致的内战，耗费了整个国家的能量。在内战结束的时候，曾经在英法两国举棋不定时给予北方以道义支持的俄国提议把它的领土——阿拉斯加卖给美国，这项提议并不是没有人反对，不过国务卿西华德还是保证了 1867 年的条约获得批准，通过该条约，美国增加了将近 60 万平方英里的领土。

在内战之后 30 多年的时间里，美国把全部精力都放在了对新吞并的这些辽阔领土的经济方面的征服上。1892 年，人口普查局局长宣布，人口地图已无法再描绘不断前进的移民点的外部边缘所形成的新的边境，殖民时代正在结束。随着自由土地被迅速占据，美国正逐步拥有像其他定居国家一样的条件。

海岛领地和巴拿马运河

在这一时期，一直以来的扩张运动在美西战争和获得海外领土的过程中表现出了一种新的形式。1898 年美国承认古巴独立，并且有意驱逐西班牙，从而引发了美西战争；但是，卷入这场战争之后，海军的迫切需求使美国决定征服菲律宾群岛、波多黎各以及古巴，战略上的考虑又使其于 1898 年吞并了夏威夷。

签订 1898 年的和平条约之后，西班牙割让了菲律宾群岛和波多黎各，并且撤出了古巴。1902 年美国军队撤回之后，古巴获得了自治权。

战争中的一系列事件，特别是俄勒冈号从太平洋海岸出发绕过合恩角去参加圣地亚哥海战的那次航行，推动了长期以来争论不休的由美国来开凿海峡运河的计划。随着美国在太平洋地区的力量的迅速增长，它在加勒比海地区新获得的领地，以及太平洋沿岸地区的惊人发展，使得开凿运河似乎成了一项迫切的需要，几乎成了美国海岸线的一部分。在 1901 年的《海－庞斯福特条约》中，英国收回了 1850 年的《克莱顿－布尔沃条约》所设置的障碍，从而使美国获得了法国公司的各项权利——该公司之前没能成功地打通巴拿马地峡。1903 年，当哥伦比亚拒绝为这条运河签订条约时，巴拿马爆发了革命。罗斯福总统以迅雷不及掩耳之势迅速承认了巴拿马共和国，并从这个共和国那里得到了一份于 1904 年获得批准的条约，该条约把运河区及其他各种权利都给了美国。

就这样，美国逐步消耗西班牙帝国的漫长过程在 20 世纪的开端达到了举世瞩目的高潮。这些曾经弱小的大西洋殖民地已经赢得了一片横跨美洲大陆的土地，它们还在加勒比海、太平洋以及遥远的亚洲海岸附近获得了一些属国，而且准备好了通过巴拿马运河连接太平洋与大西洋。

第二讲

政治经济学

第一节　概述

托马斯·尼克松·卡弗[1]

经济学一词最初由希腊人发明，意思是家庭管理原则或明智的家庭管理方法。色诺芬以一个普通农民家庭为例，阐明收入和支出、交易买卖与生活方式之间密不可分的关系。然而到了现代，尤其对于城市居民来说，收入来源与家庭生活却是分离的，这意味着人们为了攒钱所从事的工作和实际的生活方式变成了两种截然不同的东西。自然而然地，人们把商业和家庭的管理分开成两个不同的领域：商业方面有商业经济学、工商管理或工商行政管理，家庭方法则有家庭经济学、家政管理学等。这两个领域在现代看来是如此的大相径庭，几乎不再可能

[1]　托马斯·尼克松·卡弗（1865—1961），经济学家，1902—1925年担任哈佛大学政治经济学教授，并于1916年当选美国经济学会主席。主要著作有《财富的分配》（*The Distribution of Wealth*，1913）、《政治经济学原理》（*Principles of Political Economy*，1919）和《国民经济原理》（*Principles of National Economy*，1921）。

放到一起讨论与研究，加上人类已远离了自给自足的小农生态，于是交易买卖与家庭生活便彻底分离。

色诺芬曾出版过一本名为《经济论：雅典的收入》的书。书中以国家级的家政管理视角进行论述，加入了公共财政等命题。他认为每个政府都像一个独立的法人团队，它除了要为辖区内的人民服务外，还会有自身的利益诉求。同时，无论是国家、城市还是再下一级的管理单位，它们都得像一般的家庭那样懂得平衡收支。后来，色诺芬提出利用“经济学”分析上述有关收支的所有问题。而到了现代，我们则更多地把“经济学”运用到公共财政上，并使私人账务和家政管理从公共财政中完全分离。在君主制国家，当收入来源于封地时，皇室的收支便相当于个体家政经济，而当收入来源于税收时，皇室成员的收支就跟其他政府官员一样要接受公共财政的管理。

公共财政的早期概念

从中世纪到现代早期，经济学研究渐渐出现从个体经济向公共经济转变的趋势，但讨论的热点依然集中在收支问题——即我们现在所说的公共财政上。这个领域里的主力研究者是财政大臣，他们既掌管着为君主增加收入的皇家产业，也掌管着国家的建设与军备。很快他们发现，国家收入的多寡与人民的

生活水平息息相关。若想增加国家收入，首先必须保证人民丰衣足食，如此才能征收更多的赋税。于是从那时起，决策者们的重点便转向了如何使国家更加繁荣昌盛这个问题上，并将其视为比平衡公共收支更重要的目标。也就是说，国家要发展经济不是单纯地为了增加政府收入，而是为了提高普通人的生活和福利保障水平，并在适当的时候增加赋税以更好地平衡政府收支。

重商论者与重农论者

虽然财政领域的相关学者都专注发展经济，但他们还是花了一点时间才掌握到这个问题的核心。部分经济学家属于重商论者，他们强调商业发展，也希望通过招商引资促进外贸繁荣。他们认为大量的廉价劳动力是国家发展外贸初期最重要筹码，能有效保证国家在国际贸易中的竞争力，然而，这并不会使提供廉价劳动力的劳动者们从中得利。还有部分经济学家属于重农学者，与商业相比，他们更重视能产生出实际产品价值的农业和工业。

可是这两派的学者都混淆了个人得利与共同繁荣的概念。举个例子，一家私人企业运作成功与否取决于它能否赚取比成本更大的销售金额，重商论者认为国家经济也是如此。但事实上利润是依靠转移创造的，商人之所以能从出口商品中赚取利润是因为他们压榨了劳动者的劳动力。在农业领域里，农民的利润取决于土地租金外的收成金额，而在工业领域里，工厂的利润取决于生产成本外的产量的剩余价值。重农论者认为由于当时土地租金低廉，能产生丰厚利润的工业和农业才是国家经济收入的主要来源。但与重商论者一样，他们也忽略了一个事实，即国家工农业的丰厚利润也许正是造成工人或农民贫困的重要原因之一，因为正常情况下，雇主要从农民种植的低成本作物中赚取利润，便只能提高土地的租金。

后来亚当·斯密的划时代著作《国富论》的面世让全世界学者真正对国家经济管理形成广泛而全面的看法，虽然不同的经济学者会有不同的侧重点，例如有些学者会将注意力集中在生产和贸易上，有些则会更关注资源及财富分配的问题，但他们已普遍意识到自己的专业领域对整个社会大局所能产生的影响。在过去的 25 年中，社会资源及财富的分配是很多学者的研究命题，如今他们则选择把更多的精力投入在以前鲜有人涉足的经济消费研究领域。

财富的意义

现代经济的重点放在促进国家繁荣上，因此对相关领域的研究者而言，与其学习文学艺术，倒不如多了解最新的经济科

学概念。而最新的经济理念包括了两个有着密切关系的概念：民生和商品财富累积。商品是能满足欲望的东西，但并不是所有商品都能产生财富——只有那些具备实际用途或能满足特殊需求的商品才拥有财富价值，也就是说财富的累积必须建立在人们对某项物品有超过自然所需并且有不间断需求的基础上，即越多越好。人们离不开阳光空气，可过多的空气对人类而言只是多余，目前的空气已经可以满足所有人的需求，数量上也几乎没有差距，所以阳光和空气都不具备财富价值——除非，在某个特殊的地点特殊的时间，空气成为了不可多得且无法人人均分的东西。

在描述财富时，我们可以直接套用能实现资本积累或提高生活质量之物的名字，因为这些东西的多寡能直接反映财富的丰厚程度。财富以及具有财富价值的物品是人类积极向上努力工作的目的，让人类更有动力实现丰衣足食，摆脱缺衣少食的日子。这是放之四海皆准的简单道理，而这也是财富最简单实用的形式。

另外值得一提的是，大部分人并不清楚自己的健康和幸福取决于什么，他们会习惯性地把能给自己带来健康和幸福的东西视为财富。换言之，拥有越多渴望之物的人自我感觉就会越好。人们生产或购买某种商品的行为正是他们将其视为获得财

富和实现理想生活的手段之一，然而有时，因为某些人邪恶的贪欲，经济学者不得不将一些无用甚至有害的东西定义为财富，如鸦片、烟草和酒精。于是有人提出有形的财富往往不是人类幸福的必备条件，只是为了迎合部分人群或实现某些特殊欲望的稀缺手段而已。

当然，财富也是具有交换价值的物品或手段的集合体，只有那些被人所渴望的东西、数量稀缺的东西才能被估价或被交换，而之所以这些东西具有交换和买卖的价值也正是因为它们对人来说有大量而实际的需求。

经济学的意义

物以稀为贵是财富的基本条件之一，也是经济学的基本概念。经济学会使用宏观或微观调控来达到目的，有时会牺牲小部分人的蝇头小利来满足大局的繁荣稳定。由于物以稀为贵，所以这样的选择带有一定的强迫性。如果物资足够丰富能满足我们所有的欲望，我们就无须做出任何牺牲了。换句话说，经济学便是研究如何利用稀缺资源的学问。为了最大限度地满足人的需求，这些稀缺资源作为财富的一种，必须要节约使用。另外，经济学家们还要不断地对稀缺资源进行估价和比较，使数量有限的物资尽可能均分并满足尽可能多的人。

生产和交易是节约使用稀缺资源的重要手段之一。人们在实践经济活动的过程中，对物品的估价和比较都是相对的。当我们渴望更多东西或拥有更多渴望时，通常会通过购买或生产来获得，也可以用手上的物品进行交易换取。物品价值的高低与它的稀缺性以及人们的渴望程度成正比，而这些也会反过来决定了社会商品生产的方向和格局。无论个体对某项物品是否有兴趣，只要大环境赋予该物品高额的价值和交易价格，个体便会不自觉地产生追求该物品的渴望。

变量法则

生产的过程会产生新的经济运作，而生产方式的多样化也会受环境和发展条件的影响。在生产的最后环节里，所有行业的目标都是竞价与交换。从表面上看，这样的循环过程很简单，但其背后的计划、目的和法则相当复杂。有人认为物品竞价是为了等价交易，但事实上等价交易原则才是物品竞价交换的条件基础。物品先是用适当的价值比例进行生产组合，然后再以适当的价值进行交易买卖。

这个法则适用于所有情况，从化学家的实验室到农民的种植耕耘。化学家在一定的比例规律下工作，化学元素都必须以精确的数学比例进行组合。同样，农民的生产工作大部分也是在可控的变量范围内进行。例如，在耕种过程中作物所需的灌溉量会根据实际情况而变化，虽然作物的需水量范围比较宽松，但若不能掌握好灌溉的规律，农作物就有可能会被毁坏。

只要存在变量和比例，生产过程中的因素和产品就会发生变化，不过当任何一个因素发生变化的时候，产品却很少按照准确的比例随之发生变化。土壤中的水分增加十分之一看起来不多，但农作物有可能因此提高产量。对于肥料和生产过程中任何一个因素，甚至对工厂和工人而言，这些法则也都是一样的。

无论是商店、农场、工厂还是运输系统，所有与生产相关的企业在组合生产要素时，都需要把握一定程度上的相关知识。这与化学家组合化学元素的过程相似，且都需要遵循明确的如数学般精确的规律。

我们很难用文字陈述这种变量调整的规律，但可以用以下公式描绘出一个相对准确的概念和规律运作的过程。首先我们假设有三个未知数：X、Y 和 Z，然后这三个数相乘得出我们所期望的结果 P，即：

$$X \times Y \times Z = 100P$$

举个例子，若增加一个单位的 X 使公式结果从 100P 变成 110P 或以上，则表明相对于 Y 和 Z，X 在公式中的权重比例大但数量少。既然 X 的增加可以对结果产生如此明显的影响，组合的数量分配就应该以 X 为主，Y 和 Z 为辅。反过来，若增加一个单位的 X 使公式从 100P 变成 100P 或以下，则表明相对于 Y 和 Z，X 的权重比例太小数量却太多，在这种情况下，增加 X 便成了画蛇添足之举。

再举个例子，若增加一个单位的 X 可以使结果产生 5 个单位的增长，那么要想优化产品因素中的比例，我们就需要进一步计算 X 增加的成本和额外收益之间的关系。若增加的成本小于可获得的额外利润，我们则可以再考虑增加 X 的比例，反之则不然。

当然，Y 和 Z 跟 X 一样都是变量，它们的变化也会对公式和最终结果产生影响。X、Y 和 Z 在实际生活中可以表示劳动力、土地和资本，也可以代表任何行业中不同的职能，甚至可以代表土壤中氮、钾和磷的比例——反正就是能组成任何物品中的任何元素。然而在任何一个组合里，最稀缺的元素往往因为其数量有限，对产品的影响也最大。同时，由于产品的变化取决于稀缺元素的变化，因此成功的产品必然会提高其对稀缺元素的利用率。上述公式所揭示的生产规律再次印证了一点：

稀缺资源非常珍贵，价格也最为昂贵，如何节省稀缺资源成了生产过程中的重中之重。

人与人之间的利益冲突

可以肯定的是，事物的实用性和稀缺性正是体现其价值的根本。其中，事物的实用性无关乎它是一件消费品还是某一生产要素，也无论它能否直接满足人们的需求。事物的稀缺性使节约成为必要，同时它也是利益冲突及人类各种社会与道德问题产生的根源。事物的稀缺性意味着人类无法在自然界中随心所欲，只能通过工业制造来弥补需求上的不足。

除了冲突，人和人之间、人和自然之间更多的是和谐，只是和谐并不会产生问题，因此我们便不会费心。仔细观察我们不难发现，和谐是人与自然界相处时的基调，只要我们的需求能在自然界中得到满足，便不会产生冲突。而对于这种恩赐，我们并没有给予相应的尊重和感激。当一切来得太容易，我们又何必在意？但是，在工业体系里情况则不然，我们只能通过改善自身之不完美来达到和谐。人与人之间亦是同理——怀有共同利益者无冲突，相互的关系无须特意维系；当出现利益分歧时，不管所涉及者是否愿意，都必须面对冲突解决争端，人即是以这样那样的方式关心自己并维护自己的利益。历史上人

类经过多次磨合，终于制定出现有的道德哲学的标准体系；同时在法律的基础上建立法庭，使有争端之人能利用法律解决冲突。我们每天都要面对各种利益冲突，或进取或退让，而这一切是为了让所有人知道并懂得一个道理：物以稀为贵，没有人被赋予了予取予求的权力。

有些人坚定地认为除去所有表面上的冲突，人类的根本利益理应一致。只是这种信念就像人与自然理应和谐的论调一样，无法被推翻却也无法被证实，因为它来源自哲学猜想和理论信仰。毫无疑问，大多数人——即使是最强者，从长远考虑也会更喜欢生活在公正严明的统治之下，在那里一切冲突都能得到一个准确而明智的裁决方案，总好过在无政府的状态下自相残杀、互相倾轧。这也许就是人类最初的共同渴望：一个公平正义，不会恃强凌弱的“官方”。反过来说，正是人类的这个渴求证明了人与人之间矛盾之深刻，以至于一旦失去了政府的控制，人与人之间就会爆发出各种冲突，不但会破坏社会秩序，还会使每个被波及之人遭罪。由此可见，政府确有其存在的必要性，而英明正义的政府更有利于人类社会的发展。

综上所述，人类要面对的问题大致分成两类：一类来自于物质世界，一类来自于精神世界。前者涉及到人与自然的关系，后者则关系到人与人之间的利益。这两类问题在人类社会中交

错出现，盘根错节，从而带来无限的变数及可能。

人与自然的冲突

人与人之间的矛盾是什么时候以何种方式从人与自然之间的冲突中衍生而来的？人类是否要为这种演变负责？还是说结果全出于自然的粗糙？大自然在不同的环境下会产生不同的变化，而产生这种变化的原因有两个：其一是人类欲望的无限扩大，另一个则是人口数量的急剧增长。这两个都是人为原因，且直接造成了物质稀缺的现状。

人类欲望的无限扩大，以及为了满足这些欲望所爆发出来的足以超越大自然的力量，时时刻刻都在唤起道德主义者的警惕。传教士们认为，对于货品的主人而言，没有什么比货品增加、消费人群增长更值得注意的事情了。而按照斯多葛学派“依循自然生活”的理论，人的欲望应限制在大自然所能提供的范围之内，不贪心不强求，从而达到人与自然的根本和谐。斯多葛派的哲学中蕴含了很多经济智慧，它指出生活中大部分美好的事物其实不需要成本，可最短暂的快乐往往最为珍贵。很多走在寻求涅槃之路上的虔诚佛教徒发现了一个事实，那就是当欲望的扩张超越自然力量能满足的范围时，人与自然便不可避免的失去了和谐，使人产生了杀死灵魂的冲突；因此，佛教徒认为欲望是邪恶的根

源，所以他们追寻的救赎方式是根除所有欲望。

从人与自然的冲突是罪恶之源的观点出发，在社会上产生了两种截然不同的指导方针：其中一派认为自然是美好的，人类的所作所为是错误的，于是得到结论：人类应如斯多葛学派所说，遏制自己的欲望，并努力与自然和谐相处。另一派则坚信人的本性是健全的，人的欲望应该得到极大的满足，而这便是现代工业精神和追求财富的根本动机。

即使个体能抑制自身欲望，地球人口的持续增长也势必会使事物愈发供不应求，从而爆发出人与自然以及人与人之间的冲突。从理论上来说，只要时间足够长，人类群体便能无限期地增长，而在所有非经济动植物中，对其数量影响最大的限制并非来自它们的繁殖能力，而是它们的生存能力。人类也一样，对人口数量的限制并非来自人类的繁衍能力，而是人类根据某些特定标准形成的生存能力。人类需要维持体面的生活水平，因此人口数量不会大规模增长。但出于繁衍和生存的本能，人类的数量也不至于濒临灭绝。随着人口的增加，有限的资源会让人类不得不降低自身的生活标准，而这也就是为什么我们总是觉得难以企及自己心目中最理想的生活，无法满足的愿望和数量有限的资源都是人类社会中不可避免也无法摆脱的现状。由此可见，人与自然的关系即是社会组织形成的深层原因。

内部的利益冲突

除了人与自然及人与人之间的矛盾，社会上还存在着第三种对立，那便是个体内部的利益冲突。如果人类繁殖和生存的本能都已得到满足，那要实现其他愿望便不能只是简单地增加已有物质的数量——无论这些愿望是多么的微不足道。但如果要提高物质或愿望的丰富度，又难免会牺牲掉一些已经拥有的东西——毕竟鱼与熊掌不可兼得。可见，就算是同一个个体也会陷入不可避免且无法摆脱的利益冲突中，形成内心世界里的角力争锋，而这只是其中一个个体内心矛盾的侧影。物质的稀缺性让人不得不做出抉择：是要买奢侈品还是买必需品？是要买衣服还是买食物？是要去西餐厅还是去中餐馆？其实，抉择的背后便是人类对资源节约的本能，即尽可能以最少的代价换取最大的回报。可以说，抉择和节约的产生都源自上述的三重矛盾，即人与自然、人与人之间以及个体自身内部的利益冲突。

对邪恶的理解

关于邪恶通常会有两种解读，其中最常见的理解是不和谐，因为不和谐是导致人类痛苦的根源。然而这种不和谐与道德无关，就像有一个果实从树上掉下来，如果人没有好好享用它，反而任由它被野兽吞噬或白白腐烂，那便是浪费，便是不

和谐——但这并不是谁的错，也不会有人因此受到道德的谴责。但反过来，若一个人或恶意或无心地抢劫了、欺骗了、伤害了另一个人，那么我们便可以用道德和法律制裁他，而这便是人与人之间冲突所产生的最坏的结果。这种结果和前者，即人与自然间的不和谐有着千丝万缕的联系，甚至可以说，人与自然的不和谐是人与人之间不协调的开始。

试想，若是在一个良好的环境里居住着少量个体，他们所有的欲望都可以自由地充分地得到满足，他们的生活中什么都不缺，更无须节约。在这种情况下，人与自然的关系会变得非常和谐，人与人之间也不可能出现任何冲突，因为个体不会面临要实现这个愿望就必须牺牲那个愿望的困境，也不会因为要获得应得的好处而损害别人的利益，这样的世界是没有任何道德缺陷的天堂。但若是个体的欲望不断扩大，或个体产生了新的愿望，甚至超过了大自然可以承受的范围，天堂便会崩塌，紧随而来的还有劳动与疲惫，以及利益和道德的对抗。于是，人类不得不把大部分天赋才智运用到提高社会生产力以及缓和利益冲突的问题上，然后在一系列似是而非的吊诡中迷失方向。

我们不能说人口增长始于邪恶的遗传，也不能说心存渴望是种罪恶的行为，可正因为物质稀缺，正义不得不以惩罚者的姿态出现，让无辜的人们为此背上道德的原罪。人与自然间的平衡一旦被打破，人与人之间的利益冲突便浮上了台面。当然，即使有利益冲突也不代表人心改变、人性堕落，人类生存环境的变化只会引向不一样的社会变革，这是在任何历史时期都适用的真理。总而言之，根本没有必要证明在人与自然之间曾经存在着上文例子所假设的那种近乎完美的和谐。上面的例子清楚地揭示了，冲突的基础是人的本性和他周围物质世界的本质中固有的东西。

有关原罪，从远古时期开始，我们便已经知之甚详。有关它的记录虽然不具备历史基础，却蕴含着连信奉者们都没有察觉到的深刻意义。曾经有一男一女，他们居住在犹如花园般美丽的天堂里，那儿没有争斗没有冲突，所有的需求都能得到自由而充分地满足。然而，随着欲望的扩大，物质数量的减少，天堂不复存在。从此以后，人不得不以汗水换取酬劳，不得不为生存竭尽全力。人必须与自然以及同类竞争，从而满足自身的需求、贪婪和潜在的欲望。当人看清了存在于世上的根本矛盾，明白了其中的善恶利弊，他——从某种程度上说，便成为了理性的“经济人”，不但能适应任何环境，还能在快乐和痛苦间游刃自如。这种理性“经济人”的出现和增多即是工业文明和社会演变过程中的第一步。但只要踏出了这第一步，人类就不由得陷入了对物质无休止的追逐。

最初的体系

由物质稀缺所引起的利益冲突会形成不同的财产、家庭及国家制度。没有人会把数量多到可以满足所有人需求的东西视为个人财产，只有那些无法由社会按需分配且供不应求之物才更让人趋之若骛。同时，人即使攫取了某种东西也不代表他本身拥有这个东西的所有权，只有当社会承认并承诺保护他拥有此物的权利，他才能真正将其纳为个人财产。能以血统和亲属关系连接在一起与自然竞争并获得利益的集体，即是家庭。能为个体或集体提供财产保护措施的组织，即是国家。这些集体的组成都围绕着一个共同的利益，使之与世界其他国家或组织互相竞争，分庭抗礼。排除那些认为妻儿本就是个人财产的野蛮观点，在文明社会里，我们也会想保护自己的血亲，并通过与他们共享财产的方法，加强家庭在法律和道德层面的向心力。

经济学的基础地位

与财产权密切相关，甚至可以说组成整个财产权的还包括合同签订、转让协议、遗赠手续等一系列需要律师帮忙打理的事情。在整个法律、伦理、政治或就此而言的任何一门社会科学中，很难找到一个一开始不是由经济上的匮乏和因此引发的人与人之间的利益冲突中产生出来的学科。这样的事实揭示了

一个道理：即所有涉及人与人之间关系的社会科学皆有着深层意义上的统一，而这个统一的原则源于经济学上的原理。所谓的群居本能也许是物竞天择的结果，而物竞天择又是物质稀缺性的产物，由此推测，集体行动很有可能是人类受群居本能影响所做出的其中一个行为。虽然这样的推测并不能被纳入常理的范围，也无法作为构成经济学的“主要分支”，但它却从侧面反映了经济学作为主要科学的首要地位。可以说，经济学上的问题是所有其他社会和道德问题爆发的奇点。

经济竞争

人与人之间的冲突，若失去了社会道德和法律的制约，就会演变成粗暴野蛮的生存斗争。因此人类社会在发展时都会用尽一切手段控制类似的事情，并把冲突引向正轨。事实上，有组织的社会就是基于这样的目的存在的。利己主义者不关心生产，一心只想着收购稀缺的物资。若获得稀缺物资最简单的方法是生产，那么他便会去生产；若获得稀缺物资最简单的方法是交易，那么他便会去投机。而法律和政府在这里的作用便是让稀缺物资的生产和自由交换变得简单安全，让非法获得变得困难危险。这种做法若是成功，就能驱使人们致力于生产，从而获得被合法承认及保护的财产。

当生存竞争变成生产的动力时，当每个人发现只有通过生产或者向生产者提供同等价值之物才能获得想要的东西时，残酷的生存竞争就会变成单纯的经济角力。相互作用的经济角力会形成一个系统，在这个系统里的所有人都更愿意通过生产或提供服务实现自身的愿望。用亚当·斯密的话即是“追求自己利益的同时，促进了公共的福利”。

若个人之于社会的价值取决于他的生产量与消费量之差，而他在生产行业中的地位取决于他长期累积的经验时，我们便不难发现生产背后所代表的重要含义。用公式阐述的话则可以表示如下：

个人价值 = 个人生产量 − 个人消费量

个人竞争力 = 个人获得 − 个人消耗

而当：

获得 = 生产

那么：

个人价值 = 个人竞争力

由此可见，国家的目的便是让人通过生产获得财产。

第二节　文艺复兴时期对政府的构想

奥利弗·米切尔·温特沃斯·斯普拉格[1]

少有以政治和社会为命题的书籍能在思想发展、公共事务管理以及政策决定方面带来深刻而持续的影响，像亚里士多德的《政治学》和亚当·斯密的《国富论》那样的更是凤毛麟角。其他政治题材只有在著书的当时具有强烈影响力，到了现在便只剩下历史学上的价值，例如马丁·路德的《致德意志基督教贵族公开书》和《论基督徒的自由》，以及卢梭的《社会契约论》。马基雅维利的《君主论》和莫尔的《乌托邦》则不属于

---

[1] 奥利弗·米切尔·温特沃斯·斯普拉格（1873—1953），经济学家，1933年任美国财政部部长，1897年获得哈佛大学博士学位，1900—1905年任哈佛大学经济学教授，1905年至1908年间在东京大学访学。在1908年返回美国后，一直在哈佛商学院任教，直到1941年退休。主要著作有《国家银行体系下的危机历史》（*History of Crises under the National Banking System*，1910）、《中央银行：罗伯茨与斯普拉格》（*A Central Bank of Issue: Roberts versus Sprague*，1910）、《恢复和常识》（*Recovery and Common Sense*, 1934）。

这两者，因为它们既无法促成伟大且富有成效的知识进步，也没有成为促成国家立法或制定政策的有力因素。虽然这两者在刚出版时都被赋予了巨大的期望，但与马丁·路德的著作相比，他们在塑造时代观点方面还是成效甚微，到了现在便只剩下作为当年思想代表的历史意义了。当然，尽管马基雅维利和莫尔的论点没有实践的机会，他们的著作却向世人展示了两种截然不同的政治理念和社会发展追求。

马基雅维利和莫尔的文艺复兴思想

《君主论》和《乌托邦》都是写于16世纪上半叶，正值文艺复兴时期，人类在教育、艺术、道德等领域的活动和理想正被各种新思想冲刷。在那段时间里，人类的精神从方方面面摆脱了中世纪传统的束缚，政治和社会的发展也超越了宗教伦理的限制，取得了意料之外的革命性突破，于是便有了马基雅维利、莫尔等政治作家笔下充满文艺复兴精神的传世之作。

马基雅维利的著作主要讨论政府机构和政策的作用，莫尔更多地关注“何为理想的政府和政策”这一问题。他们都承认，社会秩序不可能完美，也不可能一直尽如人意，纪律和传统都是以结果为导向进行改革和变化的。这是文艺复兴时期的观点，也是现代社会的典型理念。从这个角度上说，现代历史正是从文艺复兴开始的。

实践与想法的对照

在科学日新月异的当下，付诸实践似乎是解决政治和社会问题最有效的方法之一。《乌托邦》一书关于“理想国”的观点，使“乌托邦”成为了一个用来表示不切实际、虚妄无边之事的形容词，而《君主论》也让马基雅维利提出的马基雅维利主义成为了权术和谋略的代名词。在把一个观点付诸实践前，我们必须先充分考虑到所有重要的现状和因素，并努力使与此观点相呼应的行为能顺利地在社会中实施。马基雅维利的思考方法是具有科学依据的，却因为低估了人性的本质，使他的假设从根本上便已崩塌，更不用说那些建立在这个基础上的分析了。

马基雅维利的思想樊笼

马基雅维利的分析，即使在那些他认为重要的领域里也略显不足。《君主论》完成的一个多世纪之前，意大利已分裂成若干个实权国家，其中大部分国家国内形势动荡，就跟如今很多中美洲国家一样。意大利的统治者们为了攘外安内，可谓疲于奔命。于是马基雅维利利用举例对照的分析方法，阐述了在政

府当局不稳定时期可以采取的能确保和维持寡头统治的手段。只是很少人会相信他那一套，因为那不适用于当时在阿尔卑斯山北部蓬勃发展且已经大权在握的统治王朝。更为重要的是，马基雅维利的分析在解决现代政治问题上没有实质贡献，也许在他的描述中，对一些政治权力斗争及官民对立进行了类比，但纵观《君主论》，我们却找不到能在民主社会里清除此类弊病的灵丹妙药。

相对而言，马基雅维利的分析更适用于当时甚至现代的国际政治领域。因为在国与国的外交中，道德约束相对薄弱，需要尔虞我诈、角逐较量的场合也会更多。

我们必须承认，马基雅维利《君主论》的发表，确实给政治问题的观察和分析提供了重要的方法支持，只是历代政治题材作家都鲜有引用和提及。他们过多地把关注点投射到神权、人权和自然法理的争论中，而回避了更多民众想了解的政府及社会现实。在 19 世纪，各行各业都依靠知识的进步采取了更先进、更精确的分析方法，但这些改革和变化却难以归功于马基雅维利的努力。

乌托邦的批判作用

除了柏拉图的“理想国”外，莫尔的“乌托邦”也从当时的实际出发，构思并展示了完美的社会及政府体系的应有功能和设置。在中世纪，由于整个欧洲的思想和国家条件基本一致，导致新锐的著作并不会受到重视。但随着新大陆的发现，欧洲社会开始接触到一些前所未有的新事物，反传统的思想也终于迎来了等待已久的萌芽之日。在构思新世界时，莫尔以色彩丰富的文字描述理想中的“乌托邦”，并细细向读者们说明其中社会改革计划的可行性，让人对这样的未来产生无限憧憬。

后来描写“理想国”的作家们大多只建立并描绘了一个能经得住经济学家、社会学家和政府要员批判的社会，反而丢掉了这类著作应有的精气神。可以肯定的是，即使我们无法预测未来的社会状况，但社会的变化总会遵循最根本的原则。对“乌托邦”的向往能让人居安思危，不轻易满足于现状，从而促进人类自身以及带动整个社会的发展。

虚构的社会不需要具备现有科学认可的可能性与有效性，它最大的作用是就当下社会进行讽刺和批判。换句话说，以“理想国”为题材的著作并不是科学论文，而是以人为本的思想文学。当然，有些“理想国”的构想在实践时的确卓有成效，而这也是莫尔的《乌托邦》能被编入《哈佛经典》的原因。

乌托邦与社会现状

若能在阅读前稍微了解莫尔著书时的政治及社会现状，读者必定会对书中的描绘更有兴趣，也更能体会作者的用意。由于社会和人类自身的发展变化十分缓慢，莫尔无法向那些只熟悉眼前现实的读者证明书中新想法的实用性。我们眼下的文明社会离乌托邦也并没有比莫尔当年更近，我们所推行的一些有利于社会发展的改革甚至背离了理想国的构思。对现代理想主义者来说，可以想到的最美好的社会形式当然是民主制，但乌托邦毕竟是贵族提出的社会理想，相应的改革无论如何都不会触碰到奴隶制的根基，莫尔再是天赋异禀也摆脱不了环境与历史背景对自身思想的桎梏，而这也是人类发展和进化最大的阻力之一。

第三节　亚当·斯密与《国富论》

查尔斯·布洛克[1]

在1752年到1764年间，亚当·斯密一直担任格拉斯哥大学道德哲学教授，《国富论》可以说就是他给学生们上课时的讲义合集。以希腊传统哲学为基础，亚当·斯密提出了一套小至个人行为准则大至社会秩序制度的道德哲学体系。亚当·斯密曾说过："纵观历史我们发现，个人的幸福和完美并不局限于个人生活，还应该包括其在家庭、社区以及国家中的贡献与收获。"有鉴于此，亚当·斯密本人也遵循这个原则向学生教授课程。

---

[1]　查尔斯·布洛克（1869—1941），美国经济学家，哈佛大学经济学教授，公共财政专家，1903年成为哈佛大学经济学助理教授，1908年成为终身教授。主要著作有《1780年至1905年马萨诸塞州财政和财政政策的历史概述》（*Historical Sketch of the Finances and Financial Policy of Massachusetts from 1780 to 1905*，1907）、《国家财富的本质和原因探究》（*An Inquiry into the Nature and Causes of the Wealth of Nations*，1909）、《公共财政选读》（*Selected Readings in Public Finance*，1920）。

亚当·斯密哲学体系的根本理论

亚当·斯密使很多传统科目找到了新的发展方向。1759 年，他出版了令他蜚声国际的伦理学著作《道德情操论》。在书中，他认为同理心、同情心是判断人类行为动机及结果的核心，人类的同情心实际上就是这个社会的正义，同时也是“社会结构的重要支柱之一”。《道德情操论》反映的是 18 世纪社会普遍认同的自然秩序理论，即创世者以最大的仁慈造福于人类，哲学、政治和经济等都是用来发现自然规律并促进社会发展的工具。在自然秩序中，上帝赋予每个人在合理范围内追求和拥有自己幸福的权利，同时助力完善公共福利。在这种主张自然平衡和谐论调的基础上，亚当·斯密提出了自己的理解，即人生来有权以自己想要的方式追逐自己的利益。

早前，亚当·斯密曾写过关于政府和社会公义的论文，可惜都没有付梓成册，后来他把所有想法和建议整理好，于 1776 年出版了流芳百世的《国富论》。

亚当·斯密关于福利及政治经济学的构思

在《国富论》中，亚当·斯密通过专业知识以及敏锐的个人观察，把经济原则与现实经济生活紧密地连接在一起。与其他大部分经济学著作不同，《国富论》一书中列举了许多在实际生活中会运用到经济学的例子。亚当·斯密不喜欢在经济学的定义中纠缠，反而习惯直截了当地阐述一个国家一个民族能富裕起来的主要原因。他认为国家土地的年产量以及社会劳动者的生产力才是“真正的财富”，这与以往很多把国家耐用品库存视为财富的经济学家的观点不同。在亚当·斯密的文字中我们鲜有见到关于政治经济学的定义，唯一最接近的字眼出现在《国富论》第四篇开头第一句。他说：“政治经济学是帮助政治家或立法者制定国策的依据，它包括两方面的工作，一是为人民提供丰厚的收入和安定的生活，或者为人民提供能获得上述二者的环境和机会，二是为国家和联邦创造足以完善公共服务的收入，这两项工作都有利于人民和国家的发展。”

生产和分配

吹毛求疵的批评家们总喜欢说《国富论》中论点不够系统，可事实上，这些论点已足以证明亚当·斯密想证明的命题。《国富论》的第一篇主要还原了财富产生和分配给劳动者、企业家和土地拥有者的整个过程。由此可知，现代社会工业生产力的提高需要着重研究改进劳动者的分工原则。这是一个经济学上常见的命题，而亚当·斯密在讨论时提到，利己主义决定了人在追逐利益时的自发性，即使没有政府的号召，人也会尽可能

地改善自身的经济条件。同时，由于劳动分工以交换为前提，于是便带出了与货币及价值相关的问题。在针对“价值”的研究中，亚当·斯密按来源将其大致分成三类：劳动工资、资本利润和土地租金，并以此为例阐明了社会财富分配的原则与过程。他的研究成果被许多经济学作者引用为古典经济学之奠基，也为马克思社会主义经济体系的建立提供了间接的依据。而他关于劳动工资、资本利润与土地租金的理论，经过大卫·李嘉图的充实和修正，不但成为了日后高校必读的古典经济学教材，还让商人真正明白了不同雇佣方法所能带来的利润差异。

自然和资本利用

亚当·斯密在《国富论》的第二篇中讨论资本积累的性质和作用，并认为这是促使劳动者工作、推动工业发展的原动力。他在《国富论》中写道，资本最初来自于储蓄，接着储蓄变成维持生产所需的资金，最后按照一定模式固定成资本积累的循环。另外需要注意的是，虽然我们会把某些行为定义为非生产性劳动，但这不代表那是在做无用功，只是这些行为无法生产出任何耐用品，因此——按亚当·斯密的说法，他们不具备生产性和生产力而已。节省和储蓄能帮助经济人增加生产及雇佣所需的资金，而消费和亏损则会令经济人错过生产更多产品或

雇佣更多更好的劳动者的机会。

因此，为了更好的未来，最初的节俭是个人财富和国家收入增长的主因，同时得益于政府的保护，个人可以以他认为最有利的方式追求想取得的利益。除了上述问题，亚当·斯密还探讨了资本在不同领域的用途。首先，与制造业相比，农业需要更多的劳动力，而这两者的发展都有利于推动运输业和商贸的前进。其次国内贸易的兴起能创造更多的就业机会，而海外贸易的拓展则又会反过来带来更多生意契机。

所有这些都能帮助经济人进行资本的循环累积。若一个国家在发展初期缺乏资本，不妨先以农业为突破口，然后再发展制造业和国内贸易。当资本的自然增长稳定后，便可以通过推进运输业开拓海外贸易，实现资本的大幅度增长。这样的发展过程，并不需要政府的过多干涉，单靠人性中利己主义的自由发挥便能完成。亚当·斯密的这个论点非常重要，可以说是他自由主义经济理论的核心。

亚当·斯密的贸易理论

在《国富论》的第三篇中，亚当·斯密对欧洲各国的政治限制和政策偏好一一进行了分析研究，并用整个第四篇驳斥在当时政治经济体系下政府对商业和自由贸易的干涉行为。亚

当·斯密认为，限制商业即是减少社会成员给彼此提供服务的机会，而这会直接影响到公共福利的发展。同时，他也像戴维·休谟一样反对重商主义。他指出在自由贸易体系下，经济的繁荣并不是政府施舍，而是依靠“每个人为了改善自身生活条件而付出的努力”。在指正了重商主义者的错误观点后，亚当·斯密也对政治经济学中的“农业系统”进行了剖析，并得出“土地的生产力是国富民强唯一来源”的结论。而在得知与农业相关的经济学家已经把“自由种植，自主生产”作为提高土地年产量的不二法宝后，亚当·斯密便盛赞其为“在完美的政治经济学体系下最接近真理的做法”。

公共财政

在《国富论》的第五篇中，亚当·斯密首次发表了对公共财政的调查与分析，而在该篇的第二章中他着重讨论了“税收”这个命题。当时“税收”在别的文献里经常出现，却只有片言只语的描述。亚当·斯密成功地将他的税收理论与他的财富积累及分配理论联系起来，并在实践中提出许多被后世采纳的改革方法。虽然他对公共债务持过分否定的态度，并强烈批评了英国和其他国家在 18 世纪实行的不明智的财政政策，但事实证明，亚当·斯密对公共债务的本质理解是相当正确的。

《国富论》一经出版便得到了巨大的反响。亚当·斯密在世期间，《国富论》被再版了五次之多，同时也被翻译成法语、德语、意大利语、西班牙语和丹麦语。独立战争结束前，《国富论》便已经被很多美国政治家所熟知，但直到 1789 年，《国富论》才首次在费城本土出版。亚历山大·汉密尔顿的“治国散文”中毫不掩饰其对亚当·斯密的推崇。时光荏苒，《国富论》中的理论开始展示出其对掌权者及政府的深远影响，它不但成全了工商业的自由发展，还成就了自身在政治经济学中屹立不倒的地位。

第四节　美国宪法的发展

威廉·本内特·门罗[1]

当我们说要以史为镜时，首先得保证所接触的历史确实是前人经过仔细考究后准确的记录，否则会有被误导之虞。关于几个世纪前的记录，最可靠的信息来源除了当时参与者的回忆外还有历史性事件发生后官方或政府的解释。然而，历史往往是胜利者的手笔，因为他们是实质上掌握了当代话语权的人。

于是历史学家只能在这样的前提下，以文字还原当年人民生活的种种现状。相比之下，美国的历史记录可以说最接近事实真相，毕竟美国建国不过是三个世纪前的事情，那时的人们

[1]　威廉·本内特·门罗（1875—1957），加拿大历史学家和政治学家，曾在哈佛大学和加州理工学院任教，他以新法国的司法制度和美国市政当局的研究而闻名。主要著作有《法国加拿大时期的德意志派》（*The droit de banalité during the French régime in Canada*，1900）、《加拿大的司法体系：法国殖民政策研究》（*The seigniorial system in Canada : a study in French colonial policy*，1907）。

受新思想的启发，已经懂得如何准确地记录社会的改革与变迁。当然，人是有主观感情的生物，即使是最机敏开明的作家在进行历史记录时也无法做到绝对的准确和客观，但这并不会妨碍我们“站在巨人的肩膀上”，建立我们对过往历史的理解与分析。美国的历史最早可以从先驱者们首次在大西洋彼岸发现新大陆并开始定居生活的日志记录中窥探一二，随后我们则可以从起初的殖民宪章，后来的国家宪法、总统演讲、总统法令、外交条约、法庭判决、政要言谈和大量官方及非官方的文书中感受到这片新世界下的历史人文思想。

美国政府的成立

英国在美国设立殖民地的头一个半世纪遭遇了许多困难和问题。一开始是印第安人的“骚扰”，后来则是与法国殖民者在北方持续不断的争吵。好不容易解决了印第安人及法国人后，宗教信仰的分歧又使英国的殖民领主们被割裂成势如水火的两派。有些殖民地甚至成了英格兰本土以外反对罗马天主教的要塞，他们一边保护自己的新兴信仰一边极尽所能迫害所管辖境内的天主教残余异端。与之相对，那些始终秉承传统宗教信仰的殖民地领主则把所有新教教徒驱逐出境，而这便是马萨诸塞州殖民地与罗德岛州及康涅狄格州殖民地在那段时间总是暗中

竞争的原因。

同时，不尽如人意的政府架构也是殖民地领主面临的另一大难题。每个殖民地都在遵守殖民宪章的前提下试着建立适应当地的基本法律和自由原则，后世之人在阅读此类文献资料时，不难从这些忠实的描述中感受到当时美国人民最原始的政治理想。尽管这些法律的严格规定过分干涉到公民的日常生活和言谈，但我们在追根究底时发现这一切其实都源于政府的法治而非封建国王的人治，美国政府的建立便是体现了其欲以宪法保障公民人身自由的信念。

脱离英格兰

对于殖民领主而言，最困难的莫过于如何适当地处理与母国的政治关系。起初殖民地势单力薄，随时会受到别国的攻击，因此只能紧紧依附于母国的保护和统治。1760 年开始，美国的经济迅速发展，给殖民地领主带来了巨大的财富利益，而自法国军队从北方边境撤出后，殖民地与母国的矛盾日益尖锐，早期积累下来的不满与冲突也渐渐浮上了台面。总之，殖民地居民不愿意再隐忍与退让了。

由此可见，美国独立战争的爆发是多年积怨的结果，而《独立宣言》更是清楚地反映了殖民地居民在过去曾遭遇过的诸多不幸。

十三个州的殖民地为了联合起来争取国家独立，决定在费城召开代表大会，成立负责制定决策和统一管理的中央政府。中央政府始建之初并没有任何法律依据，于是与会代表们最终制定并通过了《邦联条例》，以确保中央政府作为国家机构在未来十年的施政原则。在战争期间，中央政府几乎没有从《邦联条例》中得到任何权力，却在战争快要结束时帮助调解了许多不必要的纷争。然而，这始终不是能让人满意的法治基础。

《美国联邦宪法》

《邦联条例》中最突出的两个缺陷是：一、未能给予中央政府稳定的年收入来源；二、未能制定出可以有效促进商业发展的统一管理办法。这两大不足促使各州代表决定于 1787 年春再次召开费城大陆会议。当时与会的成员包括华盛顿、詹姆斯·麦迪逊、汉密尔顿以及本杰明·富兰克林，他们认为若想达到预期的目标，仅仅靠修改原有的《邦联条例》是远远不够的，因此需要制定一部全新的宪法。1787 年夏天到来时，这部全新的宪法终于完成制定工作并得到了十三个州的批准实行。当然，一开始新宪法受到了很多州政府的排斥，差点儿就要胎死腹中了。幸好制定者们头脑机敏，心智坚定，加上汉密尔顿

和麦迪逊积极努力的游说宣传，最终得到了十三个州给予的同意背书。汉密尔顿和麦迪逊以联邦拥护者的名义发表的宣讲文章后来被整理出版，并成为联邦政府建立的基础依据。新的中央政府成立后马上开始新的工作，美国首任总统华盛顿号召各州人民代表“争当国家政策的奠基人，从而使美国赢得世界各国的尊重”。

国家昌盛、领土扩张和外交中立

在联邦成立的头 30 年间，美国的政治历史有三个突出的特点：其一，新宪法的通过使中央政府有机会平稳地扩大和深化自身权力的管辖范围。约翰·马歇尔曾于 1801 年到 1824 年间担任第 4 任美国最高法院首席大法官，任期长达 24 年。马歇尔是中央集权制度的信奉者，他坚信中央集权是新宪法制定的真正目的。他用了三四十年的时间，确立了众多司法惯例，并最终奠定了美国法院司法权的独立地位以及其对国会法律进行司法审查的基础。在他的领导下，美国最高法院进行了一次划时代的改革，并首次宣布联邦政府拥有一切宪法范围内的权力，并有权在征得国会同意的前提下，将权力运用到各个所需领域。他说：“在宪法允许的范围内，我们应采取一切适当的手段，以实现维护宪法精神的目的。”宪法允许马歇尔卸任最高法

院首席大法官一职时，《美国联邦宪法》已然成为本土公认的最高法律，同时，因为他的努力，华盛顿政府成为了美国人民心中最坚实的权力中心。其二，领土扩张，这是国家局势稳定繁荣昌盛后的必然结果。最后，当时美国政治历史的第三个特点是，其与欧洲大国之间的关系在 19 世纪上半叶开始有了良好的进展。法国和西班牙从美国毗邻领土撤出后，更是消除了外部潜在的危险来源。发生在 1812 年到 1815 年间的美国第二次独立战争为美国赢得了极高的国际声望，其后它的领导者遵循一个伟大的政治家应有的谨慎风范，重新确立了美国身为中立国的地位。几年后，美国宣布实行门罗主义，再次重申欧洲列强不应再殖民美洲或涉足美国与墨西哥等美洲国家之主权相关事务，否则美国将视之为敌对行为。在 1803 年到 1823 年这 20 年间，美利坚合众国成功与南北邻国解决了边界纷争，消除了外部的入侵威胁，并传达它所秉承的尊重别国领土主权的基本外交原则。

第五节　法律与自由

罗斯科·庞德[1]

法律秩序存在的目的为何？政府组织的确立能给我们带来什么？立法是为了在有组织的社会中建立和实行一套被大多数人承认的司法标准，还是有别的什么用处？以上均是在涉足法律和政治哲学领域时最先接触到的问题，而法学思想和政治思想的发展史便是回答这些问题最好的答案。

原始社会的法律

在原始社会里，法律存在的目的主要是为了维护和平。人

[1]　罗斯科·庞德（1870—1964），美国20世纪著名法学家，1910年开始在哈佛任教，并于1916年成为哈佛大学法学院的院长，1948年他曾以国民政府司法行政部顾问的名义来中国。主要著作有《法理学概述》（*Outlines of Lectures on Jurisprudence*，1914）、《普通法的精神》（*The Spirit of the Common Law*，1921）、《法与道德》（*Law and Morals*，1924）、《美国刑事司法制度》（*Criminal Justice in America*，1930）。

们通过法律保护自身，减少个人利益冲突，同时通过立法阐明社会规则，从而和平地解决纷争。这与现代法律精神相似，都是把法律视作一种手段，最终的目的则是维护正义及维持社会安定。只是原始社会的律法更侧重于惩罚，务求要使过错方付出沉重的代价，而当代法律则更侧重于保护和补偿，并致力于赋予每个人应有的权利。

希腊和罗马时期的法律

随着希腊哲学与罗马帝国的兴起，原始社会有关法律的粗糙概念很快便被学者和统治者们修正和补全。他们认为法律存在的目的在于维持社会现状，换句话说，法律就像一把个人利益的保护伞，从根本上防止——而非仅仅是缓解，人与人之间矛盾和冲突的产生。这样的观点在希腊的政治哲学理论中被多次提及，例如柏拉图在描述“理想国”时说，国家将每个人分配到与他最相配的阶级上，用法律来保护他们的权利，使之满意安定，从而实现社会完美的和谐与统一。同样的理念也可以在圣·保罗著名的布道书信里看到，《以弗所书》第五章第 22 节以及第六章第 1 至 5 节正是保罗对信徒们的告诫，呼吁他们坚守各自的阶级，履行各自的职责。罗马的律师们将这种政治哲学观念变成实实在在的法律条文，查士丁尼编纂了《民法大

全》，使之成为罗马法最重要组成部分，并告诉他的臣民，法律存在的目的有三个：一、让人过上体面的生活；二、让人免于恶意的伤害；三、让人获取他应得的东西。简而言之，国家和法律都是用来实现社会和谐的手段。至于怎样才算是体面的生活、如何才能不被损害、应得的东西包括什么等问题则由其他政府组织处理。

宗教改革前后的法律

罗马帝国垮台后，日耳曼的侵略者们想再次启用原始社会专横的法律规定，以惩罚和报复为手段维持社会的稳定。然而中世纪由于《民法大全》和罗马法不可言喻的权威，原始的法律规则也逐渐让路给更为完善的法律秩序，并成为维持社会稳定的主要方式。此外，从 13 世纪起，哲学家越来越倾向于以理性维护权威，这为 17 世纪新思想的兴起做好了准备。此时，历史上发生了两件重要的事，使法律和政治哲学不得不在根本上进行改革。首先，宗教改革让法律和政治哲学摆脱神学和教会的控制——这得益于 16 世纪新教法学神学家的努力；其次，民族主义运动打破了中世纪教会和国家政体的垄断和统一。而在罗马法精神被德国人否定后，建立一套更能体现公正公平和理性包容的新的法律基础成为了迫切需求。

理性和自然权利

在 17 和 18 世纪，理性成为了衡量所有社会职责的标准。17 世纪的法律和政治哲学家普遍认为法律是人类理性的产物，他们讨厌专横的权威，愿意接受处处体现人文理性的罗马法，因为它表现了理性生物的本性，它不旨在惩罚而在赋予，不旨在控制而在尊重——尊重人的个性与权利，而这正是正义所代表的两个基本原则。在这两个原则的基础上我们又会遇到两个显而易见的问题：一、什么是个性？它是如何使人与人之间产生利益冲突的？二、什么是人的权利？问题的答案可以在关于人的本质研究和自然权利理论中找到，同时也能在社会、国家和法律中找到对应的证明。由此可见，正义是个人自我主张的最大体现，国家和法律的用处即是保护个人能在适当的框架下自由行事的权利。纯粹的个人主义正义理论在 18 世纪《人权宣言》和《权利法案》签署时达到顶峰，即法律应以最低程度的限制，允许个人实现自我主张的最高权利。

然而，这个理论在 18 世纪末被伊曼努尔·康德推翻了。康德的理论在接下来的 100 年受到了 19 世纪政治、经济和法律的影响，逐渐成熟和完善，并且从本世纪中叶开始成为了欧洲和美国的法律基础。

19 世纪的法学家政治哲学家们一致认为，建立法律秩序、

组织政府机构和立法都是为了保障和维护个人的自由，历史学家在人类社会的发展史中发现了这个“秘密”，法学家在进行哲学思考时将自由意志定义为法律的基本原则，并从中推导出法律应该遵循的适合理性社会的制度。于是部分功利型立法者直接把个人自由当成个人幸福，并以此为立法的目标。约翰·穆勒的《论自由》是描述19世纪抽象自由观的经典著作，他的观点与我们现代社会立法的态度相比更为温和理性，主要希望通过限制抽象意义上的自由形成一种压力，从而弱化人们在部分场合下的行动力，其核心与我们如今接触到的法律体系基本相似。

当代社会观点

如今的社会哲学学派让我们看到了全新的法律概念：不再把自我主张视为个人的最高权利，反而将之视为人类的众多愿望之一，并将实现人类包括自我主张在内的各种愿望作为制定法律的核心。因此，当下的法律和政治在考虑利益问题时，总会希望以最小的代价换取对个人利益、自我主张、公共福利以及公共主张最大的保障。而这样的想法无论是从个人还是公共角度出发，都是符合社会利益的。可见，19世纪法律的普及化和细节化并不会影响个人利益，相反由于社会利益的主体是个人的道德及社会生活，个人利益在很大程度上与社会利益相同，而这也是个人利益会受到保护的主要原因。当个人愿望与他所在的大环境需要相左时，当有限的世界无法满足每个个体无限的欲求时，政府便只能采取家长式的管理方法以权衡各方。只是上个世纪的思想家显然不接受这样的托辞，尽管当代世界对法律和国家的定义已发生了巨大的改变，但约翰·穆勒的《论自由》在很多方面依然有着重要的参考价值。就像在 17 世纪，欧洲各国过分强调公共利益，忽视个人的道德及社会生活，不尊重个体在《人权宣言》和《权利法案》里的自我主张，这是很危险的。国家利益的无限扩大让政府从一种统治手段变成一个用来控制人民的机器，并最终破坏正当的法律秩序。因此，在稳定社会大局的前提下，我们必须同时兼顾个人利益，认真倾听个体的自我主张，并让他有机会行使上帝赋予的理性和权利。我们必须谨记，国家利益的基础是个人的道德和社会生活，即自由意志的选择。

第三讲

哲　学

第一节 概述

拉尔夫·巴顿·佩里[1]

神圣的哲学是多么魅力超群!
不是愚昧之人所想的那样枯燥或晦涩,
它像阿波罗的箫管乐一样动听,
又像是堆满佳果珍馐的不散筵席,
囫囵吞枣的人无法品得其中滋味。[2]

弥尔顿气宇轩昂，以哲学之名写下上述诗篇，自此哲学相当成功地减轻了自己“枯燥艰涩”的恶名。凡是了解过经院哲

[1] 拉尔夫·巴顿·佩里（1876—1957），哲学家，1913—1946 年担任哈佛大学哲学教授。主要作品有《道德经济》（*The Moral Economy*, 1909）、《价值通论》（*General Theory of Value*, 1926）、《清教与民主》（*Puritanism and Democracy*, 1944）和《人性》（*The Humanity of Man*, 1956）等。

[2] 引自弥尔顿《科马斯》。

学、中世纪哲学和弥尔顿的时代所认可的哲学的人，都难免在私下里同情这些“愚昧人”。而最近300年的时间里，哲学——尤其是英国和法国的哲学，在形式上越发自由，愈来愈有想象力，愈来愈有自我表达力，而给了当今那些哲学的批评者和贬低者（可叹人数太多，不便详述）以新的话柄。哲学遭到非难，理由不是它不悦耳，而是它不实际。想想看，“阿波罗的箫声”，本身就很可疑，它全然不具形，又十分遥远，这跟一个以效率和常识著称的时代对不上脾性。

哲学与效率

我真诚地希望自己能够站在效率和常识的角度向诸位推荐哲学，这样你们可能就会倾听、理解并且相信我，这算是获取你们信任的一个妙招吧。我多想这样说：“现在请看！哲学不过是简单明白、讲求实际的常识而已。”或者说：“如果你想成功，试试哲学吧。它帮你成就自己，推销自己，助你超过竞争对手，令你事事高效！”如果我能这样使出浑身解数，你的本能和成见也会让你立时同意我的说法。然而，如果我真的这样说，我就是在骗你，我向你推荐的已然不是哲学。哲学从不简单明白，也不以实用见长，它更不是什么成功的手段——不是人们平常以为的那种成功。哲学就是这样，不是个别时候是这样，而事实上就是这样。

哲学之要义，就在证明常识不可靠，证明庸俗的成功标准缺乏根据。有些事物必须是你走向它，而不是它走向你，哲学就属于其中之一。你必须自己前往哲学的居所，你不能要求它也走向你，你们好在半道相遇——这时你遇到的根本就不是哲学，而是某种可怜的妥协——是一副空壳，一个幌子，哲学的灵魂却早已不在其中。只有让哲学为自己发声，用自己的语言发声，一个人才可能理解哲学的意义。如果说哲学是有益的，那是因为它带给了生活别样的东西，一种它所特有的东西，而且，它的衡量标准由且只能由哲学本身提供。

哲学与常识

我们不能说哲学之合理性在于其讲求常识，但至少可以将两者做一番比较。既然已经必须承认哲学与常识是两样，那不妨好好弄明白它们的不同。那么，什么是常识？首先要说，这很明显不是一个常识问题。常识所特有的属性之一就是：它一定是不能被质疑的，它被视为理所当然。大量的确信组成了常识，而且这些确信普遍被认为站得住脚；你不会对它们有任何疑问，相反，你要靠它们来决定问什么样的问题。它们是保守的意见，是牢固、统一的信念，是人们行为的依据。人们在思考时，就已经无意识地将常识作为前提。作为一个具备常识的人，我利用常识来生活、来思考；我和别人一样，都有那种实践和理论上的成见——也即常识，但我根本不去思考常识本身。

但是现在假设一下，我某天心血来潮，神游天外，竟然开始思考常识本身，这时惊人的事情发生了。常识，这个从未被质疑过的权威，被证明出错度很高，它的魔力不再。我马上就想到了这个例子，那就是常识也有它的历史，时间和地点的变迁令常识也随之发生改变。昨天的谬论可能变成今天的常识，同理，昨天的常识在今天看来可能会显得迂腐和古怪。16 世纪说地球移动的人是怪人，20 世纪说地球不动的人才是怪人。更进一步，一旦常识被如此反思，我们就能看出常识中至少有部分完全是非理性力量的产物，比如习惯和模仿。常识是长期被人们相信的，被反复断言的，在事实中渐趋牢不可破，地位稳固；与最近或最新的东西比起来，常识总是更容易被人相信，更不容易被怀疑。周围人相信什么，我们总会无意识地反映在自己的看法中，就像在自己的社交圈子里，我们会留意模仿彼此的口音跟词汇。甚至，一种看法只要传播得广，就俨然成了既定的权威。它会得到民意的支持，人们支持它就像支持其他常规的东西一样。对于那些不信者，人们满怀敌意地猜疑，认为他们不可靠不可知——你永远不知道他们下一步会做什么。

更有甚者，这些人被当作是对公共治安的威胁而遭到迫害。

我把习惯和模仿称为“非理性”力量，这么说的意思是它们对真理没有特殊的尊重。它们证实和传播好的思维方式，但同样也证实和传播劣的思维方式。我不是要从这里得出结论说常识肯定就有错，事实上，有很多理由能够证明常识确实是一位非常优秀的向导。照这样看，常识又在其他的理由层面上获得了合理性，但它本身并不是终审法院。常识是稳定的，被大众接受的，但这不是说它就不能被批评，而且它的稳定性和大众性可能正是批评的针对所在。虽然无法百分之百地肯定，但常识或许确实阻挡了真理的道路：那些仅仅是古旧的、人们熟知的东西，借由常识便获得了毫无根据的权威，我们的头脑因为常识而不再接受新的东西，就像光亮再也无法照进紧闭的门窗。

而哲学家是这样一种人：尽管可能被认为想法古怪，但他却依然要冒着这种风险去挑战常识；他站在多数人的对立面，这么做不是为了对抗，而是要引导多数人去反思，反思那些由于惰性或盲目而被视为天经地义的东西。他是一位批评者，不计后果；他是一位提问者，不可抑制，他的提问没有尽头。每当觉得人类智性堕入昏沉，哲学家便想方设法将其刺醒。每个时代都有一次哲学兴趣的蓬勃复兴，都有一次新的哲学运动，并且这种现象具有周期性，这是事实。像苏格拉底、培根、笛卡尔、洛克或康德这样有几分特立独行或热衷思考的个人，总是不循思考的故道旧辙，他们发现走老路固然更轻松，但如果另辟新路，则更有可能达到目标。这样的思想者总是要求重新检视旧有的成见、旧有的方法，他将自己定位于一个新的中心，从而思考和研究的轴线因为圆心的变化而不同于从前。

如此一来，哲学便总与常识作对，当然前提是这些常识是习惯和模仿的产物。然而，常识还有一些特征也与真正的哲学天才不容。这些特征是什么呢？我们只消回忆一下那些站在常识的立场发出的对观念的褒贬，就能得到清楚的答案。面对被认为违背常识的观念，人们通常会怎么批评呢？我发现，以下三个形容词最常用到："不实际""太空泛"或"不具形"。任何一个有常识的人都会感觉到这些词里的贬抑之意。同时这些词也暗示了，与常识相宜的观念必须是"实际的""具体的"和"具形的"。哲学作为对常识的矫正，其职责就是要证明：这种说法（不管是明是暗）远不是可以被接受的定论。

那么，在通俗的意义上，"实际"指的是什么呢？举个例子：假设有座房子失火了，有人被困在了屋顶上，朋友们在底下想办法。其中一个朋友建议去隔壁扛一把梯子过来，另一个朋友建议这个人爬到邻居家的屋顶上去，再顺着排水管爬下来，这些都是很有用的建议。可这第三个朋友想知道的却是什么原因导致着火，此人为何试图逃离。其他人会立刻要求他闭嘴，因为他的问题全与眼前的紧急情况不相干。又或者，你走近一个正全力做事业的人，向他提点建议，从他的反应里你就能发现你的建议到底是实际与否。如果你说你发明了一样东西，一个物理装置或者机械装备之类的，它能让眼前的事情更顺利地进行，而这就显示你是个实际的人，人们就可能会听你说。但如果你问一个商人他这样辛苦地赚钱是为什么，并且对这么做是否值得表示怀疑——好了，他这下算是知道你是怎样一个“不切实际”的人了，他或许会在“工作时间之外”与你谈谈天，但他几乎不大可能会重新信任你。由此大概可以看出，“实际”意味着它跟眼前手头的事情关联紧密。情况经常是这样：成年人手头有活儿，忙这忙那，有目标等着他去实现。而所谓“实际”，就是任何有助于你达成目标的东西；所谓“不实际”，就是除此之外任何别的东西，特别是对目标本身的思考。而哲学家的建议，通常是后面这种类型。这类建议总让人觉得不合时宜：你正在做的事情，它帮不上任何忙，反倒总是打算叫你先停一停。对实际工作来讲，哲学确实是不合宜的。

那我到底要怎么为哲学辩护呢？回答当然是这样：重要的不仅仅是前进，而且要在正确的方向上前进；不仅仅要把事情做好，而且要做值得做的事情。这句话的正确性显而易见，但人们却很容易忘记，故而，哲学家的职责就显现了出来：提醒人们记住它，说服人们偶尔反思自己的目标，并重新考量自己的整个生活方式。有了生活的哲学，你做事选择怎样的方式方法就有了理由，而且，你打算通过这些方法来实现怎样的目标也有了理由。

哲学与一般化

“太空泛（一般）”的东西也会遭到常识的责难。在生活中，我们所面对的是具体情境，而不是理论。所以获得信赖的人是有经验的人，而有经验通常意味着熟悉某一组特定的事实。在政治生活中，一个人需要的是对具体环境的熟悉，而不是一般性的观念；他必须了解具体的人和手段，而不是抽象的人和原理。文明和进步的观念含混不清，时常被历史学家怀疑；对他们来说，真正重要的是搞清楚历史上到底发生了什么。在工业世界里，经济价值的理论远非必须，有关当前的成本、工资和物价的知识才是要紧的。作为对生活的准备，更重要的是要训练眼睛、训练手，因为是它们起着辨别和操作的功能，理性和想象力的训练之所以不那么重要，是因为它们对思考的广度太过热爱——这样很容易导致模糊了细节。又或者，它们在对终极的探索中，可能会忽视眼前之事。

常识对一般化当然不会全盘否定，因为它对知识非常尊重，并且知道，没有一般化，什么知识也得不出。规则和分类是必需的，法则和理论甚至也是必须的。然而，思想的一般化倾向必须有所节制；一旦过了某一点，它就变得荒谬、怪诞、脱离事实，“飘在半空中”，此时，那些有常识的人就会牢牢根植于地面，带着轻蔑、消遣的心态，甚或茫然的惊愕，抬头看着这一切。

故而，哲学之所以对常识构成冒犯，不是因为它的一般化——毕竟人的思考无法离开一般化，而是因为它的一般化没有止境。冒犯常识在哲学家那里是一种必然，这是忠实使命所需。没有一般化到了哪一个程度就必须打住这么一说，哲学家的专职就是尽可能地一般化。此举的动机可能多种多样：他可能是被“无聊的好奇心”驱使，想看看自己到底能走多远；他可能相信，最崇高的人类活动就是对普遍原则的探索和思考；他还可能被这样的观念所激励：能不能跟事物的第一原因和终极理由建立起正确的关系，决定了他的灵魂能否得到拯救。不管是哪种情况，哲学家的任务就是阐述事物的本质所容许阐述的最一般的观念。权宜考量所强加的任何限制都不能使他服从，如果不能比其他人更全面、更综合或者更深刻地思考，哲学家就将完全失去其身份特征。哲学家不代表任何事实或利益的有

限群体，他是全体的思想者。

哲学与明确

很重要的一点是，事实拥有“稳定可感”的名声，而一般化的观念则被认为空洞而飘忽。从这个意义上讲，事实在常识看来又具备了另一项美德，这就是常识判断的第三个标准——有具形。从词的本意来看，所谓有具形，当然就可以触摸。我们要讨论这个话题，就必须触及人性中非常原初和基本的东西。触摸是最原始的感觉，考量一下活的有机体的整个历史，我们就会发现，在它们意识中最重要、最不可或缺的角色，就是对于“接触”的经验或预期。能够与有机体接触的东西，是一个实体，所以实体或有形的东西就成了已知事物中最古老、最被熟悉的实例。而其他所谓的事物，其身份就变得非常可疑，头脑在跟它们打交道的时候会感到陌生和没有把握。物理科学之所以得到了常识的信任，是因为它尽管也可能远远地偏离实体，并想象诸如以太和能量之类没有具形的东西，但它总是从实体出发，最后又回到实体。此外，即便是以太和能量，也能激发触觉想象——你几乎能感觉到它们。即便完全明白这样做并不合理，但人类的想象力总是不可能戒绝做这样的事情。不可否认，上帝和灵魂都是精神性的，而其最高的权威正是源于这一点。但是，普通人的头脑想到这些概念的时候，总会清楚地赋予它们以肉身的形象，好像如果不这样，大脑在跟它们打交道时就很无助一样。

哲学与有形的事物间并非处于敌对关系，事实上，哲学反而必须承认这么一种可能性：也许最终一切真实的物质都是有形的。但哲学出于其天性必须指出，偏爱形而下（具形）的事物是人的一种偏见；哲学的任务就是尽可能地让这种偏见趋于减少，以致不见。对那些旨在对经验中的非有形方面做出公正思考的理论，哲学必须加以发展和保护，从而非有形的事物将免去这样一种误读：它们是“不可想象的”，或者说，它们本质上是不可能的。往前数一代，哲学常常被称为是“精神的和道德的”哲学，我们说这种讲法有一定的正当性，倒不是因为哲学确实将自己的关注点局限于精神和道德领域，而是因为只靠哲学家的思考，我们就能对这些东西获得认知；同时，也是哲学家纠正了对形而下的过分强调——常识以及在常识的基础上发展出来的科学就是这种过分强调的施加者。

我们无意识的哲学化

哲学能够接受与常识相悖的观念，甚至对此颇感得意。通常加诸哲学的形容词无非有：不切实际、太过宽泛、难以感知。

如果说这些富于贬抑意味的形容词就是对哲学的终极和决定性评价，那么哲学恐怕早已自行消亡了。但是，跟常识作对不是哲学的唯一本事——更重要的是，它负责把人的头脑从常识中解放出来，从而使更权威的标准得以确立，而它本身的正当性亦可以通过这些标准获得证明。

我想，我本该说服你相信的是这么一种说法：哲学对大多数人来说是陌生人，你需要做的是走出去，到哲学的家中亲见其容貌，但我现在希望你认同的是，你早已在不知不觉中与哲学有过宾主之欢。如果要想让哲学进来，你头脑里那些最熟悉的想法就得被驱逐，但或许哲学曾经在你的头脑中是一位颇受喜爱的住客呢！只不过因你太过年轻，而你的长辈又有太多的常识，以至于你自己并不知道那位住客就是哲学。当你还在幼年时，除非你与大部分孩子两样，不然你一定会对那个你眼中"世界"充满好奇：是谁创造了它？为什么要创造它？怎么创造的？为何被创造成现在这个样子呢？那些自己去不到的、遥远又模糊的地方，它们又是什么样子的呢？可后来你就长大了，一直在成长，你获得了常识，但更准确地说，应该是常识获得了你。常识有若一道帷幕降落，将朦胧不清之物一律关在幕外，它固然会让你觉得看得更清楚，但无疑你的视野同时也受到了限制。从此你开始觉得，自己童年时代的那些问题都蠢不可及，或者太过夸张，只有游手好闲的人才会沉湎于这样的问题。如此看来，哲学比常识更天真，因为它是头脑的更自发的表达。当你重拾这份好奇心，这份最早的无拘无束的对事物的好奇心，常识反倒显得不像是年岁渐长后的领悟，反倒是一种头脑的僵化，是烦琐生活带来的世故和自满。公正地说，哲学关注的内容更加自由，常识则有某种职业化的意味。

我们更需要知道的是，我们如何就在不知不觉中接纳了哲学。我们成年后进行的各种活动，拥有的各种兴趣，无一不以哲学为基础，而这些活动和兴趣在人们生活中的重要性，我想是无须多言的。当你审视这些活动或兴趣的时候——这种审视是一种迟早要发生的必然，你就会认识到它们需要哲学作为支持。这一点在什么地方表现得最为明显？莫过于宗教。

我们所有人或多或少都是某种宗教传统的参与者，而我们中的大多数人对宗教经常抱着想当然的看法。我们假定存在这么一种生活，一种无私、诚实、坚忍和友爱的生活，不妨说，一种最高的和最好的生活。我们假定，与世俗的成功相比，这种生活的价值更高；它预示着一种精神富足的状态，一种人人都应该渴望的状态，为了获得这种状态，他愿意牺牲任何其他一切。我们再更深一步假定，这种生活的重要性甚于世界其他任何东西。因此，我们可以认为，是某个存在创造了世界，并掌管了这个世界，最高的和最好的生活在这个存在身上得到了最完美的体现。那么，对我们来说，上帝就意味着宇宙中至高无上的利他、友爱及其他诸如此类。或者，我们可以假设上帝是这样一种存在：他确保了继承这个地球的将是那些无私而正直的人，这些人将体验到永恒的幸福。

怀疑

现在，来观察一下，当一个人产生怀疑时，会发生些什么。是的，他可能会质疑理想的价值。与牺牲自我相比，难道维护自我不是一件更有价值的事情吗？或者说，不被良心的不安所扰、以强力凌驾正义的人，难道不是一个伟大的人吗？问题的答案由什么来决定？不是民意，也不是任何制度的权威，因为这些是教条的。怀疑一旦产生，教条的解释力就捉襟见肘了。这时候需要的是对理想进行思考和比较，是对价值和生活意义的大问题进行批评性的审视。能进行这类探索的人，甚至是以解决自身问题为出发点而进行这类思考的人，本身就已经是一个道德哲学家。他正追随着柏拉图和康德的脚步、穆勒和尼采的脚步，至少在部分程度上可以说，他跟他们走的是同一条路。

或者，假设我们的这位怀疑者质疑的不是传统理想是否正确，而是传统理想有多大的确定性能实现。假设他如约伯一般，被正直者所遭遇的不幸深深震撼，以至于产生如下疑问：事情的自然趋势是否与事情正义与否全然无关？说到底，这个世界是不是只是一场意外，由盲目力量作用而导出的一场残忍而笨拙的戏剧？理想到底是不是价值全无，又或者，它们仅仅是白日梦、是错觉、是想象的游戏？精神究竟能不能推动物质，或者说，在那些完全超出其控制力的事件里，精神只是无能无力的旁观者？能问出这些问题，你就提出了哲学的难题；能回答这些问题，你就创造了哲学。

当然，麻醉术是治疗怀疑的一种办法，但这种办法治标不治本。事实上，对很多人来说，麻醉术根本不起作用。这些人要求用智性的办法来解决智性的问题，他们的思想一旦被激发，在找到最终答案之前就不会停下来。问题即便在上一代人当中被遗忘，但它还会再次出现，并让下一代人苦思冥想，不得安宁。再退一步讲，即使有这么一种可能，让批评和怀疑的能力全然沉寂或衰退，那降临在人类头上的，也只能是更恐怖的灾难。因为宗教之优点必然在于其真理性，如果它要想保持自己的真理性，就必须能够随着文明进步而自发修正。怯懦地抱着自欺欺人的幻想不放，从不费心去思考，这绝非拯救之道。

灵魂的拯救之道，并不取决于想象中事物的情形——在这种状态下，人的意愿成了思考的源头——而要取决于事物的真

实情形。拯救必须建立在事实的基础上，而不是建立在虚构的基础上。总而言之，哲学之所以必要，就在于构成宗教之基础的那些问题是真实的。不光是在宗教这个问题上，对其他活动和兴趣也一样，不要就此假定事情就是这样的。有一点正变得越来越重要，那就是要时不时地以开放的思想近距离地研究它们。探究生活的理想和希望的基础，是谓哲学。

哲学与艺术

现在，转到另一个我们并不陌生的人类兴趣的领域——对艺术的兴趣。一直以来，有这样一种模糊的观念：伟大的艺术品必须表现一般或普遍的东西。这种观念有时候甚至能得到鉴赏家的捍卫，但更多时候被他们忽视或拒绝。在这种观念的前提下，我们觉得希腊雕塑是伟大的，因为它表现了抽象的人，与此相对照，当代雕塑表现的则是具体的人；文艺复兴时期的意大利绘画表达了基督徒所理解的生命，从而比印象派风景画高出一筹，因为后者捕捉到的不过是光与色的瞬间表现。不要误会，我丝毫没有打算把这样的考量硬说成是判断艺术优劣的决定性因素，它们甚至根本不应该影响我们的纯美学判断。不过，有一点很清楚：它们揭示了关于艺术家思想的重要事实，也揭示了关于观赏者思想的重要事实。希腊雕塑家和意大利画家明显都有某种观念，诚然，他们这些观念的产生可能全然是无意识的。莫名地，你从希腊雕塑家的作品里总能看到创作者本身的观念，这种观念并不仅仅表达模特如何如何，而是关乎人类本性以及一种与之相适应的完美的表达方式。至于意大利画家，除了作品的美感之外，必定还会体现他那个时代的人所共有的观念，即事物的比较价值，比如精神优于肉体，天国高出尘世。对于这些观念，观赏者也必须要有理解的能力，否则艺术家试图传递给他的某些信息就会丢失。

用诗歌来举例，大概能让我们理解得更清楚。史诗或叙事诗、爱情诗——赞美情人的美目或丰唇，很明显聚焦于某个具体的情境或某个少有的、稍纵即逝的特征，在这一时刻，人的头脑不再顾及其他，世界亦被暂时关在了外面。但另一方面，还有这样一些诗歌，像丁尼生的《更高的泛神论》和《莫德》，勃朗宁的《拉比·本·以斯拉》，华兹华斯的《丁登寺》或马修·阿诺德的《多佛海滩》，在这些作品中，诗人努力用他自己独特的方式来表达对生活的某种概括。这类诗人视野更加宽广，能够揭示出人在整个事物格局中所处的真实地位。这样一种视野极少是一清二楚的，其实，大概全然不曾清楚过；但它所表示的，是一种奋力争取智慧之光亮的思想，不满于任何既成的条条框框、力图挣脱庸俗标准的束缚。

阅读这样的诗歌，必须对诗歌里的情绪做出反应，并把自己的思维延展至该诗的维度。

我的目的并不是论证诗歌之优劣与其视野之宽狭成正比，我需要你们看到的是，很多被公认为伟大的诗歌，它们的一个确实的特征就是视野宽广。伟大的诗人都是这样一些人：他们敢于使自己的想象力离开地面，上升得足够高，能让他们以全球视野来看待事物。我们说，这样的想象力就是哲学的，它所源起的那种推动力，跟使哲学得以产生的那种推动力是同质的：都需要与常识决裂，它们对生活所做的贡献在本质上是相同的。二者的区别在于，诗人凭借天马行空的想象力要么斗胆预示了未来论证的结果，要么无意识地使用了论证已经得出的结果，而哲学，就是论证。因为诗歌是一项艺术，所以其结果的呈现必须诉诸感官；而哲学因为是理论，所以必须为谈论的对象做出定义，同时必须言出有据。诗人和哲学家都是不可或缺的，因为每一个论证都有其构想，而每一个构想都有其论证。

哲学与科学

“科学”这一术语如今通常用来指称一组专门的知识。由物理学带头，正迅速向迄今未知的领域推进，先把未知变为已知，继而变作发明，最终成为文明。常识对科学多有观照和助益，因它是一项有利可图的投资。但是，科学就像彼得三次否认自己是耶稣的门徒那样，时常拒绝接受哲学，并否认与哲学有任何瓜葛。然而，科学确实有它否认不了的哲学基因，和哲学有掩藏不住的联系。我们的头脑在幼年有其自然的运行，那时你我皆是哲学家，不过后来生活的现实将束缚强加于我们的头脑之上，你我遂不复哲人。科学也是这个道理，它首先是哲学的，然后才是“科学的”，此后又出现高度专门化的分支，每个分支都有它自己的技术和体系。科学的哲学根源，它与哲学的纽带，其实在很多方面都有所表现。例如，不同的科学研究的世界都是这同一个世界，它们的结论必须是不能相互冲突的。物理学、化学、生理学和心理学全都在人性中相遇，并且不得不协调一致。从某种意义上讲，科学就是机械、生命和意识的统一体。试问这如何可能？这个问题明显不是这些科学中的哪一个所能单独回答的。它不是一个科学问题，而是一个哲学问题；然而，科学工作，以及对科学工作的成果应该怎么评估，都与哲学有密不可分的联系。

再者说，科学对其所使用的很多概念都未细加审视。这么说并不夸张，科学的基本概念，即便不说全部，绝大多数都是这样的情况。想想看，空间和时间的准确性质是什么，力学没有给出答案；物质是什么，物理学给出的描述敷衍了事、徒有形式；绝大部分的生物学和生理学研究在进行之前都没有仔细区别和定义生命的意义，心理学那些研究意识的案例从未准确说明意识的本质是为何物。规律和因果论是所有科学都会使用的概念，但是规律和因果论本身却并未获得理论阐释。

总而言之，专门的科学确实有自己的一套展开本学科研究的观念，如果说目的仅仅是实验和描述，那这些观念足够了，可是如果要进行批评性的审视，这些观念就太过粗糙了。我之前提到过的那些概念，但有思考之所至，就必定能为思考提供养料。但是，弄清楚这些概念是有困难的，而且没有一个人敢说，科学（就专家和学者使用这个词的最宽泛的意义来说）在这方面有任何建树。诚然，即使不全弄清楚那些概念，科学的继续发展也不会受到阻碍，它还是能够取得惊人的进步，为物质文明的成功提供必要的工具。但如果一个人要问："归根结底，我在一个怎样的位置上？我所生活的究竟是怎样的一个世界？我是什么？我必须对哪些充满敬畏？我又可以对哪些满怀希冀？"要想回答这些问题，就必须直面定义概念的困难。事实上，除了哲学家之外，甚至没有一个人尝试回答此类问题。

伦理学的问题

当哲学真正开始自身的研究时，事实告诉它要把问题细分。

是的，哲学并没有界限明确的分支；随着各个问题变得越来越接近根本，彼此往往融为一体，一个问题的解决依赖于其余问题的解决。但哲学研究，如同做其他事情一样，一心不得二用。此外，需要哲学的主体并不是单一的，而这导致了不同的研究路径和重点。

哲学当中最容易就其本身来考量的部分，恐怕就是伦理学，或者按照上一代的说法，称作“道德哲学”。引介伦理学，柏拉图那篇著名的对话录《申辩篇》可谓再好不过了。在这篇对话中，苏格拉底在责难他的人面前为自己辩护，他描述并证明了道德家的职责。作为道德家，苏格拉底说，就是要质问人们从事各自职业的原因是什么。他发现，人们确实都很忙，但很奇怪，他们不知道自己在忙什么；他们非常肯定自己是要去往什么地方，但这个地方究竟在哪儿，他们并不知道。苏格拉底声明自己并不以导师自居，但他觉得有一点可以肯定：提出上面的问题是必要的，单论这一个方面，他就比他的同胞们更明智。

苏格拉底认为的道德是：对于一个人为之而生活的“善”，如果没有一个明确的概念，那么他的生活就无法自证其合理性，善的问题因此成了伦理学的中心问题。“善”究竟是享乐、知识还是世俗的成功？它究竟是个人概念还是社会概念？它究竟在于内在的状态，还是外在的功业？应该在现世还是在来生去寻找它？这些只是同一个问题的不同变种，后来的柏拉图、亚里士多德、基督教神学家、霍布斯、卢梭、康德、穆勒及一连串道德哲学家先后都提出过这一问题的变种。

于是乎又有另外一些特殊的、与此问题并列的问题出现了。例如，道德与世俗法律的关系是什么？在柏拉图的《克里托篇》中，苏格拉底教导我们，善良的人的首要职责就是遵守法律，即使他是无辜的，也要接受惩罚；因为善的生活，本质上是一种有秩序的生活，在这样的生活里，个人应该顺从他生来就属于的那个政治共同体。霍布斯的结论与此相同，但是理由不一样。他的理论是，只有当权威和法律存在的时候，道德才存在；人生来即自私自利，无所忌惮，人要想使自己免于承受这种天性所带来的恶果，就只能永远把自己交给国家。只存在国家规定的权利和责任，除此之外，根本无谓其他权利或责任。一个人要么就得服从法律，要么就会退回到原始的野蛮状态，在这样的状态中，人人为自己，不管本人是猎手还是猎物。卢梭的学说与其他人完全两样，他预言了一个这样的时代：人们被轭具缚住，因为擦伤而疼痛难忍，渴望着挣脱束缚，自由地奔向牧场。卢梭提倡说，法律为人而造，而不是相反。人所创造发明的东西反倒奴役了人，人必须努力回到自然的善和幸福，那是他应得的。这些问题依然是现代政治哲学的基础，并造成了当今政治党派各自分立的局面——即使他们自己并不知道。

康德带来了与以上不同，而且我们多半也更为熟悉的一次道德哲学的转向。在他那里，道德生活的核心观念是“责任”。结果不重要，个人偏好也不重要，重要的是意志的状态。道德是建立在其自身法则的基础之上，它远比人为制定的法则更加深刻。人经由“实践理性”而获得道德法则，在所有与行为规则有关的事务当中，它是最后的定论。所以，康德的强调重点与新教和清教基督教的强调重点一致。而柏拉图，作为世俗异教的代言人，敦促我们寻求生活的圆满和完美。在今天，这种世俗异教仍然生机勃勃，就像它在基督教出现之前一样充满活力。

宗教哲学

有一组问题跟道德哲学密切相关，它们构成了另一种哲学的核心，该种哲学或可以称为宗教哲学。假设伦理学的问题暂时有了答案，善得到了定义，人的责任得以阐明，那么，善究竟有多大的希望能够实现？我们能不能肯定地说，完成职责所规定的任务确实是人力所能及的呢？要想回答这个问题，首先要界定，人的身份是什么？他是否纯粹只是动物——自然因果链中的一环，最多只能思考自己何以如此无助？或者，他是否被赋予了与其宏愿相匹配的力量，能让他控制自己的命运，促进他所从事的事业？这就是古老的、众所周知的“自由”问题。

如果想知道人的特权存在之合理性，你就读康德；如果想知道当人只是以纯粹的动物身份存在时是怎样的一种状态，你就读霍布斯。那么，人在肉体消亡之后，是否还能继续存在，并进入另一种生活，在那种生活里人将从自然力量的摆布中挣脱。柏拉图的《斐多篇》和康德的《实践理性批判》先后对人的永生问题进行了最精微、最雄辩的论证。但是这一系列问题的关键性不在于人，而在于神。归根结底，是什么主宰着这个世界的运转？究竟是盲目的、机械的力量，还是另一种道德力量，它确保善获取胜利、确保尽责的人得到拯救？这是人们所能提出的最深远、最重大的问题，它把我们带向了另一个哲学分支，这就是后来的“形而上学”。

形而上学

“形而上学”这个术语在口语中的意义很值得我们警惕并细加辨别：人们通常用它来指与神秘或玄妙事物相关的理论。这种用法不无道理，因为形而上学不完全是经验哲学，它是思辨哲学，它使我们的关注点不仅仅停留在事物的最初表象。但这只关乎方法，还未论及学说。

要想成为一个形而上学哲学家，你必须把自己的思考推至最极端的边界，一定不能满足于任何初获的表象，不能满足于任何常识或约定俗成的结论。但形而上学与那些认为现实是神秘的、超验的、超然的或诸如此类的说法之间，没有任何不必要的联系。形而上学最终完全有可能得出这样的结论：事物恰恰就是它们看上去的那样，或者说，自然是唯一真实的。

形而上学只不过是一次探究真相的努力，如果可能的话，它想弄清楚现实究竟由什么构成，以及它最初和最后的原因是什么。对于这个问题，有两个主要的理论可作为回答的选项：一个是证明信仰上帝合理性的理论，另一个是怀疑上帝信仰的理论。后者将上帝信仰贬抑为想象力的产物，是绝对信念的作用，是教会的向壁虚构。后一类形而上学的经典例子，通常被称作唯物主义，见于霍布斯的论著，前者的绝佳实例则见于贝克莱主教的著述。霍布斯试图证明，实体是唯一的，而贝克莱则试图证明，唯一的本质是精神。在贝克莱看来，人对自己的认知，最初也是最直接的，就是精神的本质。如此一来，为了解释自然秩序何以如此独立而卓越，人就必须假设有一种普遍精神或神圣精神存在，是它使这种秩序得以产生并维持下去。就此而言，这种精神与我们人的精神别无二致，但在力量和善的方面，它是无穷的。

认识论

在哲学文献中占有突出地位的第四组问题，即“认识论”。放眼所有的哲学研究，“认识论”乍看之下似乎最为矫揉造作、最不切实际，但稍加思考你就会明白它的意义其实至关重要。比如，假设这样一个问题，认识论究竟事关科学之终结性，还是信仰之合法性？要想回答这个问题，你只能审视科学方法，只有这样，你才能发现这些方法中是否存在任何武断的因素，影响了结论的普遍性。你必须追问，真正的知识究竟是由什么构成的？一件事物怎样才能算得到了最终的解释？是否必然存在超出人类认识能力之外的事物？是否能允许愿望和理想影响一个人的判断？这样的问题，也是现代哲学的奠基人培根和笛卡尔全力思考的主要对象，以至于自他们那个时代以来，这样的问题成了一切哲学思考的出发点。更进一步讲，哲学开始关注一个非常独特的困境，正是在这种困境中人类的思想者找到了自己，并且他的认识似乎不得不先从自己开始。笛卡尔试图把知识还原为首要的、不容置疑的确然性，他发现，这种确然性是每个思考者对自身存在的认识，对自己观念的存在的认识。但是，如果一个思考者从这一点出发，他该怎样在此基础上再去认识其他事物？除了自身以及自己的观念，他如何肯定其他事物的存在？再从另一方面讲，尽管“我”的认识必然关于自身且限于自身，但是，如果仅仅拘囿于此而无法超越自身，它还算得上是什么知识呢？这个问题成了哲学的核心难题。这一难题是真实而确切的，但是每个人——除哲学家以外，都对它选择了忽视。贝克莱在对这一难题进行思考之后，给出了这样一个结论：假定事实确实是可知的，那它的构成要素只能是思考者和他们的观念。整个唯心主义学派都追随了贝克莱的这一结论，这个学派的成员包括后来各个时代最杰出的思想家，德国和英国的重大文学运动都受到了这一学派的启发。另外一些学派也研究了这个难题，却得出了不同的结论。无论如何，这个难题一直是现代思想的关键症结，不直面这个问题，任何基本问题都无法展开讨论。

以上这些问题，就是当你想要跳出陈规彻底思考的时候所要讨论的问题。这些以及诸如此类的问题总是离不开哲学，因为哲学表达了人类思想最深刻的躁动，表达了对那些现成的、惯性的、约定俗成的观念的不满，表达了没有拘束不设边界的好奇心，还有，它表达了这样一种需要——圆满地解释世界，并出于生活之目的对它做出判断。

第二节　苏格拉底、柏拉图与罗马斯多葛学派

查尔斯·波默罗伊·帕克[1]

苏格拉底长大成人的时期，恰逢波斯战争刚刚结束。对这一代战争后的雅典公民来说，不管他多么穷，都可以按照自己的意愿自由安排生活。而苏格拉底的决定就是，要把功夫花在思考真理上，与思考的自由相比，挣钱就毫无价值。

当时的希腊世界丝毫不乏鲜活的思想。伯里克利治下的雅典不仅在向着庞大的帝国迈进，而且一些伟大的思想家——或者说至少是他们的思想，也乐于将雅典当作栖息之所。在那些年里，毕达哥拉斯学派的哲学家在各个领域都非常活跃：他们不断在医术上取得发现，天文学工作亦卓有成效，音乐上也取得了进步，同时数学尤其是几何学，也是他们研究的领域。另

[1]　查尔斯·波默罗伊·帕克（1852—1916），古典学家，哈佛大学希腊文和拉丁文教授。主要作品有《拉丁文著作手册》（*Handbook of Latin Writing*，1897）等。

外一些学派的哲学家则研究火、风、水、土，声称它们互相演变，就像我们说固体融化为液体、液体分解为气体一样，或者像某些思想者认为的那样，电单位组成了气体原子。还有一些哲学家，他们被天空的浩瀚无边所震撼，认为发现真理的唯一途径是把宇宙想象为一个巨大的不变球体。还有一些人信奉原子理论，在他们看来，原子是一种微小而不可见的坚硬物质，它们通过结合或分离，创造了这个不断变化的世界。

苏格拉底与阿那克萨哥拉

所有这些理论都是苏格拉底热衷研究的对象，最后一个名叫阿那克萨哥拉的哲学家也引起了苏格拉底的注意。此人说，思想创造了世界；但在苏格拉底看来，阿那克萨哥拉似乎并没有揭示思想运作的理性方式。苏格拉底的看法是，理性的思想总是试图实现实际的善，思想仅仅显示了一个有形的事物如何转变为另一事物，或者如何使另一事物进入运动状态，并没有对这个世界做出理性说明。阿那克萨哥拉确实是在探讨思想，但是苏格拉底认为他似乎没有触及理性活动的核心。苏格拉底捕捉到了这种“思想即是一个原因”的微妙暗示，并且对其进行了持续的思考。研究理性活动的本质，就意味着仔细研究人，研究人的思维。

苏格拉底与毕达哥拉斯学派

人以及跟人类生活有关的一切，都是伯里克利时代热衷研究的对象。苏格拉底喜欢与人交谈，这使得他跟毕达哥拉斯学派很有共鸣，该学派重视人的灵魂，并声称人是不朽的。毕达哥拉斯用兄弟会的形式将学生们组织起来，将这些人联系在一起的，是宗教信仰、简朴生活和高尚思想。这个兄弟会试图影响并改进他们所在城邦的政治生活。在苏格拉底那个时代，这些人已经放弃了政治，但对宗教和人类的兴趣始终如一。他们的探索领域并不仅限于医学、天文学、音乐和几何，他们还希冀定义正义、美、生命和健康的本质：人类生活的全部现实似乎就包藏在这些本质之中。根据毕达哥拉斯学派的设想——其实这种设想有够奇怪——上述本质莫名地与几何学混作一处。事实上，我们自己也倾向于把正义说成是“方”的东西，但这种说法只是隐喻，可在毕达哥拉斯学派的观点中或许指的正是现实。不同的样式或形状——立方体、球体、棱锥体、三角形、圆和正方形——在他们看来似乎正是世界的本质。为了表达自己所认为的本质概念，他们用了希腊文单词 τδεα（这个单词在当时的意思就是“形”）；在此意义上，他们试图找出美、节制以及健康究竟意味着什么。

苏格拉底对他们的思路很有兴趣，并且下定决心要找到答案，但同时他对毕达哥拉斯学派将事物“几何化”的思路很不以为然。苏格拉底渴望与人交谈，想研究人的脑海中反映出的生活，并希望获得关于现实的更清楚的概念，而这将会给自己也给别人带来实际的帮助。一件东西之所以被认为美，全在它本身即是美的。那么，什么是美？对一位希腊思想者来说，这个问题事关重大，找到理想的完美生活似乎也值得下一番力气。同样，一个行为因为其自身正义而被认为是正义的。那么，什么又是正义的本质？我们和苏格拉底一样好奇。但苏格拉底发现这样的探究令人迷惑，并由此陷入一种绝望。

苏格拉底的使命

大概就是在这一时期，“德尔斐神谕”——它背后的势力对当时生活的方方面面都高度敏感，告诉它的询问者们：苏格拉底是天下最聪明的人。这一宣告让苏格拉底本人大为困惑，因为他深切感受到的是自己的无知。他热切地问询各种各样的人，想看看他们能否给自己带来智慧，但他很快就发现，人们对事物真正本质的观念混乱而矛盾，这让他认识到，自己的使命乃是厘清人们的思想。此所谓理性思考的第一步——清楚地界定我们的思想，并就言词所指称的事物的本质取得一致的意见。

苏格拉底与柏拉图

用柏拉图自己的话说，《申辩篇》《克里托篇》和《斐多篇》戏剧性地为我们呈现了苏格拉底的思想。此三篇全部与苏格拉底生命的最后岁月有关，也正是在这一时期，他的思想可能达到了成熟的顶峰。柏拉图很有可能发展了苏格拉底的某些思想，推出了其逻辑结果，对他老师的言论形成了某种超越，并明确了其思考趋向。然而，我们如要想进一步接近真正的苏格拉底的本质，除了阅读这些对话录之外，并无更好的途径。例如，他似乎觉得灵魂是永久性的事物，活着并赋予生命是灵魂的本质，赋予人类世界以实在的永恒本质的是正义、克制、虔诚、美以及诸如此类的理念。

《斐多篇》中想象力更加不羁，整个理论也更加完善，这大概是柏拉图的功劳，甚至有很多人认为，这部对话录中的哲学全都是柏拉图的。但事实上，把他的思想从他老师的思想中分离出来绝非易事；两人的思想实际上是一场人类思想史上的伟大运动，这场运动对整个世界产生了深远的影响。这种影响在亚里士多德那里呈现出一条主线，亚里士多德尽管与这二人有种种不同，但他受到“真正的本质”学说的影响非常大，而另一条主线则可以在斯多葛学派的哲学中窥到。

芝诺与斯多葛学派

斯多葛学派的创立者是芝诺，他是土生土长的塞浦路斯人，可能从商。在某次航行中遇上了海难，这次灾难令他转向了哲学。那时候，想成为哲学家的人都喜欢去雅典，苏格拉底死后又过了两三代，身在雅典的芝诺有一天在一位书商的摊位旁坐了下来——于是故事就开始了：书商正在大声诵读色诺芬的《回忆苏格拉底》，在这本书中有一些苏格拉底的谈话。芝诺饶有兴趣地向书商打听，像苏格拉底这样的人生活在什么样的地方。就在这时，克拉底从旁经过。克拉底是个好人，也是个穷人，他仿照苏格拉底来过自己的生活。书商便指着他对芝诺说："跟着这个人。"芝诺于是站起来，跟着克拉底走了。最终，苏格拉底对最高理性、人类灵魂、人生价值和自由信仰的看法，深深地影响了芝诺本人的学说。在斯多葛学派中，我们无须试图寻找其他哲学对其的影响。这一学派的科学、宗教和逻辑学说都非常重要，它们的发展过程亦引人入胜。但毋庸置疑的是，你在这些领域都能强烈地感受到苏格拉底的思想对这个著名学派的影响。

罗马的斯多葛学派

又过了四五个世纪，奴隶爱比克泰德（后来成了自由人）

和罗马皇帝马库斯·奥勒留有一场关于人类生活的思考，也可以说是谈话。这些思考或是谈话展示了由苏格拉底点燃又世代相传的思想之火。

在我们的想象中，斯多葛学派往往会压制住自己的所有情感，面孔严肃、满心悲伤地在这个世界上行走，尽其所能地承受烦恼。但世世代代最优秀的斯多葛学派哲学家都非常关心人类的本性和人类的自由。他们研究人，并发现人的本性在本质上是理性的。在他们看来，最可怕的事情莫过于目睹这一理性精神失去自我控制，陷入徒劳无功的挣扎，试图通过向外部世界屈服找到幸福，为那些自己无力控制的事情而激动不已、混乱不堪。但对于力所能及的事情，他们总是神圣地对待，试图使出浑身的力气。因为他们觉得，人的理性精神类似于善的力量，而创造并维持宇宙运行的就是这善的力量。在这一点上，他们与苏格拉底意见相同，奴隶与皇帝跟雅典的自由人想法一致。

第三节　现代哲学的兴起

拉尔夫·巴顿·佩里[1]

我们曾经学过，欧洲沉睡了一整个“黑暗时代”之后，在1453年君士坦丁堡陷落时猛然惊醒。现在我们知道了，欧洲即便在“黑暗时代”，也一直有光明照耀，至少可以说，欧洲即便在睡梦中也是处于梦游状态。我们知道，在1453年之前的许多个世纪里，欧洲人一直活得很热情、很高贵，他们的思想之严肃与崇高是空前绝后的。对于这样一个创造了哥特式艺术、孕育了像神圣罗马帝国这样辉煌梦想的时代，你怎能说它缺乏想象和启蒙呢？

不过，就在15世纪前后，欧洲人的脑袋里确实发生了一些重要的变化，再离经叛道的学者都不会否认这一点。它更多的启示并不在于思想的觉醒，而在于方向的改变，后来的历史证

[1]　见第三讲第一节作者简介。

明，这次改变结出了累累硕果。或许，我们最好把这个方向的改变称为“回归本源”。这是那时发生的所有显著改变的共同特征，比如追溯古代、重新审视典章制度以及更直接地观察大自然，这些都是回归本源。人们开始重新思考事物的起源，所有新的体验混合在一起，使一切焕然一新，这对人的每一项兴趣和工作都产生了广泛而深刻的影响。其中，文艺复兴时期的哲学主要是重新研究某种古代哲学。皮科·德拉·米兰多拉重新解读了柏拉图；彭波那齐捍卫了希腊人和亚历山大主义者对亚里士多德的解释，反对了阿威罗伊学派和正统观点；蒙田则复兴了古代怀疑论。但是，要说谁更能左右哲学的未来，其实是时代精神，它对哲学的影响并不是直接的，而是间接的——时代精神先是影响科学，然后再通过科学影响哲学。因此，从哲学的未来这个角度来看，这一时代的伟大人物并不是皮科和彭波那齐，而是哥白尼和伽利略。

哥白尼的大发现

哥白尼敢冒天下之大不韪，声称地球是运转着的。他所引发的震惊与困惑是空前的，当时的人们一直坚信地球是宇宙的中心，被日月照亮，被众星环绕，人类堕落和救赎的大戏也在地球上上演——这是人类其他所有信念的坚实核心。看起来若是不彻底摧毁人们所熟悉的整个世界的宏大体系，要人们相信地球转动是不可能的，毕竟，人类已经用了千百年的时间来适应这个体系，并最终觉得这就是真理，不容置疑。在一个既没有起点也没有终点、既没有中心也没有边界的宇宙中，人们去哪里能找到上帝的容身之所，找到人的容身之所，又去哪里能为彼此找到安身之所呢？伟大的殉道者布鲁诺终其一生致力于解答这些问题，直到1600年去世。他的死完全可以被视为一座里程碑，现代哲学由此开启。

布鲁诺认识到，再也不能以地平线为界，把整个世界划分为天上和人间两个区域。高踞于自然之上的上帝是不可能存在的，因为自然本身就是没有极限的。宇宙是一个由无数世界组成的系统，这所有的世界都是平等的，没有哪个更神圣。因此，上帝不属于某个世界，而是普世的，他是整个宇宙的生命、整个宇宙的美。这一观点是布鲁诺从斯多葛派哲学和新柏拉图主义那里汲取的，在哥白尼推倒了时代的古老地标后，布鲁诺顺应时代需求又提出了这一观点。这个观点得到了笛卡尔及其追随者遮遮掩掩的泛神论和斯宾诺莎坦率承认的泛神论的支持，在18世纪被人们抛弃，后来又被莱辛和赫尔德重新捡起，在19世纪成为德国浪漫主义运动和黑格尔运动的核心观点之一。

伽利略的贡献

在现代思想的发展过程中，哥白尼所做的贡献是提出了一个具有划时代意义的假说。伽利略的贡献则不那么明确，却更具开创性，即一种新的方法。更保险地说，他为我们呈现了两种方法：发现的方法和精确描述或者说数学描述的方法。在他那个时代，还有许多像他一样的发现者，也有许多其他的数学物理学家，但这些变革思想在他身上得到了最完美的诠释。

伽利略在成功制造出望远镜约一年之后的1610年，出版了《恒星使者》这本书，扉页上介绍说，该书“展现了伟大而惊人的奇观，把它们呈现给每一个人，特别是哲学家和天文学家们；这些奇观是伽利略·伽利雷……借助他新发明的望远镜观察到的；即，在月球表面，在银河系数不清的恒星上，在星云中，特别是在以不同的速度和周期围绕木星旋转的四大行星那里，观察到的奇观”。这就是制造出望远镜的伽利略，一位大发现时代的大师。但比起制造出望远镜，伽利略更伟大的贡献在于论证了三大力学定律，他也因此开创了现代力学。他在解释自由落体现象时，没有把它们稀里糊涂地归因于万有引力，而是准确地阐述了时间与距离的数学比例，这样就能够在数量上非常精确地来推导、预测和证明。也可以说，是伽利略把数学的清晰性和确定性带入了物理学领域。

现代经验主义

伽利略所带来的这种双重影响，是现代哲学新观念最重要的来源。培根和洛克都是哲学观察者，相对于理性，他们更加信任感觉，并且受到发现精神的鼓舞。而笛卡尔、霍布斯和斯宾诺莎都是数理哲学家，是理性的倡导者，他们首先关注的并不是拓展知识领域，而是增加知识的确定性。

培根（1561—1626）创立了现代“经验主义”，或者说感官经验哲学。他批评那个时代的一些错误，比如咬文嚼字、神人同形同性论、迷信传统和权威，他认为是这些错误妨碍了人们更清楚地看世界。他创立了一种新的“工具论”（《新工具》），这是一套逻辑学和方法论，旨在矫正和补充亚里士多德工具论，并为科学过程提供基础。但培根的重要之处，更多的不是因为他所阐述的，而是因为他所预言的。那个人类在 19 世纪很大程度上实现了的宏大梦想就是培根第一个设想出来的，这个梦想是：通过对自然进行耐心、忘我的研究，从而逐步控制自然。人类的王国，新亚特兰蒂斯将建立在知识的基座之上。“人类的知识决定了人类的能力，如果不知原因，怎能造成结果？要支配自然必须首先服从自然，思考出的原因即可作为行动中的法则。”观察自然的目的是利用自然，把自然变成人的居所、人的工具和人的财富。这就是我们现代世界的最高准则，也是现代人类所独有的自信和希望的坚实基础。

现代理性主义

笛卡尔和霍布斯分别以不同的方式创立了现代理性主义。笛卡尔（1596—1650）发现数学是一种过程的模型。也就是说，他建议人们用数学的方式来探讨哲学。他相信，数学连同它在物理学上的应用，本身并不是最高的知识。他宁愿建立一种像数学一样精确，却更基础、更普世的逻辑，这样就为证明有关上帝和灵魂的更高真理打下了基础。《方法论》记录了作者对数学深深的敬意，以及他自己在哲学中所探寻的一种类似的确定性。

在另一种意义上，霍布斯（1588—1679）则是伽利略的追随者。他所提出的更多的是采用和拓展数学，而不是模仿数学。他提出了普遍机械论，在这一思想体系中，物体运动的定律甚至应该应用于自然起源，应用于人。在一个世纪之后，这一观点被雄辩的拉普拉斯热情地赞颂，又几乎被牛顿的研究所实现。因此，人们希望一切事物都应该像行星的速度和轨道一样是可以明确知晓、确切预见的。所以《利维坦》的作者把人与社会，也就是个体的人与社会这个巨人，仅仅视为精妙复杂的机器，为追逐私利而运转。

这些就是文艺复兴时期的科学传达给现代哲学的三种形式，都在伽利略的身上有所体现。培根、笛卡尔和霍布斯先后引领了 17 和 18 世纪哲学的新趋势。培根的经验主义，在洛克那里焕然一新，他运用“朴素的历史方法”研究人类思维；这种思想被贝克莱继承，甚至将其简化为“存在就是被感知”；在休谟那里被推入了怀疑的危机，但还是一直作为英国的国家哲学被承袭下来。

笛卡尔的理性主义为大陆哲学伟大的形而上学体系和斯宾诺莎的一元论与莱布尼茨的多元论奠定了基础，在沃尔夫那里却退化了，仅剩下形式主义和教条主义，但后来被康德启发下的新理想主义德国哲学继承了下来。

霍布斯的物理哲学有一部分与洛克和笛卡尔的哲学十分相似，它进而发展成了法国大革命期间的唯物主义运动，并成为所有试图从物理学中构建形而上学的哲学家的楷模。这三种趋势在 18 世纪的表现形式，尤其是它们对事实和必然性的强调，引起了剧烈的反响，这一反响在接下来的一个世纪里结出了果实——但其实它早就出现过，就在帕斯卡尔的信仰哲学中，在卢梭的情感哲学中，以及莱辛的发展哲学中。

第四节　康德导论

拉尔夫·巴顿·佩里[1]

众所周知，康德与苏格拉底和笛卡尔一样，是伟大的、具有划时代意义的哲学家。这种创造了时代的大师普遍具有两大特点：首先，他们身上体现出所处时代的某些普遍趋势，这些趋势通常源于对上一个时代的更显著趋势的反作用；其次，他们的思想非常具有开创性，而他们的追随者将他们的思想发展得更加成熟，以至于创始人简直看不出这是自己的思想。现在就让我们从这两个方面入手来说一说康德哲学。

对经验论和唯理论的反叛

在 17 和 18 世纪的显著趋势中，我们将特别强调两种趋势。首先，人类知识有两大来源，即感觉和理性。而在这两个世纪

---

[1]　见第三讲第一节作者简介。

里，人们却只强调其中某一个来源，并加以过分强调。洛克及其追随者试图把理性仅仅解释为感觉的回声，而笛卡尔及其追随者则始终抱着怀疑的态度来看待感觉，他们认为感觉干扰了人的才智，或者说感觉给人带来的知识是次要的，人首先应该重视的是“理性科学”。极端的感觉主义或经验主义在休谟那里似乎陷入了僵局，而理性主义在沃尔夫那里则沦为形式主义和遣词造句的游戏。

在这种情况下，康德在自己最伟大的作品《纯粹理性批判》（1789 年）中，试图通过对感觉和理性都做出必要的规定，来修正这些极端的观点。他说，没有概念的感觉是盲目的，而没有感觉的概念则是空洞的。康德首先批评了人们对感觉的过分强调，他告诉我们，一系列纯粹的感官印象绝不可能产生出科学所需要的联系、必然性、统一、规律，这些必须经由人们自己思考得出。康德将它们统称为“范畴”，这些是人的大脑以我们称为“认知”的方式工作时必须使用的工具。但是，想要获取知识，仅有它们是不够的。我们用普通的方式无法认识它们，因为它们是我们用来认知的工具。既然是工具，那么我们使用它们的时候就需要一些原材料，因为巧妇难为无米之炊，所以感官的原材料也是不可缺少的。简言之，认知的过程就是系统化的过程，这个过程借助于大脑所熟悉的工具以及感官所传达的内容。这就是康德的第一批判，是康德的技术哲学，时至今日，依然为许多的思想者所深信不疑。

重申精神性

17 和 18 世纪哲学的第二个也是更普遍的趋势，是相对来说忽视了“精神性”的需求，可以说这两个世纪本身就是在反对之前过度的神人同形同性论。人曾经错误地将整个世界“拟人化”，现在他需要冷静、客观地观察世界，剔除人格化的元素。他可以选择记录新的感觉体验或理性分析出的必然性，但不管在哪种情况下，他都不能放纵自己的兴趣与热望。当然，我们完全有理由相信，在这种情况下，人能更好地信奉道德和宗教。人们相信世上很可能存在着一种“自然宗教”，这种宗教没有神秘性，也没有冗杂的教条，是一种没有权威控制的理性道德，也是一种既无启示也无信仰的可论证神学。但渐渐地，人就开始有了挫败感。人已经对外在事物太过依赖，并且感到无家可归，没有安全感。早在 17 世纪，帕斯卡尔就宣布了笛卡尔的数学理性主义在宗教上已然破产，休谟则轻而易举地把自然宗教转变成了无神论。而对整个时代精神最强大、最震撼人心的抗议，是卢梭敦促人们应该信任自己的感觉，倾听心灵的诉求，回归人性中基本的、自然的状态。雅可比和赫尔德在这一方面与卢梭观点一致，最终，莱辛在他的《论人类的教育》(1780年)一书中，把对哲学的关注转移到了文化史以及人类生活在历史发展过程中的意义上。而一个奇怪的悖论就出现了，伊曼努尔·康德，这个体弱多病的老学究，居然是这场正在兴起的反叛的代表。不过事实就是事实，接下来，让我们从这个方面来研究他。

康德革命

历史上评价康德最著名的一句话是：他提议在思想领域进行一次哥白尼式的革命。正如哥白尼为行星体系建立了一个新的中心，康德提议为知识体系也建立一个新的中心，这个新的中心就是思维本身。他认为，之前人们的错误在很大程度上源于试图在客体上建立知识的中心，并且期望思维应该通过感觉或者理性去反映一个外部的、独立存在的事物的本性。康德说，这种思维模式必然会发展出怀疑论或教条主义，就哲学而言，它们都不是什么好的理论。新的出路就是，期望客体符合思维。在之前的观点中，自然被解释为影响人类思维的外部秩序，或者说自然被思维重现了；而现在，在康德眼中，自然就是思维的原创产物，自然所有的安排和联系，甚至它在时间和空间里的分布都由认知者来构建。思维把它自身的情况强加给客体，因而摆脱了它曾经被纳入其中的自然。这很明显提出了人的精神性要求。现而今自然成了被造物，人因其智慧而成了造物者。事实和必然性的世界，看似与精神毫无联系，其实不过是精神的智性部分的表现。

意志的国度

但信奉卢梭的人可能依然会抱怨，精神对物质的这次胜利的代价也是十分高昂的，因为它使精神的其余部分严格臣服于其智力部分。怎么能够保证，这样被权威包裹着的智力就一定会倾听感情和良心的诉求？康德用他的著名学说回答了这个问题——“奉实践理性居于首要地位”。他说，自然确实是理性的产物，而理性只能认识事实和规律，但理性本身只不过是更深刻的意志的表达。思考是一种行为，行为一般有自己的规律，这体现在良知中，并且良知法则优先于任何其他行为，包括认知行为的法则。这不是说良知控制了理解力，也不是说意志可以违背自然，而是说，良知反映了另一个世界，一个比自然更深刻、更真实的世界，并且是意志发挥作用的合适场所，这就是上帝的世界、自由的世界和永生的世界。在严格意义上，它是无法被认知的，只有自然是可以被认知的，但它可以而且必须为人所相信，因为这是人的一切行为的先决条件。一个人只要活着，就必须生活在这样一个世界里。于是康德从开始的为科学辩护，最终转变为为信仰辩护。

康德的追随者

我说过，创造时代的大师的命运就是：他们的思想在他们身后很快就会变味，变得面目全非。康德此人非常谨慎，或者用他自己的话来定义，他是一个“挑剔的”思想家。他所关注的问题关乎知识的可能性和信仰的正当性，而且尽可能地避免对世界做出肯定的断言。但他的追随者们被推测的热情所感染，很快就从“挑剔”变成了形而上学。

这引发了伟大的浪漫主义运动和理想主义运动，构成了19世纪哲学思想的主流部分。

在理想主义运动中，人们把康德的知识理论跟泛神论趋势联系在一起。往前追溯，这种泛神论从柏拉图开始就一直持续不断地承继下来。根据这种泛神论观点，自然和上帝是一回事，只不过是从不同的角度来看待。如果我们用透视法来缩短视线，用人类有限的智慧来看待上帝，上帝就是自然；而如果我们把自然推上神坛，看到它的成熟与和谐，自然就是上帝。

我们所能见者，被池水弯折的棍；
人之耳不能听，人之眼不能见；

若我们能听能见，岂非上帝显现？

从康德的立场来说，自然是智力的产物，而反过来，智力遵守着某个更深刻的精神法则。如果按照传统的柏拉图泛神论来解释的话，这一法则就是整体的完美，而整体的完美又有很多可能的解释。根据康德所提出的，费希特更肯定、更具建设性地继承的观点，我们可以说它是一种道德上的完美、道德意志的完美；或者像黑格尔及其追随者所认为的那样，可以说它是理性的完美；也可以像感伤主义者和浪漫主义者所宣称的那样，说它是一切精神价值的实现，一种超越了道德标准和理性标准的完美，更接近于美的体验，或者接近于神秘见解的灵光乍现。在“整体的完美”这一观点的文学表述中，这些解释被轮流使用，或者被不加区分地混在一起使用。但正是这一观点的某一种解释，启发了那些英国诗人和散文家，比如柯勒律治、华兹华斯、卡莱尔、爱默生、丁尼生和勃朗宁，这些人又深刻地影响了我们上一代人。所以说，有一股最接近于康德哲学的思想持续不断地流传下来，时至今日，仍给我们带来启发和慰藉。

第四讲

教　育

第一节 概述

H. W. 霍尔姆斯[1]

从利益角度出发，现代教育不管在观念上还是实际上，都已经是一项公共事业——因为若单从个体利益和个人发展方面去考量和讨论与教育相关问题的话，很容易会忽略文明生活的现状以及社会进步的趋势。在这种情况下，公立学校的普及正如一根标杆，让人能直接感受到教育工作的持续发展，并将其作为行动指南一直贯彻下去，惠及社区里每个学龄儿童。教育是一个共同关注的热点，这并不仅仅是因为孩子们都需要接受教育。教育也许不能立竿见影地在某个小孩子身上看到成效，却能潜移默化地影响整一代人。

现代观念下的社会本质

众所周知，在现代生活中，拥挤的城市以及各种压缩时间

[1] H. W. 霍尔姆斯，20 世纪 20 年代哈佛大学教育研究生院院长。

与空间的发明创造充满着现代生活，也让教育的紧迫性变得更加明显。如果，没有更全面地认识人类相互之间的关系，就不可能真正透彻地理解教育的结果。对个人和社会而言，这不仅是地球上人类数量增长的结果，这更是人类进步的核心条件。不考虑大多数人利益的文明是贫弱的，成为一个真正的人就是要在日常生活中对他人以及社会有所影响和贡献，而并非单纯地服从社会习俗。而站在更高的角度，就是服务并追求高于个人利益而又不与整个世界的福祉相冲突的集体利益。教育不仅与每个儿童的未来息息相关，教育层面上的每个进步都会给社区成员的共同生活带来影响。

这就是政府会把大量公共资金投入到公立学校、图书馆、博物馆以及其他教育机构建设上的主要原因。文明社区应该承担起相应的社会责任，把教育视作社区正常运作的一部分——这不是慈善事业，而是必不可少的公共设施。国家可设立标准对承诺提供义务教育的学校进行适当的税务减免，与此同时，国家还应监管个人在教育事业上的投资，并争取公民充分的支持，保护和扩大教育事业方面的人力资源。就像扶持其他公共事业一样，每个纳税人都有义务通过扶持教育事业促进整个社会的进步。这种扶持或者投资可能无法为个人账户带来增益，却能惠及每一个家庭——不管你的家里有没有学龄孩子。教育是一项国策，也是一个关系到国家、政治、社会秩序和民生发展的重大命题。现代人的生活习惯使个体的全面发展变得越来越难，尤其是个体儿童的生活圈子，从某种程度上说甚至比过去落后之时更加狭窄，这使得教育现状显得愈发复杂。发展教育本身就是一项艰巨的任务，为了确保儿童在生理、心理、智力、想象力和意志力上的全面发展，从业者们必须不计个人得失，时刻保持远见性、能动性和合作性。如果只给孩子提供个人能力、学校知识以及力量上的常规培养，并没有解决任何教育上的问题，这种教育的结果就算碰巧是好的，但没有充分理解教育的内涵，就不能从根本上解决现存的教育问题。

教育问题不能一概而论，要实事求是

首先，所谓生理、心理、智力、想象力和意志力皆不是某一门能直接习得的学科，这些抽象的概念隐藏在一切看起来琐碎的讨论和不起眼的努力中。其次，孩子们也不是普遍应用教育的集合体，即使努力挖掘并培养出特定个体的天赋才能，也只是触及了教育问题中的一部分。关于教育，我们应该思考的问题是：孩子们会如何利用自身的能力？又会通过什么样的途径锻炼自身的能力？教育的内容决定了孩子在社会中发展的方向，以及其在社会上的地位。从公众视角看来，教育代表着学校、课程以及最主流的学术声音，这些极大地影响着个体在成长过程的表现，以及之后从事的活动和兴趣。

有人说学什么不重要，重要的是有没有学好，这是人们观念中常见的谬误。实际上，所谓的学科和训练说到底都只是抽象的概念而已，其教育价值主要取决于其传授的信息、想法、理论、原则、观点、方法、兴趣、爱好、目的和感受力，不同的教育会引导不同的个体形成不同的社会地位、职业取向、兴趣爱好以及自我个性。

“基础”和“通用”的相对性

如上述所言，教育不能一概而论。

早些年，所有儿童在学校接受的教育都大同小异，每个孩子都被要求掌握所谓的“基础知识”。同时，学校对学生的区分也过于简单：聪明的、笨拙的、教养良好的、随心所欲的。然而，面对同一个问题，不同的学科或老师都会给出不同的答案：例如，对于“学生必须掌握的知识点”，算术课老师和地理课老师的要求就不一样。又例如，“目标”和“学术范围”的定义在不同的情况下会不断更新，因为这些定义不能单纯地只从学科本身出发，必须切合实际，与社会主流观点保持一致。由此可见，当前社会的主流趋势对知识的构成有着至关重要的影响，甚至决定着教育的方向。另一方面，学生们在学习探索过程中也不可能一直齐头并进，学生个人能力的差异最早会出现在从儿童过渡到青少年的青春期，学生们不同的天赋才能、家庭条件、自我意识同样会迫使学校就课程和学科进行第一阶段的区分。虽然经历一千多年的社会发展，青少年们已无须过早地为生存劳碌奔波，但有关社会方方面面的教育于他们而言依然是必不可少。这个社会既需要思想家，也需要实业家，因此每个孩子的天赋才能都值得挖掘和培养。世界上并没有一项“通识课程”可以提供“全面教育”，对每个人来说最重要的常识应该是什么对自己最为有益，而这也是为什么在顾及共同利益的前提下，很多教育工作者会不断自省：对这个学生或这个班级而言，到底什么才算是最好的教育？

只是提供统一的基础教育远远无法满足公众的要求，正如民主社会对教育的努力不会止步于消除文盲。因此，公立教育不应该错误地只着眼于低层次的“基础”教育，公立学校也不应该只设立最“普遍通用”的学科课程。小学水平的教育普及不符合公众利益，所谓有效的教育应该能保证任何公民在获得基本的社会关系和决定职业取向时无需作出额外且多余的牺牲。大至国家政府，小至日常生活，在工业、商业、艺术、科学、哲学、宗教及家庭等每个领域都需要各个社会成员具备相应的知识、效率、洞

察力和远见性。要达到这个目标，最理想的状态是争取公众充分的支持，全面发展教育事业，并赋予其与之匹配的权威。

在民主社会里，要发展公共教育必须先借助政府的宏观调控，而从长远计，良好的公共教育也是消除政治独裁腐败最有效的方法之一。随着集体意识和民智水平的提高，公共教育的意义和价值会慢慢得到社会各方的理解与支持，公共教育的权威也会渐渐被公众所接受与信任。与此同时，私人投资的教育事业将始终在社会教育事业中占据重要的一席之地。如果政策允许，国家甚至可以赋予个人开办特殊或高等学府的权力，毕竟在某些社区或在某些教育领域，单凭国家的力量暂时无法方方面面地顾及。

在这一系列的教育发展过程中，教育从业者们必须保持高昂的斗志，同时从实际出发，让教育成为科学和伦理的高度结合。

公众眼中的“教育目标”

对于教师和教职员来说，他们要面对的不是抽象的善与恶，他们要教授的也不单是只存在于哲学书中的知识。在这个日新月异鱼龙混杂的社会中，他们必须引导学生认清自身的现状、情感和目标，让他们学会该如何面对和处理来自现实的挑战，以及该如何争取世俗的利益与回报。就算不同的个体拥有不同的天资禀赋、成长过程和生活经验，他们都应该同样有机会通过教育为自己的未来争取更好的工作机会，通过教育分享到社会的福利，通过教育明白自身的价值及对生活的追求。这便是教育的核心，也是教育问题的本质。思及此我们不禁自问：学校是否真的能让个体拥有与社会要求相匹配的智能和效率？为了实现这一目标，学校应该做什么？又应该设立什么样的课程或学科？

从共同利益角度出发，上述问题至关重要，但若站在其他角度，只要能发展好教育，这些顾虑似乎都不足挂齿。或许在承受现代生活压力的同时，很多人会为优雅被高效所取代的眼下感到惋惜，从而怀念起昔日。可实际上，过去所谓的贵族式教育是贫弱的，它虽然成全了个人魅力却牺牲了总体的社会价值。在过去那些年代，女性只能学习舞蹈、法语和刺绣。现代公立教育固然有其缺点，例如公众对教育的理解依然不够深入；学校过分追求效率，没能让学生充分领略到生活中的真善美，也没有时间停下来让他们对自身处境进行深刻的反思。然而，通过现代公立教育，现代女性却能学习更多的知识，涉足包括经济、医疗、慈善、商务和法律在内更多的领域。在现实世界中，职业无分贵贱，但在自我世界里，每个人都会有自己偏爱的运动、热衷的学科、主观的想法以及对艺术的兴趣，而这些恰恰是个人价值的重要体现。这两者偶尔相辅相成，偶尔势成水火。公众可以通过教育，了解到公立学校设立民族舞蹈课程的原因，但公众不可能允许教育以“职业培训”为由剥削学子。为了维护共同利益，学校不但要教授学生未来职场所需的技能，更要指导他们培养自己的个人价值；不但要训练学生的智力和效率，更要帮助他们开阔自己的眼界和胸襟。简言之，民主国家决不能以教育为手段“培育”出社会的奴隶。

教育和自由

自由的基本条件虽然不能通过教育来建立，但通过开明自由的课程，学生可以渐渐挖掘出自身对自由的热爱、对自由的理解以及锻炼自己运用自由的能力与意志。自由的发展能有效促进社会及政治改革，然而，并非只有学校才能提供自由学习的机会，就像并非只有学习古典文学、科学、数学、历史或英语这些学科才能追求文化自由一样。学校必须尽己所能满足社会对教育的要求，不能一味地只以实用性和职业性为标准。有时，对于好动的小男孩来说，趣味性的手工劳作比希腊语课程拥有更多的文化自由，这便是探讨教育价值时所要面对的具体问题。自由学习和职业培训唯一的区别体现在个人在选择自身生活方式和想追求目标之时。从现实角度出发，为了生存和胜任社会工作，个体需要具备职业导向性的学习；但于他的家庭、社区、国家或者教会而言，他更应该接受自由化的教育，因为这种自由学习会在日后不断实践的过程中变成该个体独特的文明标志。当然，职业和文化在不同的生活场景下也会有不同的诠释，就像艺术家的职业恰恰是许多外行人的文化爱好。全面教育应该让个体直接或间接接触到生活中可能存在的问题和现状，并对此形成一定程度上的见解。

这样的教育目标很明确，但在实现的过程中，教育工作者们却屡遭滑铁卢。细究发现，失败不是源于公众对公立教育的冷眼旁观，而是因为教育从业者们选择了错误的办学方法。为了达到上述教育目标，学校必须确立新的办学理念，创立新的科目和课程，对原有的教学方针和科目定位，也应对适应社会发展给予新的解释。大部分传统的教学方法已然过时，尤其在许多高年级学校甚至大学，教学的内容不够具体明晰，只一味地把传统精神和道德规范浓缩成一项项无法适应现代社会或无法融入现实生活的“教条”，强迫学生将“绝对服从”“团结守纪”“自力更生”等训诫牢记在心，期望能借此让学生有意识地将其推广，渗透并践行到生活中去。从日常学习过程中，我们发现大多数学生的天资相近，他们在接受正规教育前相互间的能力并没有太大的差异。

进入学校后，学生自身的兴趣和努力、老师对班级的指导和管理以及学校一贯的方针和政策都会对学生产生影响，结果

有些学生的自然科学学得比拉丁语好，有些学生在力学考试中能比别的同学取得更好的成绩，这样的教育成果有赖于教育者们的言传身教、循循善诱和寓教于乐。教育者们会通过设置特定的场景或科目辅以相应的激励机制和有效的监管，从而培养和训练学生的注意力以及对某目标事件的观察、比较、分类和应对能力，让学生无论在家里，操场上或课堂上，都能学习到丰富的知识。由此可见，不同的课程或学科在不同的目的下可以发挥出不同的教育用途，取得不同的教育成效。我举个例子：从学科角度来说，历史和服装设计是不一样的，科学系和农业系学生会接触到的课程更是截然不同。而就算是同一个学科，其涵盖的知识面也会因为学习者的年龄、能力以及想达到的学习目的的不同而大相径庭。当然，最重要的是，在不同层次的学校里，学生在同一学科取得的学习成果也会不一样，就像上夜校的学生对文学的理解无法跟在大学里做专门研究的同辈相比。在这种情况下，若想通过教育让学生接触到生活中的方方面面，政府必须先设置能满足每个年龄段和学习层次的学校，同时，学校也必须根据自身定位重新评估和组织课程。

职业培训

大部分学校的形式和课程的内容都是已知的，还有小部分需要不断探索研究。教育界已承认了职业培训在个体学习中的重要地位，但由于其多样性，像应该如何组合内容、应该如何实施教育才算是真正有价值的职业培训之类的热议，至今还没有一个定论。有些人担心职业培训会使教育变得功利，从而降低教育的质量，这样的忧虑即使是从理论上来说都是没有根据的。取消学徒制，改由学校培养木匠和印制工人的做法不会威胁到教育改革。事实上，高级职业的职业培训由来已久，像医生、律师和工程师，他们在正式上岗前都曾在现从业人员的指导下实习。如今，公众对职业培训的公开支持正表明了社会对劳动者及其技能培养的重视。工匠不再被艺术家看轻，农民和哲学家同样能受人尊敬。职业教育是一个有远见性且有力的手段，它扩展了基础教育，予人以具体的奋斗目标，同时它为那些无法接受高等教育的孩子们指明了一条出路。作为教育者，我们不应该把学生圈养在学校，也不能放任他们因为没有前人的指导不断地遭遇失败，等到他们好不容易明白了自己对生活的看法，建立起自己对道德原则的坚持时，留给他们的选择已经不多了，结果只能从一个困境跌入另一个困境。职业教育中亟待解决的问题不是如何做到公平无私，而是如何使之具有组织性和延展力。

在大部分情况下，职业教育所能带来职业回报决定了职业培训学校的种类及其数量，从长远看，则是社会对某个行业或专业效率的需求决定了职业教育所能带来的合法回报。就像人们会愿意为更好的医疗技术买单，这就是社会需求的一个重要指标。当然这不是说，办学的宗旨只应着眼于如何让学习者谋得更好的工作。职业教育学校应该通过具有针对性的方法，让学生理解职业培训的真正价值，并使其拥有能合理运用知识的能力。如此，才是真正适应了社会的需求。共同利益要求教育工作者必须正确地定义和满足社会对职业的需求，而教育系统的建立也需要能适应社会需求的崭新愿景和良好秩序，这样才能实现求职者对职业的向往，获得社会的认可和回报，达至共赢。所以在讨论职业培训可取性时，也应该充分考虑该培训可以为求职者带来的职业前景。说极端一点，要是农业不赚钱，指不定我们就不会开办农业学院或农业大学了，而就算是慈善学校也要同样为受过训练的社会劳动力支薪支付薪水。国家必须给劳动者以培训，并让他们通过工作获得回报。在这个显而易见的原则下我们才能更有效地讨论关于职业教育的问题，虽然由此引出的争端会很多，但为了社会发展，这也是不得不注意的关键。

对基础教育的需求

对基础教育的持续性需求会引出一系列复杂的问题。在特定的情况下，经济需求可能会使童工合法化，但在教育体制下，这却是万万不能被允许的。撇开职业教育不谈的教育理论是不完整的，但只剩下职业教育的教育体系却是不人道的。小学阶段的教育不应该过分功利，虽然儿童需要接触手工、园艺、缝纫、烹饪和务农等事情，但其目的应该是用以锻炼自己的身体、手脚和眼睛，从而培养出属于自己的判断力、集中力和领导力。幼儿时期的这些训练不会到了青春期便戛然而止，但从前那些自发性的且不会产生经济价值的“手工创作”，例如做些幼稚的小玩意儿，或拿张破布当着是小衣服缝缝补补这样的行为，则会在它们成为一门值得培训的手艺前就草草地停止了。手工创作的教育价值很大程度上取决于学生劳动成果所能产生的经济价值，作为高中学生的一项基础教育，手工课程必须从现实出发，使学生能从中得到具有经济价值的实践训练。而即使是打算继续到大学进修的学生，也应该在初高中时学习一到两门手工课程以增长见闻，提高自身的动手能力，并汲取更多职业培训的要义。然而，这不是职业教育。真正的职业教育是以提高劳动者在某一领域的工作技能和效率为目的的，培训印刷工人、医生、律师、速记员、记者或工程师，使其通过充分发挥所学以赚钱谋生，这就是哈佛校长艾略特先生所说的“生存动机”。这样的想法难免狭隘，却相当合理且不可避免。教育之所以困

难是因为教育还联系着公民义务、父母家庭、社会民生、个人爱好和生活追求，且每一项都要及早开展。职业教育的需求并非完全源于社会贫富差距，跟职业完全不挂钩的教育无法激励青春期学生的求知欲。同时，由于职业教育总是与经济考量盘根错节地纠缠在一起，无论是学生报读还是学校录取，其标准重点都会放在学生个人能力和未来职业取向上。我们的社会制度允许贫困地区的年轻人尽可能早地加入劳动力大军，正因如此，无论这些年轻人是否有能力或需要进修更高层次的书本知识，教育者们也有责任尽早地为他们提供必要的职业培训。基础教育强调自由学习的价值，致力于开设更多的课程，传授更多的知识，让更多人因此受益。当然，基础教育也可以防止职业培训的过早介入，避免教育过分功利化。

教育面临的经济压力

教育就像所有政府和慈善事业一样，不得不遵守经济秩序并在经济压力下苦苦挣扎。一方面教育工作者应尽己所能改善不公平的社会现状，如给文盲的外国移民开办夜校，让工人或柜台小姐在上岗前接受一定程度上的基础教育以及有针对性的技术培训；另一方面，教育工作者们也应尽己所能让衣食无忧的孩子们领略到自由学习的乐趣和价值，激励他们不断探求。

学校不能改变社会现状，但通过公开教育和奖学金制度，让有能力和抱负的学生可以申请接受长期教育。学校教学和学校管理的精神是要预防社会阶级的形成，并借助纪律和榜样的力量，让后人不忘追求民主理想。盲目设置学术限制是不必要的，就像我们不应该狭隘地规定大学入学标准，也不应该切断合法报读大学的机会，因为这十分不利于学生在不同教育道路上进修，尤其当他们偶尔迷失方向之时。民主制度下的教育体系应努力防止阶级撕裂，让有能力却时运不济的人有足够的上升空间。

每个学生在选择学校时都应该得到经验丰富的教育者明智的指导，以便将来追求最适合自己的生活。职业指导是“人才再分配”范畴内的一个大问题，“人才再分配”这个说法首先由卡弗教授提出，最近受到了大众的热议，它适用于自由学习和职业培训，也是教育指导的重要组成之一。能力卓越的学生偶尔会因为缺乏指导或碍于阶级特权而被世人忽视，成为教育指导下蒙尘的“弥尔顿”，可再不济，教育指导也不会把新一代的“济慈”硬是培养成药剂师。通过仔细的审查，教育指导能在大范围内避免职业错配。然而，巧妇难为无米之炊，若没有足够可供选择的前景去回应学生的需求，再多的教育指导也是无用的。为了让学校变成公众的机会之门和服务窗口，政府不断加大投入。因此，除了学校还有很多其他教育机构也为教育事业贡献良多，其中不得不

提到的是图书馆。目前，大部分成体系的教育皆由学校提供，而在满足公众利益的前提下，所有教育活动都应得到良好的组织充分的支持，并对任何有需要的人开放。

教育的前进之路

要普及教育，光靠扩大学校规模是不够的。学校和班级已经够大了，但体系却不够完善。为了在教与学方面给个人更多的机会，学校和课程的种类应该变多，规模却应该变小，同时还必须招揽更多有能力、有经验以及受过良好培训的老师。当然，除非教育界同仁的共同观念都有所改变，否则这一切都不可能实现。一直以来，我们把教育想得太狭隘，定义得太模糊，只一味认为它是教学承办商或思想纪律方面的教导主任。老师的任务必须与时俱进，教学也不应该只是授人以鱼，还必须授人以渔，让学生正确认识到知识实际的运用场景和运用价值，从而增广见闻。每一个老师，尤其是那些教传统课程的都需要更多更大的机会。常理来说，教拉丁语的老师会更重视时态，就像教速记的老师会强调处理标点符号的技术和速度那样。老师的首要任务是教好自己的课程，但他不能因此把课外的责任，包括社会实践、教育应用等完全推给校长、父母甚至教科书。只有公众高度重视教师的工作，教师才会有动力使自己的工作变得更有价值。

要扩大教育的影响力，教学必须发展出一套合适的科学和哲学理论。一方面，老师必须认清自身问题，从现实出发尽可能提高教学质量；另一方面，课程教学需要采用合适的方法：应该教什么？应该怎么教？这样的问题尚未得出最终答案。而当提及学校和课程时，我们又会问：应该管理什么？应该怎么管理？如何才能管好？由此可见，与教育实践相关的问题，都带有科学性和哲学性。

（1）小学教育

在小学，例如在学算术的过程中，我们需要更好的训练方法以提高学生的效率，并使之形成习惯。为了达到这个目的，我们从心理学的角度出发进行研究学习，从而找出让学生算术精进的方法。在过去几年里，我们好不容易对算术有了足够的了解，但对其他课程，我们依旧缺乏标准，缺乏明确的课堂记录以及心理引导知识。学术测试能帮助学生形成学习记忆和习惯，却不能使学生明白学科间的关联，也不能让他们马上做到举一反三，学以致用。另外，学术测试无法直接激励学生的求知欲，也无法提供机会让学生们提高其独立承担或团队合作的能力，无法点燃学生学习道路上的生命之光。因此，在小学的算术课上，我们需要通过一系列社会哲学理论来管理我们的课题，用以帮助学生加强逻辑概念，钻研算术方法，进行实际操练。其间，我们既要顾全大局，又要注意重点。

（2）中学教育

到了中学，尤其是高中阶段，这种双重任务变得愈发地重要。扩大教育基数，延长义务教育时间成为了迫切的需求。与此同时，我们不能将对学生日后谋生和工作的影响抛诸脑后，毕竟社会对劳动力的要求不会因为教育工作者对自由学习的万般推崇而改变。这种博弈的结果虽然有妥协，但更多的却是合作。我们可以建立不同形式的职业教育，雇主也可以通过非全日制教育来帮助年轻的雇员。这样的计划如今已经在逐步实施，既提高了劳动效率，又增添了人文关怀。随着教育规定的与时俱进，技术型学科倾向于测量结果和标准化的研究，而与社会关系和社会价值息息相关的学科，如社会学、语言学等，则需要其对自身目标具备更清晰的概念或者更细致地观察自身带来的影响。我们必须学会如何在新的条件下，将传统教育手段和新的教育目标（如家庭及个人卫生研究等）结合起来，使之成为职业教育内自由学习的补充部分。

然而，在以基础教育为主导的中学里或强调文化知识的大学中，传统课程所面临的有关教育目标和教育方式的问题会愈加复杂。例如，我们应该怎么让语言教学适合社会的现实目标？首先，语言教学的目的是什么？如果我们改进了教学办法，让一切教学手段建立在更全面的心理引导上，同时把课堂学习和课后复习紧密联系起来，语言学习必定可以比现在更有成效。而如果我们能摆脱旧有的把纪律当成是终极目标的信念，必定更能看清每个学科的真正价值。语言是表达思想的工具，为了完善这项能力，我们的基础教学和进阶标准也需要顺应潮流。例如，为了更好地理解文献中所描述的外国文明，我们必须收集新的书面记录并做真实的个案分析。负责传统学科的老师不断调整工作，以便更好地完成上述两项任务，他们可以在心理学家和学生的帮助下寻求教学进步和改革的可能。

研究教学方法的途径有很多，有通过心理学实验的，有通过课堂测试的，也有通过数据统计的。但无论是哪一种，都可以为任一学科的教学基础重组提出建设性的支持，也可以让教育领导者在制定目标时给出新的定义与解释，更能使老师明白新世纪的教学愿景，并努力达到社会对教育的要求。如果像大部分私立学校那样，只一味坚持传统观念和旧有教学方法，教育进步就会受到阻碍。而如果校长或学校管理者习惯把个人取向强加在校内学生身上，这样的保守主义更会让人喘不过气。我们身边不乏这样的例子，但实际上这是对科学和社会概念的歪曲。教师必须掌握所教授科目的科学性和哲学性——即开明通达，合理批判。

（3）大学教育

对教学改革最热衷的首先是小学教育者，其次是中学及大学教育者，另外，公立学校对教育改革的热衷度也比私立学校的要高。站在大学的角度，他们更注重是否能对他们的工作问题进行专业研究。他们需要不断实验，记录结果，从而修正方法，重新确立目标并制定实现该目标的规划。在美国，大学向来是文明的代表，可即便如此，也很难将其在特定领域的职业性完全从技术专业中撇除。大学教授一定是领域内的专家学者，但并不是所有大学生都会对自己攻读的领域表现出比常人更多的专注与关心。在制定学生的课程安排时，必须要使学生能彻底地研究所攻读的领域，能获得积极主动的学习热情，能搜索到领域内最多的知识，能享受开发智力带来的乐趣。然而，这不是意味着要把大学课程职业化，即使对大学主修的课程也一样。大学学习为的是让学生有在重要学术领域实践和反思的机会，同时，借助这个机会，大学教师也可以投放部分时间精力去观察学生学习方法和学习结果，并从教学角度出发，客观公正地与他们讨论应该制定的学习目标。

第二节 弗朗西斯·培根

欧内斯特·伯恩鲍姆[1]

弗朗西斯·培根被誉为现代科学的先驱和启蒙。在《新大西岛》一书中，他写下了一系列关于未来科学机构和科学活动的想法。如今我们惊奇地发现，这多年前写下的文字竟然精准预测了现代医学、气象学、工程学和航空学的成就及实现方法。要是培根听到了我们的评价，肯定会谦虚地反驳“他不过是想挖掘科学的根本”。虽然他没能留下杰出的科学贡献，以至于从威廉·哈维到托马斯·赫胥黎等不少科学家都对他的高谈阔论嗤之以鼻，而且他提出的期望能帮助人类快速而完整地掌握生存环境中一切的新方法，后来也被证实为不可行。然而，他作为“科学伟大复兴”的始祖，就算无法成为人类科学前进的路标，

[1] 欧内斯特·伯恩鲍姆（1879—1958），曾在哈佛大学教授英国文学。主要作品有《敏感的戏剧》（*De Drama of Sensibility*，1915）、《18 世纪的英国诗人》（*English Poets of the Eighteenth Century*，1918）和《美国历史上朝圣者的地方》（*The Place of the Pilgrims in American History*，1921）等。

却依然是科学进步的历史性丰碑。他提倡的学习方法不只是指明科学的走向，更重要的是让人以更高尚的目的，不断前进，用自信与合作征服未知的道路。培根用自己的著作向继承者们传达这样一个信念，即通过共同的努力，人类一定能理解甚至控制那些在过去一直玩弄着人类生活的物理力量，使人类从此摆脱贫穷、疾病和危机。当时，英国皇家学会负责发现并检验理性知识，而法国《百科全书》的“主编”们则负责宣导和传播。狄德罗在编写《百科全书》时曾说过：“《百科全书》的成功首先得感谢弗朗西斯·培根。这位天才在科学和艺术尚未诞生之际，就已经列出了所有与科学及艺术相关的想法，甚至在无法辨明真伪的年代，用他的非凡智慧准确地告诉后人什么是必须掌握的知识。”如今，实验研究员们通过不断发现新的自然规律，使越来越多的人类受惠，而这一切都植根于培根的教育信念。

培根在科学外的成就

在所有论述教育的作家中，培根在科学历史上的非凡地位掩盖了他在其他方面的影响。他极力发展科学，并非因为科学的重要性凌驾一切，而是在他的时代，科学屡屡遭受忽视与争议。相对于培根，纽曼对发展科学的坚持则逊色许多，他认为

科学虽然伟大，却不能完全满足人的需求。有鉴于此，培根在《学术的进展》和《伟大的复兴》中呼吁，科学真理不应只囿于实验室，而应该运用到人的实际生活中去，从而指导人的理想、道德、精神和文化。他以毕生精力支持宗教和自由学习，并通过《新大西岛》向我们展示公共科学研究机构的原型及社会和个体发展的理念。他所向往的乌托邦并非只有工业文明，那还是一个充满了人道主义、生活热情和艺术美感的宗教世界。

培根的随笔和其他著作

在《伟大的复兴》和《新大西岛》的序言中，培根正构思世界应有的现在与将来。这样的遐想或多或少地也出现在他的另一本著作《随笔》中，然后阴差阳错地误导了许多现代评论家，使他们忽略了这部最受欢迎的作品中所闪现的精华。培根说，描述道德理想的书已太多，我们真正需要的应该是正确的观察：观察事物在日常生活中的发展进程及付诸实践的方法。本着“理解自我，并懂得如何与生活同在”的观念，他在很多文章中提到的人类生活并非理想中的模样，而是实实在在的境况。

培根的处世哲学

很多人对培根的形象总结起来可能就像一幅富有个人色彩

的肖像画，下面标注着足以形容他一生的名言："至诚为之善。"也许习惯冷眼看待人世冷暖的人天生就与多愁善感之士不对盘，所以总有很多人说培根是冷漠的愤世嫉俗者。举个例子，有些人在看培根写的关于爱情和婚姻的文章时，总会习惯性地忽视他的真实意图，反而一味期望从中找到他赋予爱情和婚姻的溢美之辞，结果他们得到的只有失望、困惑甚至厌恶，于是他们火急火燎地大喊："这是一个多么冷漠功利的人啊！竟然只说'夫妻之爱，使人类繁衍'。"世人指控最多的莫过于培根最有名的著作《随笔》。其实这些指控都是不实的，却最是能反映一般人的困惑。若抛开世人的误解静下心来好好思考，读者们不难发现培根所提及的真意。他在文章中加以鞭挞的并非是一般的爱情，而是"荒淫纵欲的爱"，因为那是"只会使人堕落毁灭的爱"！ 至于家庭生活，正如我上面提到的，培根把对家庭生活的向往都写在了《新大西岛》一书中。或许对于爱情，他是冷静的，但对于婚姻他却不如外界想象的那样愤世嫉俗。他曾清醒地指出，婚姻难免会干扰个人在社会发展的野心及活跃度，因此他本人更喜欢单身生活。在他眼里，婚姻应该是一门以慈爱耐心和人文关怀为基础的"人生学问"，孩子们应该是家庭"甜蜜的负担"，而非那些不负责任的父母口中的"孽障"。专注研究人类生活环境中的长短优劣，观察并预见人类的潜能与极限，然后有指向性地给予无私公正的协助，这就是培根一贯的主张。

培根的实践经验

对理想生活的追求是崇高的，但要实现却困难重重，然而这些无所不在的困难有时既可以是危机，有时也可以是转机。培根的成功正源自于此，他当过律师、法官和政治家，对生活的改变和人性的特点有着入木三分的了解。他喜欢观察身边的人，总是以学生般的求知欲不断尝试着思考旁人的处事动机，同时又以科学家般精准的数据记录下他的所见所闻。他从观察得出结论：社会和政治条件的变化是肤浅的，但人性和人与人之间的相互关系却是永恒不变的。这种对真理的判断令人印象深刻，时至今日，培根依然以他的理念引导读者的生活。虽然听培根的话也不一定一辈子不犯错，但至少他的教诲可以让人反省自身，减少犯错的机会。

培根的头脑训练法

培根所做的远不只是提高我们在特定情况下的实践能力，他还训练我们如何用更明智的态度面对不同的境遇。他先是给出了条件，提供了信息，然后教导世人应有的思考方式。他的文章所提到的特定主题不仅有讨论价值，而且在生活方方面面也能找到实践的环境。培根处事的态度是超然的，但这种超然却非本能所至。孩子看人往往只会简单区分出“好人”或“坏人”，若未经历练，即使是年纪稍长，也还是会简单把事情区分成“好事”或“坏事”。培根有条不紊地发现事物中蕴藏的优劣，然后衡量权重。在许多随笔中，他罗列出每种行为发生的场景和理由。读他的文章，不难发现类似的句子，如：“从这个角度出发这是好的，但反之却未必；在这个程度内这是有益的，但超过了界限则另当别论；对于这部分人来说这是助益，但对于别人而言却是阻碍。”再举个例子。在论述年轻和年长的问题时，培根一方面公正地阐述了两者明显的优势，另一方面也客观地指出了各自对应的弱点。致力于创新的他有时会大刀阔斧地重建，有时则会进行保守细致的改造。“差别对待”是培根的座右铭，然而这跟世人所理解的却不尽相同。他说：“有些书只需要浅尝，有些则要细嚼，有些要慢慢消化，让它变为自己的养分。”我们可能会忘记他论述过的主题，但只要吸收了他的方法，我们便能培养出如培根一样理智的分析头脑。

培根之于今日的影响

要在少数几个事不关己的场合中做出正确判断并不难，难的是不管环境如何变化，始终能做出最客观正确的判断，具备如此能力之人目前在这个国家内绝无仅有。也许在遭遇复杂命题时，人类从不吝于表现出无限的热情、愿望和自信，但人性的缺陷和社会中根深蒂固的不公从创世之初便已存在并成为了伟人们努力的阻碍。我们曾希望能以纯净的能量和真挚的情感驱散这一切邪恶，却偏偏没有耐心深思熟虑查明真相；对待新鲜事物，我们习惯先入为主，同时不喜欢已认定的事物规律被推翻。久而久之，人类变得远离真理，也不再信任理性。然而，培根坚信，无论对个体还是社会，理性都是道德进步不可或缺的助力。他不会打消人类探索的热情，只会谆谆善诱地将冒险者以更有效的方式引向理性的渠道。在他的年代，培根从迷信中拯救了科学，又帮助个人从感性中树立了道德规范。

第三节　洛克和弥尔顿

H. W. 霍尔姆斯[1]

在教育史上，17 世纪是一个非常有趣而重要的时期，明明当时的人们思想认真，情趣高尚，信仰虔诚，但教育进步却几乎为零。可以说，教育在 17 世纪才刚刚起步，因此，我们常说的教育改革者在当时更应该被称为教育事业的先驱，而他们在那种情形下唯一的“成果”便只能是一无所获。宗教、政治、哲学和科学在 17 世纪几经重组，其中 30 年战争和英国内战均是宗教宽容与冲突的结果。美国殖民活动开始之际正值英格兰斯图亚特王室内部纷争不断之时，这种让人心惊的变故却成为了美国政治自由发展的保证，并在很大程度上保护了美国社会发展的成果，使之成功回避了大部分欧洲大陆国家，尤其是像法国那样的充满了血腥和暴力的变革

[1]　见第四讲第一节作者简介。

之路。欧洲大陆国家实行的专制制度在权力争夺中不断加强，直接影响了教育的发展。但与此同时，现代科学却因为许多勇敢机智的冒险家的努力悄然诞生，从开普勒、伽利略到哈维，从天文学到生理学。

弗朗西斯·培根是反对经院哲学的先锋，他通过观察、实验和归纳推理等新方法破除中世纪的谬误与迷信，同时笛卡尔和其他有识之士们也开始为现代哲学著书立传。可惜，在这样一个精神和物质混乱的世纪，即使大家已为教育付出了巨大的努力，但谁又能指望真能因此得到累累硕果呢？一开始人类已经探索到一部分新知识，但由于没有及时引进校园，几年后，这些科学知识便变得不再适合作为学校教育。后来人们发现除了探索真理，更重要的便是争取思想自由，但这一点也遭到了老学究的反对——也许在他们看来，想要思想自由还不如做白日梦呢。由此可见，虽然人们已经有了对普及教育的需求，但17世纪的政治制度远不是能实现乌托邦的乐土。随着学校教育的日益狭隘，学校的教学方法也越来越看重权威而忽视了理性，就连约翰·布林斯利和查尔斯·胡尔那样的教育作家，也只会建议改进古典教育，并没有深入探讨教学指导和教育纪律方面的根本性改革，也并没有帮助推广普及教育。

夸美纽斯和《大教学论》

多少年来，教育改革者们都梦想着能建立一套由国家支持、国家管理同时又学风自由、思想民主的完整的教育体系。这个体系将服务于不同的个体，并致力于让每个人通过教育具备不同的社会价值。在这个体系里所推行的实验研究和职业培训不但能培养学生，也能让老师得到进修。最终，人们可以通过这个体系学习到任何知识，思考任何命题。所有学校、班级和课程也都会按照最自然有效的方式安排，使一切教学活动更加科学合理。17 世纪首先提出这样一个梦想，并以一生之力去努力追求的伟大教育家并不是我们熟知的约翰・洛克或约翰・弥尔顿，而是摩拉维亚族的主教扬・阿姆斯・夸美纽斯。

洛克和弥尔顿的论述范畴

不可否认，与洛克的《教育漫话》和弥尔顿的《论教育》相比，夸美纽斯的《大教学论》更具有跨时代的历史意义。如果有可能的话，我们真希望洛克和弥尔顿能用心研究夸美纽斯的论述，毕竟他们俩皆是天资聪慧之人，而且学识广博，肯定能在夸美纽斯的启迪下写出影响更为深远的著作。可事实上，洛克与《大教学论》擦身而过，我们在弥尔顿的文章里，也只能找到关于夸美纽斯的片言只语。因此，就算针对贵族学子，我们拥有了由首位现代心理学家和道德哲学家提出的《教育漫话》和由思想活跃的伟大诗人和爱国者提出的《论教育》，我们依旧无法推动科学的进步，也无法对教育普及产生任何期盼。

当然，洛克和弥尔顿的著作也有其可读性及启迪意义，而夸美纽斯的《大教学论》从捷克语被翻译成拉丁文后，更是成为了迄今教育历史上最重要的文献之一。

一边是弥尔顿，他那优美的散文、具前瞻性的目光，以及他在英国文坛上举足轻重的地位，使他的《论教育》与他提出的其他实用性建议一样受到了广泛的关注。另一边是洛克，他那惊人的洞察力和预见性，在英国哲学界巨大的名声，以及在儿童教养方面所提出的重要指导，皆赋予了《教育漫话》永恒的价值。即使有人认为弥尔顿提出的大部分建议都不切实际，那也不妨碍我们去感受他文字中的活力、庄严和启迪。即使有人认为洛克在《教育漫话》里关注的问题太狭隘，那也不妨碍我们体谅在他的年代学校和生活的条件都太有限的现实，并努力从他的建议中发现闪光点。

弥尔顿的教育目标和教学方法

《论教育》中提出的教育目标是远大的。为此，弥尔顿写道：“我理想中的教育制度应该是完整而民主的，它适合每一个人，也能使每一个人学会如何适当地有技巧地应对任何情况，无论是在私人还是公共场合，也无论是在和平还是战争时期。”显然，现代生活的复杂性使这样的理想几乎无实现的可能，但我们不难发现，弥尔顿提出的教育概念与现代对教育的定义不谋而合，因为这正是社会的真实需求——个体不能只是为学习而学习，更应该通过教育为生活和履行社会职责做好准备。《论教育》中强调学习的目的是学以致用，弥尔顿坚持认为“良好的普及教育必须完整而全面，它着重的应该是学习的内容而非教学的模式”。在他的理解中，教育应该以文学和拉丁语为起点，并通过提高这两种能力“吸取所接触到的书籍和文献中的精华”，弥尔顿的观点用今日的话说即“小材也能大用”。然而某些学术的抽象性和特定复杂的技术形式使我们不敢给学生们传授“过于”晦涩难懂的概念，只敢让他们学习到实用有趣的知识。

弥尔顿构思的国家教育计划或许能让学生掌握任何一门文学或科学知识，但学生实际上毫无实践经验，也不懂该如何运用自己掌握的知识。现代的教育要是只想达到这样的程度，那么我们也就不需要花时间做上述种种尝试与分析了。个体学习的动力可能各有不同，但合理的普及教育应该源于社会和现实生活的需求。我们不应该指责《利西达斯》和《酒神之假面舞会》的作者，说他有意忽视教学模式，相反我们应该更多地留心他的警告，如“不应把知识抽象化”。对于思维不成熟的学生，与其让他囫囵吞枣然后落得一知半解还不如一开始就什么都不教。幸运的是，现代教育已经在这方面有所突破。从最初的识字算数到研究进修，学生们学到的知识基本上都能在生活中加以实践，同时生活中的细节也能反过来成为他们学习中的灵感。

洛克的教育理念

洛克在《教育漫话》中并没有像弥尔顿那样提出宏观的教育方案，他只简单勾勒了国家教育制度应有的模样，然后把重点放在父母对儿童的家庭教养上。他对当时的学校没有好感，所以不遗余力地提醒父母们选择好的家庭教师的重要性。如果洛克时代的学校能有所改进，他的观点也许会稍有改变。而必须承认的是，洛克在著作中提到的儿童，与现代意义上需要心理精神身体全面发展的孩子还是有点不一样的。洛克的建议只针对家教儿童，虽然总体要旨都是好的，但细节执行起来却很困难。我们对《教育漫话》的分析主要体现在洛克所阐述的父母和教师对儿童道德规范的理解，洛克是一位敏锐的观察者，他经验丰富，立场坚定且富有同情心，他对这个命题的讨论非常值得我们仔细研究。

总结起来，洛克忠告大致如下：不到迫不得已不要体罚儿童，也不要对孩子进行责骂、威胁、限制、利诱或劝说。当孩子表现

良好时，父母应给予赞同和热情，当孩子行为不端时，也应该适度地表达作为父母的不赞同和疏离。通过这种合理的道德规范，训练孩子们正确的思考及行为方式。最重要的是，父母在使用道德规范作为约束时，应该先理清孩子们做事的动机和想法，而非只看到他的行为对外界产生的影响。洛克认为现实生活中稳定不变、富有同理心且公正客观的道德规范是引导孩子建立端正品格的最有效的手段。作为最初的行为准则，洛克希望孩子们先学会爱憎分明，然后再学会用理性按实际情况进行判断分析。这意味着，父母应先教会孩子们用标准看待问题，不能单纯地人云亦云随波逐流。而随着孩子们的成长，父母又应以权威作为引导让孩子们将标准与现实结合，然后做出适当的应对——或妥协或坚持。

洛克在这方面的阐述十分仔细且明智，他就家庭中发生的具体情况提出的指导比现代分析孩子天性的一般原则更有效。事实上，所有道德教育在实施时都是极其困难的，它需要有适应社会的特点和标准判断，这不但对孩子，对父母而言也是一种学习。尽管洛克对现代儿童生活以及这方面的著作一无所知，但他还是尽己所能给后世讲述了许多有用的真理。这些真理在今天可能有不同的表达方式，却拥有同样的效果和本质。

在学习方面，洛克赞成弥尔顿在《论教育》里的基本观点，即应该以学习拉丁语为起点。但是，他认为拉丁语的学习重点不应该放在语法上，而应该放在扩展阅读上。另外，他也建议应该将课堂学习和手工培训结合起来，这与弥尔顿提出的让学生向各个领域从业者实习的构思大同小异。其实，洛克和弥尔顿在教育理念上的区别在于：洛克重视的是个人，而弥尔顿关注的是整体。弥尔顿希望有经验的学者能教导他的学生处事正确的知识和技巧，从而形成环环相扣、一代传一代的教育体系，而洛克则把如何培养出一位完美的绅士作为最高要旨。

从这个角度出发，洛克难免会被误解成是"正统教义的倡导者"，因为这种教义往往主张学习的内容不应取决于其客观实用性，而应取决于它是否能促进头脑智力的提高。洛克在《教育漫话》第 176 段中虽然也有提到锻炼记忆力的方法，而其中内容清楚表明，他并非如世人所言强调正统教义，只有针对通常被认为可取并可能的思维习惯和训练，他才会建议坚持理性和道德规范。

我们上面提到的两部著作都是在 300 年前写下的，书中反映了很多现代人无法理解的习惯、标准和传统，书中提到的人物和文献也是现代读者所不熟悉的，这两本书的作者甚至没有机会受到当时最具前瞻性的思想的启迪。但无论如何，我们必须承认，著作中的智慧依然有研究的价值。[1]

---

[1]　关于 17 世纪教育最好的一本书，是剑桥大学出版社出版的阿达姆松的《现代教育的先锋》(*Pioneers of Modern Education*)。

第四节　卡莱尔和纽曼

弗兰克·威尔逊·切尼·赫西[1]

在英国维多利亚时代早期，纽曼和卡莱尔的声音几乎响彻大不列颠的天空。他们一个是点亮教堂中央蜡烛的圣职人员，另一个则是红遍泰晤士两岸的易怒苏格兰农民。时至今日他们的音容犹在，他们在当时提出的种种建议也依旧发人深省。

关于纽曼，马修·阿诺德任牛津大学校长时的发言始终让人记忆犹新，他说："在傍晚昏暗的光线下，纽曼沿着圣玛丽大教堂的过道走向布道台，然后用最迷人的声音，以语言和思想破除沉默的迷障，那就像是一段浸润人心亦苦亦甜的宗教音乐。试问，谁能抵抗如此精神魅力的感染？我仿佛还能听见他说：'生命在经历了狂热与疲倦、战斗与退缩、倦怠与焦躁、成功与失败、健康与疾病等种种改变，困难和厄运之后，最终迎来了

[1]　弗兰克·威尔逊·切尼·赫西（1877—1959），曾执教于哈佛大学。

死亡并回到上帝的阶前，完成最后最美好的归宿。’”

关于卡莱尔，我们不妨引用日记作者卡罗琳·福克斯的话：“卡莱尔的每次登台总会吸引所有体面的伦敦市民的全部关注，作为讲师其受欢迎程度可见一斑。这也难怪，卡莱尔身材高大健壮，性格真诚直率，五官如雕像般，透露着不屈不挠的力量，而一双卧蚕眉下，那似乎在遥望着远方的目光中总不经意闪烁出迷人的智慧的光芒。他平日里静若处子，可一旦开始演讲，你便能清晰地感受到他那份无与伦比的自信。很多理应不该诉诸于口的话，很多理应不该对未受启蒙之人说的话，他都能侃侃而谈。而当英国人因为至美和真理爆发出喧闹的欢呼声时，他也会迫不及待地随之挥舞起他的手臂，仿佛这是给真理献上的最崇高的致意。”

卡莱尔曾抛出这样警言：“停止混乱！还原一个世界应有的模样！以上帝之名，创造！生产！为了达到目标，发挥个人最大的能量！要趁晨光尚好时努力，莫要待日落西山后叹气！”

纽曼与牛津运动

纽曼的职业生涯和个性气质都与卡莱尔不太一样，在纽曼的生活中，俯拾皆是关于神学的辩论。1833 年至 1845 年，他成为了牛津运动的精神力量源泉及公认的领袖，该运动也因为纽

曼所发表的《时论册集》被称为“书册派运动”。牛津运动主张在英国恢复教会昔日的权威和早期的传统，保留罗马天主教的礼仪，并还原包括使徒任命、神职制度和圣餐礼仪在内的圣事经纬。运动的发起者们认为英国国教迫切地需要唤醒人民对宗教的热情和虔诚。

卡莱尔在1831年时说：“宗教不需要英勇的殉道者，也不需要精心筹谋的布道，宗教本身自有其魅力，通过灵迹记述，一点一滴地让我们明白、感受宗教在我们生活中的存在。”但纽曼在牛津运动实施的正是“精心筹谋”的布道，通过年复一年每个周日的努力，他迅速点燃了人们参与运动的热情，渐渐地他的身边开始聚集了很多崇拜的目光。纽曼认为教条绝不应该是圣经传统的束缚，而应该是用来建立权威并保护基督教原始精神的。他以中庸之道同时吸收了罗马教会和加尔文主义的精华，从而捍卫英国国教。他和他那些年轻的追随者们逐渐相信，罗马教廷和天主教三十九条信纲代表的即是宗教权威的重要性和永恒性，他们与新教教会的分歧终将会演变成一场不可避免的风暴。然而在充满戏剧性的1845年2月13日这一天里，熊熊燃烧的牛津运动突然被扑灭了。随后，纽曼马上逃往罗马，寻求罗马天主教会的庇护。1864年，纽曼与查尔斯·金斯莱进行了激烈的宗教辩论，并因此写下了著名的自传《生命之歌》。

书中内容虽然无法就金斯莱对罗马教廷的指控提出有力的驳斥，却是他为自己所信仰的宗教完整性和崇高精神的一次平反。

卡莱尔和他的教育理念

卡莱尔对纽曼的评价并不高，他说："纽曼的智力还不如一只小兔子。"卡莱尔一生都在撰写历史，例如法国大革命以及伟人克伦威尔和腓特烈大帝的传记。他对社会的邪恶大力鞭挞，同时十分推崇开卷有益、沉默是金、努力工作和英雄事迹。他说"阅读能让你知道过去的一切"，"沉默是每个人应尽之义务"，又说"要趁晨光尚好时努力工作"，"熟习历史是每个伟人迈向成功的第一步"。在卡莱尔发表的爱丁堡就职演说中，他也清楚地阐述了类似的教义。乔治·梅瑞狄斯在一篇评价"切尔西圣贤"的精彩文章中曾说："卡莱尔仿佛一直遥望着'永恒的真实'，他说话时就像是一位充满智慧的先知。"他是当时最伟大的英国人，有关他的一切都会像之后的泰坦尼克号和奥运会金牌选手般引起人们的热议。也许他不是一个完美的人，但他拥有闪电般的力量，能用文字为人类谱写出最奇妙的图片和最壮丽的诗篇。

无意识理论的核心

气质言辞和生活方式截然不同的人是否能拥有相同的思想

或信仰？在维多利亚时期这可算得上是一个伟大的悖论。即就算是不同的人，但在他们的内心，他们对教育或教学都有一个共同的主导想法。一件衣服再古老无用，只要有人坚持承认它的价值，他便可以用同样的想法影响身边的人——这种主导思想就是“无意识理论的核心”。

卡莱尔第一次在他的文章中阐述他提出的理念特点时，说：“真正坚定的思维应该会思考、有道德，在任何情况下都能毫不费力地运用心灵的力量，就像健康的身体始终能行动自如一样。我们的内心一如我们身处的现实，能掌控的只有世界开放给我们的东西，而非是活力和生命。在我们的理解里，明确的思想源自内心的最表层，而在辩论和意识之下，冥想领域里最隐秘的深处则潜藏着人类的生命之初——那不仅是制造和沟通，更是创造。我们可以理解制造，但制造微不足道，我们无法明白创造，但创造举足轻重，因此像直观和自发这样的无意识应该成为我们的行动指导。人对健康的理解不是通过逻辑和论证，而是通过直觉体验。正确的行为表现往往是自发而无意识的，最典型的例子就是，只有病人才会体会到自己与健康者的区别。”基于这样的想法，卡莱尔提出了他关于工作和伟人的观点。他认为工作可以促使个体发挥其自发能动性，而英雄和伟人便是那些真诚、主动、愿意以一己之身成就集体理想的人。

跟卡莱尔一样，纽曼也十分肯定无意识的力量。在他名为“显性理性与隐性理性”的讲道中，他提到：“‘隐藏的理性’源于‘无意识的思考’……理性不是一门艺术，是人类内心充满活力且自然自发的能量；进步不是一项机制，是成长的力量；成长的工具不是语言的规范和诡计，而是心理行为的完善……每个个体对是非曲直都有某种判断的本能，这种本能就像是上帝的神启，不但会影响个体的行为，更会影响集体的现实世界。最后，人们把这种本能作为祖先的智慧一代一代往下流传。”

纽曼坚持相信直觉和本能的力量。与个体相比，他认为民族的智慧更值得信赖。同时，他觉得基督信仰不只是个体的理性，更是集体在一个长期持续发展的社会中演变而成的包含了远见性和亲身体验等多元化的力量，因此对纽曼来言，天主教会是基督教追随者们的信仰先驱，是“无形之力的具体代表”。

这两个伟人虽彼此不理解，但他们的观点却都基于相同的原则，即“无意识理论”。他们坚持要对道德真理进行深入的了解和辩论，从而让信念和虔诚自然而然地在人们心中植根。而那些能明白其中体验并自发贡献出自己本能力量的人，便是能以真诚救赎世界的英雄。

第五节　赫胥黎的《科学与文化》

A. O. 诺顿[1]

1880年，在英国伯明翰大学的前身梅森理学院开学典礼上，赫胥黎发表了关于“科学与文化”的演讲。通常，学术演讲不仅是本地一项值得庆祝的活动，也是用来解决当前学术问题的最理想场合，但这次学术演讲不一样——那是在英国教育进步最伟大的时代中最具有永恒历史价值的一次演讲。演讲旨在为19世纪的教育而战，并标志着一项“长期奋战的开端”。演讲者的其中两位是现行两种教育体制中最重要的领军人物，其相关内容引起了“旷日持久”的争辩，最终大众选择支持赫胥黎的观点。

[1]　A. O. 诺顿，曾任卫斯理学院教育系主任。

赫胥黎的反对者

（1）商人

科学与文化的全部意义只有在正确的历史背景下才会显现。如今赫胥黎的观点看起来很平常，那是因为他的观点已经被现代人所接受——不会再有人否认“科学是现代教育基本要素”，也不会再有人反对“科学教育是深化工业进步的必要条件”。

然而在1880年的英国，这对大部分从事教育相关事务的人来说是十分惊世骇俗的想法。当时，科学研究的倡导者们主要面临两大反对力量，一股来自实业家，一股来自自由教育者。

实业家之所以会鄙视科学教育，除了认为它不实用外，更担心它会对商业造成影响。即使没有科技的帮助，英国的工业依然繁荣地发展了起来，这使英国工业界的领军者们觉得他们已经拥有了一套被验证过的成功法则，不指望科技能满足他们的需求。他们看不到科学教育和工业发展之间重要的联系，然而，在德国这片“教授的集中地”上，科学教育使它在短短25年内，从微不足道的工业小国发展成足以与英国抗衡的竞争对手。

直到那时，英国本土才开始呼吁实施赫胥黎所提倡的科学教育。

（2）古典传统

科学在自由学习圈子里也遭遇了强烈的反对。当时，大多数教育从业者都怀疑并否认科学（包括物理学、化学、生物学、地理学等），是文化知识组成的重要部分，但赫胥黎坚信“在真正完整的文化架构中，专门的科学教育跟传统的文学教育同样重要”。可惜，当时的学术界对他的这种说法十分不屑，仿佛在英式的花园聚会中看到了一个混进来的西部牛仔。赫胥黎曾客观地描绘了1880年代绝大部分英国人所接受的文化理念，这种文化理念曾帮助人们在过去三个世纪里搭建起整个自由教育的架构。对此，赫胥黎说：“在这样的历史背景下，很多人以为文化知识只能通过自由教育获得，而自由教育便是文字以及希腊和罗马古典文学的同义词。另外，他们还觉得，虽然通晓拉丁语和希腊语的人很少，但那才叫真正的学者；其他人就算在别的方面再博古通今，再手艺精湛，也不是文化领域中的成就。受过良好教育的人和真正的学者并不需要用大学学位来衡量他们知识之丰富，校长和大学教师会担有这样的名位，不过是为了显示他们较常人优越。”

（3）神学家

还有一个团体的学者们也反对科学，尤其是生物学。自1859年达尔文提出“物种起源”那天起，科学家和神学家之间就因为进化论的问题爆发出“无休止的争论与冲突”，现代的读者几乎不可能想象这一争端在60年代末70年代初给进化论和它的支持者们带来的精神痛苦以及暴力威胁。对于神职人员和信徒来说，进化论严重威胁到基督教的信仰基础和由此发展出来的神学理论。支持进化论的科学家——以赫胥黎为首，他被视为宗教的死敌，人人都称他为理性主义者、唯物主义者以及彻头彻尾的无神论者。宗教反对科学教育的是理所当然的，因为它不但破坏了原有的信仰，还传播了无神论的思想。虽然到了 1880 年，关于进化论最激烈的争论期已经过去了，但由此引起的余震还是不能小觑。尽管赫胥黎在《科学与文化》一书中没有直接谈及到上述问题，但在字里行间我们依然不难感受到当时的冲击。

这一切都是现代年轻读者们无法理解的，这是在危机四伏的年代里，科学倡导者们对现实发起的挑战。

赫胥黎在“科学与文化”的演讲中以及其他场合上都不断提到了教育改革的两大优点：第一，科学教育有利于培养工人，能促进工业的发展；第二，科学教育能帮助修正自由教育的方式方法，包括对自然科学这种现代化的学科进行改善，还能修正拉丁语和希腊语的教育方式。赫胥黎的理念由于上述种种原因，不得不面对实业家和自由教育者的敌视。

赫胥黎论科学教育的实用性

在阅读赫胥黎的书时，首先要注意的是他与敌人交手时所

展示出来的技能。虽然他总是说：我不会试图说服你支持科学教育，但对于追求实在的人，他分析问题视角也可以功利——这就是为什么他能说服梅森理学院的创始人兼工业实业家约书亚·梅森爵士。赫胥黎其实跟你我无异，只是他相信科学教育，并愿意为此贡献出自己的一切，为下一代年轻男女争取受教育的权利，并使之更适应伯明翰的工业发展要求。没有人比他更有资格判断科学教育的成败，梅森理学院的成功即是最有力的证据。对于一味反对存疑之人，我只能说事实胜于雄辩。

在演讲的最后，赫胥黎再次重申一般科学的重要性，因为一般科学既是一门不可或缺的文化知识，也具备了增加工业产品多样性提高工业产品质量的实用价值。

赫胥黎对自由学者

在面对另一群死敌自由学者时，赫胥黎采用不同的方法——以理性感召。首先他会跟你阐述一个几乎所有人都会同意的关于文化的定义，然后即使明知自由学者会反对，他也一定会提出这么一个问题：应该如何学习文化知识？为什么我们彼此会在这个问题上有这么大的分歧？也许，在自由学者们还没有想明白该如何回答时，赫胥黎便已经缓缓道出：其实历史已经告诉了我们答案——不管是文化还是学习都应该与时俱进。

在中世纪，神学是唯一的文化基础，它为当时社会提供了最好的理想和标准，以便用来衡量和规范人们的生活。15 世纪，大量古典文学传到西欧，并取代神学成为了文化的基础。因为它在许多方面，特别是文学、雕塑和理性思维的运用上提出了更具体的理念和标准。从此，来源越来越丰富的新文化，包括现代文学、现代音乐、现代绘画和规模渐大的现代科学，开始从一个新的自然领域给予我们新的理念和新的判断标准。说到底，科学教育倡导者和自由学者之间的分歧产生的原因无非是后者的意识始终停留在 15 世纪，完全没有考虑到自那时以来世界知识潮流的巨大变化。如果就像大家所说的，文化发展是现代生活最好的评判，那不就更加证明了新领域知识所提出的理念和标准应该被纳为完整文化学习的一部分吗？赫胥黎以史实为据，清晰地向自由学者们推广了他的观点。

赫胥黎的风格和个性

赫胥黎演讲的风格也是值得注意的，它明显带着赫胥黎独特的个人标签——清晰准确、言简意赅。赫胥黎的文字和思想都有穿透人心的能力，让读者仿佛是站在窗边欣赏由他描述出来的风景，而不是仅仅捧着书卷。另外，赫胥黎的思维十分丰富多彩。据一位评论家说，赫胥黎特别喜欢钻研，尤其是对那些人们曾经研究过却半途而废的命题，这一点在他所有著作中多有体现。赫胥黎是一个强大而有趣的人，他总会在演讲时用壮丽如画的言辞狠狠打击他的敌人。

不得不说，赫胥黎是英国最杰出、最引人注目的人物之一，对于他来说，没有比学习更好的回报。读者若有兴趣，不妨阅读他的《赫胥黎文集》，以及由他儿子编辑的《赫胥黎生平与书信》。读之，我们不难描绘出一幅无比清晰的人物肖像——那是一位充满激情的真理追求者，无惧于对抗也不惜任何代价，那便是诚实直率、理智且具有远见性的赫胥黎。

第五讲

诗 歌

第一节 概述

卡尔顿·诺伊斯[1]

人类总在心中向往着另一个世界，一个比我们所知的世界更加美好的地方。不管一个人的心灵多么阴暗，不管他的观念多么狭隘，他都或多或少地向往着更宽广的地平线和更洁净的空气。一个人在感到幸福的时候，会觉得我们的星球似乎存在着无限的可能性。然而世间不如意事常十有八九，这样的时刻过去之后，坚硬的世界很快再次逼近，一如从前那般真实、赤裸、无法改变。不过，我们中存在着这样一些人，他们天生就能够捕捉幻象，这是一种更深刻、更持久的洞察能力。他们自由的心灵能够比一般人看得更高更远，他们看到地球披上了华丽的霓裳，听到沉默的世界言说着自己的存在，体悟生命的谜

[1] 卡尔顿·诺伊斯（1872—1950），美国作家和学者，曾任哈佛大学英文讲师。主要作品有《艺术的乐趣》（*The Enjoyment of Art*，1903）、《欣赏之门》（*The Gate of Appreciation*，1907）和《走近沃尔特·惠特曼》（*An Approach to Walt Whitman*，1910）等。

语揭示出自身的谜底。他们能够捕捉到那瞬间闪现的灵感，而对其他人来说，这种灵感则太过短暂；而且，他们还具有塑造的能力，能够将瞬间塑造成永恒。能捕捉幻象的人是预言家和先知，而能塑造幻象、重现灵感的人则是艺术家和诗人。

我们每个人在苦苦追寻的东西，诗人早已找到。诗需要我们跨出生活一步，我们做好了准备，却不知如何迈出脚步。日复一日，年复一年，我们也瞥见了这世界上的美，也感知到了事物的表象之下所蕴含的意义，诗则更完满地揭示了这种美和这种意义。诗人还原给我们一个我们已经了解的世界，但是经过了他的改造；他所使用的素材都是我们习以为常的，但他却能用不一样的方式表达出来。他总能看得更清晰、更透彻，从而能美化事实，能揭示那正等待以这种方式被揭示出来的美。他对美的清晰洞察，燃起了他心中那种惊奇与快乐的情绪，驱使他将自己的感受付诸言语。他的眼睛看到重新组合过的世界，他从每个人都有的生活体验中选择特定的渗透着自己情绪的意象。他把这些意象编织成美妙的文字，重塑他所看到的美，并且阐述着他所发现的事物表象下更深层的含义。正是因为他能看得更远，能感受得更强烈，他才因此成为诗人。另外，也因为他能够用语言表达自己的体验，使我们也看到他所看到、感受到的东西。

就这样，诗人创造出了那个我们心中梦寐以求的更完美的世界，而通过欣赏诗人的艺术，这个世界也成了我们永恒的财富。如果这就是诗的职责和天命，那么我们就会追问：它究竟是从何处获取灵感的？又是通过什么方法在艺术方面登峰造极的呢？

叙事诗的起源与发展

每一个民族的古老诗歌都是围绕着故事展开的。人类在童年时期非常喜欢听故事，因为他们纯真的心灵要通过想象一个虚构的世界来逃离他所不能理解的现实世界。他们还未受到现实事务的困扰，天马行空的想象力不接受任何束缚。在人类的童年时期，人们觉得外界的事物是带有灵性的，靠着内在的生命力四处移动。自然力量则是神祇，能随意主宰人类的命运。比同伴更精明、更孔武有力的人，往往会成为集体记忆或者传说中的英雄或半仙。一个孩子也是这样将他的小世界里的平常事物赋予生命，这使他丰富的想象力有了用武之地。他在自己的戏剧中给它们分配角色，让它们上演他编织起来的故事。孩子的想象力需要情节，需要做过的事情和听过的故事，便有了众神和英雄的神奇探险，便有了王子和少女、骑士和被俘贵妇、仙女和精灵的曲折命运，寓言就这样被天马行空的想象力创造出来。

人类一直热爱着故事。在每一片土地上和每一个民族中，在漫长的历史中，诗从未停止记录生活中一切能够想得到的事。但诗的长河有着众多的源流，依据它流淌的河道而呈现出不同的色彩和容量。从《伊利亚特》到《伊诺克·雅顿》[1]，细数这些经典例子，会发现无论是主题还是形式，叙事诗都经历了各种各样深刻的演变。这一演变过程就像每个民族发展自己的艺术和文化一样，也是经历了从一般到特殊、从整个民族的利益到私人事务的书写的过程，个别的艺术家或诗人逐渐从整个民族的创作努力中脱颖而出。

远古诗歌的特征

在远古时代，人们一起劳作，一起嬉戏，部落的每一位成员或者个体公民完全融入部落或城邦的集体中。个人的幸福仰赖于集体的幸福，个人的利益与整个群体的生活紧紧地联系在一起，这就解释了每一个民族的早期诗歌为什么都具有相似的外延和特征。

每个民族的起源都与众不同，而且起源的时间也各不相同，

[1] 《伊诺克 · 雅顿》，英国桂冠诗人艾尔弗雷德 · 丁尼生的诗歌作品。

因此，“早期”这个修饰语对于每个民族而言有不同的定义。如果要举一些早期诗歌的例子的话，那么一方面有《伊利亚特》和《奥德赛》——这两篇诗歌其实是代表了一个巅峰而不是严格意义上的开端，不过时间还是相对较早的；另一方面有英国传统民谣。如果比较这两个例子的存在时间，其实它们中间隔了大约两千年，但作为早期诗歌，它们却有一个共同的特点：它们都不是任何一个个人的作品。这样的诗歌不是一蹴而就的，而是逐渐发展出来的。它是群体生活无意识的表达，在群体中生根发芽，长叶开花。一件涉及整个民族的事，一种关乎所有人命运的形势，就是故事产生的缘由和动机。不过一定有某一个人，可以是任何一个人，没有留下自己名字的人，给故事开了一个头。然后这个故事被反复地转述，通过口口相传，经过了一次又一次的改变和添油加醋。最后，又是某一个人，没有留下名字的某个人，用特定的格式将它记录下来，故事就因此被保存下来。但它仍然是一个民族集体创作的产物，不属于任何一个独立的个人。

通过诗的一些特征，我们能分辨它是通俗的还是官方的。就长篇的诗如《伊利亚特》或者《贝奥武甫》而言，它们记述的是宏大的情节。诗里所歌颂的做出盖世之举的英雄，属于整个家族或者种族；他们是国王，是力大如山或者勇猛之人，在整个民族的历史中被广为传颂。众神也出现在诗里，他们在故事情节中扮演了十分重要的角色。类似的，在通俗的民谣中，故事中的人物尽管出身卑微，却由于传说故事的作用，成为典型人物，并被赋予普遍的重要性。然后，这样的诗便反映了一个群体或者民族的理想。它由民族的宗教信仰或者人们对事物的性质和意义的懵懂追问与粗糙答案塑造而成，通过它们在情节中设置的特定人物，以及这些人物所做出的事情、所感受到的激情，这种诗成为对整个民族所想象的理想生活的投射和表达，它是一个民族的自我诠释。

除了韵文的形式之外，还有一个特征使得这些故事成为诗歌：它们所描述的那个世界是理想化了的世界。它们的产生源于人们对故事的偏爱，但它们所描述的故事情节，并不是每天发生的鸡毛蒜皮的小事，这些事在诗中被夸张了，被聚集在同一个时间段里了，里面随处可见“渲染之美”。创作者们运用自由的想象，为的是创造出一个更迷人、更有意义的世界。诗歌所讲述的故事发生在很久很久以前，那是一个与现在相比更幸福快乐的黄金时代。对此，他们强调，这才是世界的本来面目；若是现在的世界依然如此，或是能够昨日重现，该多好啊！人们跳过对眼下需求的朦胧渴望，隔着遥远的距离，看到在已经远去的清新扑面的晨光中，远古时代的人们被塑造成英雄。他们的美德，他们的激情，甚至他们的过失，都比凡夫俗子更加高贵。他们所处的那个世界更加宽敞，他们沐浴在更自由的空气中。把事物理想化，使之变得鲜明、强烈并充满更深远的意义，就是诗的精神所在。

个人主义的发展

随着文明的进步，个人开始将自己更明显地从其群体的背景中凸显出来。群体中所有成员的共同努力为整个群体的生活打下了艺术的烙印，集体的共同奋斗使文化的储备逐渐丰富起来。然后，出现了一种新趋势：社会生产逐渐出现了分工，每个独立的个体开始从事不同的职业，他们开始发展自己各自作为陶工、织工和铁匠的独特天赋和潜力。就这样，有一天，一个有着歌唱天分的人出现了。他开始意识到自己是一个个体，收集父辈们流传下来的故事，将这些传说编织成新的故事。早期的诗是集体理想的表达，而现在，单个的创作者怀着自己特殊的目的重新构思、塑造了诗；这里的诗被赋予了他个人的感情色彩，反映了他一个人看到的世界，就这样，诗歌成了他个人对生活的诠释。[1]

[1]　为了说明个体诗人的作品与民族诗歌的差别，可以比较一下丁尼生的《尤利西斯》中强烈的自我意识与荷马式英雄的直率，非常有意思。

于是，叙事诗被注入了新的灵魂。它里面无意识的、集体的和客观的成分越来越少，逐渐成为一种深思熟虑而自觉的艺术产物，诗人依靠自己的情感来选择诗的主题和表现方式。他取材的世界离我们的生活更近了，他讲述的人物也是我们更加熟悉的；他们抛弃了庞大的气势，却更加富有吸引力。这时候的诗依然比较重视情节本身，但置身于情节之中的人物却更接近也更明确地表达出了诗人的想法和感受。他之所以选择那些人物，是因为他们具体地体现和阐述了他对重要事件的理解。神话英雄贝奥武甫以及他与可怕海怪格伦德尔战斗的故事，在乔叟的《坎特伯雷故事集》中延续。在这部诗集中，诗人聚集了一群杂七杂八的人，有高低贵贱，有僧侣，有俗人，这些人都来源于真实的生活，不过在诗里也有些滑稽。他们在朝圣途中所讲述的故事，也各不相同。然而，最典型地体现了诗歌的这种新趋势的就是《女尼的教士的故事》：

从前，在山谷树林边，
一个简陋的小屋里，
住着一个年迈贫穷的寡妇。

而故事的主人公居然是一只公鸡！这只公鸡以学问家的派

头讲述自己的梦，为了显得自己说的话很有权威，他还引用了古代伟人的名字。但他还是没能逃脱无情的厄运，这厄运由狐狸拉塞尔带来，谷仓的居民们则由于它的悲剧而齐声叫嚷。通过装腔作势的语言，这首诗狡黠地讽刺了浪漫史诗那种气势宏大的叙事方式。不过，顺便提一句，除了娱乐大众，诗中还反映出了乔叟本人对生活友善而精辟的批评，而我们也喜欢这样接触诗人自身的个性。所有有意识地创作的叙事诗，不管是《仙后》还是《失乐园》，是济慈的《恩底弥翁》还是《伊诺克·雅顿》，不管它是描述了传奇和寓言中的人物，还是提出了神之道与人之道的高级论断，或者是卑贱灵魂的悲剧，我们都清晰地看到了一个聚焦的理想化的世界，而它最终用来表达的是诗人自己对生活的构想以及他对自己人生经验的诠释。

抒情诗的出现

诗的表达越来越具备个人的特点，这一趋势改变了叙事诗的内涵，同时产生了不同种类和目的的诗。当一个个体从芸芸众生中意识到自己的独特存在并脱颖而出的时候，他就清楚地意识到，生活对于他来说是与众不同的，这世界就是他的世界，激情就是他的激情，事件由于是他亲身经历的而变得重要。抬眼望去，望见浩瀚的苍穹或是蔚蓝一片，或是白云朵朵。辽阔的大地伸向四面八方，到处是色彩斑斓、鸟语花香。而这所有的活力都汇聚成一个点，在这个中心点上站立着一个人，他在思考，在感受，在许愿，周围世界的一切具有影响力的射线都汇聚到他这个焦点的身上。在回应这些冲击的时候，在这感觉的骚动和灵光乍现的时刻，有一种突如其来的和谐，这就是美，他整个人激动万分。他的喜悦、惊奇、崇拜之情呼之欲出，从混乱之中，他重建了一种新的秩序，也就是他自己的感觉，然后他通过文字用物质形态象征自己的感觉，按照自己的理解和心情去塑造它。大自然强有力的脉搏驱使他去引吭高歌，用和谐的韵律表达他的认识和感受。如此，世界的美丽与其深层次的意义驱使着诗人在精神丰富的时候哼出一支歌，抒情诗就这样诞生了。

它不在那洒满阳光的山冈，
也不在那闪烁的阳光里，
从不在任何飞溅的浪花里，
也不在那湍急的溪流中。
但有时它藏在人的灵魂里，
慢慢地摩挲他的痛苦，
而那平静的月光

溢满他的心田和脑海。[1]

就这样，大千世界无止无休地用美和深意编织着它精细的画面，有时候奥秘隐藏得很深，但人类只要用心探索，就终能揭开它们神秘的面纱。抒情诗常常看似发乎自然，其实是因为诗人对天地万物纯粹的喜悦使他迸发出了写诗的灵感。

夏天已来到，
布谷高声叫，
种子发芽，草地开花，
树木郁郁葱葱，
布谷齐鸣！

母羊追逐羊羔，
母牛追逐牛犊，
羯羊蹦跳，雄鹿舞蹈，
布谷齐鸣！

[1]　作者为威廉·夏普。

布谷，布谷，唱得好，布谷，
莫让歌声悄。
唱吧，布谷，啊，唱吧，布谷，
唱吧，布谷，唱吧，布谷！[1]

鸟儿的啼叫给了诗人灵感的钥匙，诗人也做出了回应，他的喜悦诉诸文字，他的歌曲吟唱着春天的乐谱！这首诗是英语中最早的抒情诗之一，就其精神、形式和内容而言，也是典型的抒情诗性质的春之歌。

由于抒情诗发乎于情，所以它的感人之处在于歌唱。

我从荒谷下来，吹着笛子
吹出欢乐的曲子，
我看见云端上有一个孩子，
他笑着对我说：

“为羊羔吹一首曲子吧！”
我快活地吹了起来。

---

[1] 来自中世纪英格兰的一首抒情诗。

"吹笛人，再吹一遍吧！"
我于是又吹了一遍，他听着流下了泪花

"放下那笛子，放下你欢乐的笛子，
唱一唱你那欢乐的歌儿！"
我于是把那支歌又唱一遍，
他听着，激动得热泪盈眶。

"吹笛人，坐下来把歌写下来，
写进书里让大伙儿都读到。"
说完他就离开了，
于是我拔掉一根空心芦草

做成一支简陋的笔，
蘸一蘸清水，
写下那些快乐的歌曲，
让每个孩子听得欢天喜地。[1]

---

[1] 英国诗人威廉·布莱克的作品。

音乐的刺激是抒情诗的来源，而抒情诗那易碎的、锻造精美的载体，正能够承载千变万化、丰富多彩的内容。它可以抓住转瞬即逝的情绪，酿成一缕芬芳；或者，它也可以被注入日积月累的成熟经验宝库。抒情诗唯一的局限是：它需要被唱出来；除此之外，它能自由地从浩瀚无垠写到大地苍穹，写进人类内心最深处的角落。

抒情诗的范围

因此，抒情诗是诗人内心最纯粹的流露，它比任何其他形式的诗歌都更能反映诗人的心境和感情的强度。但它也能承载深刻的思想，只有一个条件：就是给思想插上翅膀，挣脱抽象的硬壳，幻化成完全具体化的，也就是有血有肉的、色彩斑斓的生命。就其字面意思来解释，抒情诗是一种内心的呐喊。突然看到的美，使诗人释放了自己所有的快乐，而这情感，聚集在美的意象周围，和着节拍，汇成令人读起来心潮澎湃的文字。

你好啊，欢乐的精灵！
你似乎从不是飞禽，
从天堂或天堂的邻近，
以酣畅淋漓的乐音，

不事雕琢的艺术，倾吐你的衷心。

向上，再向高处飞翔，

从地面你一跃而上，

像一片烈火的轻云，

掠过蔚蓝的天心，

永远歌唱着飞翔，飞翔着歌唱。

地平线下的太阳，

放射出金色的电光，

晴空里霞蔚云蒸，

你沐浴着明光飞行，

似不具形体的喜悦刚开始迅疾的远征。[1]

一只云雀的歌唱，撩动了诗人那喜好阐释和美化万物的性情，于是诗人谱写了一首更加珍贵的乐曲。它为我们重现了鸟儿的歌喉，这正是诗歌的精神。

另一位诗人则这样非常直接地描述了自己对转瞬即逝的美的体验：

---

[1] 引自江枫先生所译雪莱的《致云雀》。

轰响的大瀑布
像是激情；常常震荡着我的心，
高崖、大山和苍苍的幽深树林，
那种种色彩形象，当时能激起
我的欲望，这是一种感情、一种爱，
无须靠思维提供间接的魅力，
无须不是由双眼得来的情趣。[1]

但清新、直接的画面是可以通过洞察力获得的，诗人比常人看得更深邃，感觉得更多，并把更丰富的意义注入他美丽的诗行：

因为我已经学会观察自然；
不再像粗心的年轻时那样，
而是经常倾听着无声而忧郁的人性之歌。
这歌柔美动听，却有着巨大的力量，
使心灵变得纯洁平静。
我觉得有某种东西打动我，

[1] 引自黄杲先生所译《华兹华斯抒情诗选》中的《丁登寺》。

使我感到思想升华的快乐；
这是种庄严感觉，
感到落日的余晖、广袤的海洋，
新鲜的空气、蓝天和人类心灵。
这样一些事物中，
有什么已经远为深刻地融合在一起。
这是种动力和精神，
激励一切有思想的事物以及思想对象，
并运行于一切事物之中。[1]

作为诗歌，这些诗节本身并不具备抒情的冲动。它们已经成了一种庄严的音乐，使心灵在平静中得到升华，于是，“强烈情感的自然流露”现在变成“宁静中的回忆”。它们不用解释，而是描述出抒情的心境。它们还是充满了情感，升华、强化了那些现实世界的物质材料，所以说它们是真正的诗歌。但是，沉重的思想往往会阻碍情感的升华，而这种升华正是抒情的本质所在。

只要人类的精神想得到的，抒情诗都能将它表达出来，它

[1] 引自黄杲先生所译《华兹华斯抒情诗选》中的《丁登寺》。

能探到人的精神和心灵的高度和深度。在一首抒情诗中，诗人通过把万物化成神奇的词语形象，使人内在的眼睛能够看到，通过编织特定的语气和韵律使人的灵魂能够听懂，就这样对美、奇迹和奥秘以及诗人所感受到的生命作出自己的阐述。简洁生动的短语，可能是描绘蝴蝶或是大千世界；内涵丰富的词汇，则似乎是在灵光乍现的瞬间揭示生活的奥秘、宇宙的真理。抒情诗可以是一首彩虹般的歌，打破寂静，也可以是一首充满力量的赞美诗，化解纷争，赞美万物。没有哪一种心境是抒情诗不能表达的，欢乐和悲伤，希望和懊恼，泪水和笑声，全都在它的表达范围之内，它的典型特征是诗中强烈的个性。不过那些真正的诗人总是能把他在地球上的一个小角落所看到的美幻化为宇宙的图景，向永恒延展开来，把他个人的欢乐和悲伤转变成人类普遍能够感受的幸福和苦难。

诗歌形式的要素

诗人可以通过特定的方式，用诗歌的形式来表达任何主题。跟一般人比起来，诗人的内心更敏感、更有创造力，他对待生活更加热情，也能看到更多的美。大自然变幻莫测的色彩和美丽壮观的形态，这些壮丽或温婉的美景深深地打动了诗人；他对塑造世界的原则的洞察，他对人类目标和命运不同意义的感触，使他的思想非常深刻。情感驱使他表达自己的感觉，在有序的词语排列中用轻松的方式传达深刻的思想，这些词语重塑了来自外界的形象，但又赋予它们崭新的联想和更深远的意义。在这眼前真实世界的副本上，他添加了以下这些：

> 微光，
> 无论海洋中，还是陆地上，都未曾有过的亮光，
> 那是给神的祭品，那是诗人的梦想。

就这样，在情感的刺激下，在洞察力的帮助下，诗人改变了世界，改变了生活，这就是他的魔法和秘密。因此，诗歌可以概括人类广阔而复杂的经验，从中汲取灵感、获取素材。不过，生活可以被诗意地构想，想法也可以用散文来表达。要想将想法诗意地表达出来，就必须有这想法的外观，也就是促使诗人将自己的想法写入文字组合——诗歌的那种深深的情感贯穿主题的始终。

写诗的冲动来源于想象和情感，然后用言语完全地表达出来，但这种言语是有韵律的，在特定的格式中塑造成型。正如编织诗歌之网的材料既是智性的又是情感的，可能有时理智多一点，有时情感多一点，这些要素就一起塑造成了最终的诗的形式。这一

形式既包括词语有韵律的流动，也包括这些词语在图案[1]中最终的安排，这就是诗歌。而且，这一形式既不是偶然产生，也不是随意创作的，而是受到人类心智和精神的天性所影响。

韵律是什么？从哪儿来？

在每一首诗歌中，都跳跃着一种节律，像活着的生命里血液的脉搏一样，这种节律或者说韵律就是诗歌的形式。其实，韵律就是宇宙的核心，这是所有事物的大框架下表现出的最深刻、最普遍的规律。白天黑夜，潮起潮落，四季轮回，一呼一吸，斗转星移，全都回响着有韵律的音乐。不管是我们生活中那些鸡毛蒜皮的小事，还是地球在星系里的运动，韵律都是一切事物的运动法则，也就是说，一切持续不断的活动都天生遵从这一法则。它使得运动更加容易，比如在我们的劳动中——不管是铁匠的锤子迅速地敲打铁砧，还是一帮纤夫耗时费力地拉船。士兵们也凭着整齐划一的步伐，减轻了长途跋涉的劳累。韵律还使运动令人愉快，比如人们跳舞的时候。反过来说，人们也很容易感知外部事物中的韵律，并且能够在感知的过程中获得乐趣。因此，不管从主观方面还是客观方面来说，韵律与

[1] 把诗歌比作一种“图案”（pattern）的联想，来源于 J. W. 麦凯尔教授在牛津大学所作的关于诗歌的讲座。

人的性灵是琴瑟相合的。

宇宙的秩序被强有力的韵律贯穿始终，情感也是如此，只要这情感是持续下去的，就往往会在韵律中表达出来。对美的感知所带来的情感刺激，或洞察生活真谛所带来的兴奋之情，使人的心跳为之加快；这种激动的情绪用词语表达出来，那跳动的韵律就被复制出来，这样，一首诗就诞生了。有些学者说，就其最初的形式而言，诗歌只不过是工作和游戏时身体运动的韵律所伴随着的声音。[1] 一个妇女在两块石头之间碾磨玉米的时候，通过无休止反复嘟囔没有逻辑的词句来保持韵律。在奥菲莉娅的胡言乱语中，回荡着一支古老纺纱歌谣的片段："你得唱瞠啊瞠，你叫他啊瞠啊。噢，翻来覆去，多么相称！"[2] 一些身体柔韧性很好的男人齐声歌唱他们的战歌，踏着回旋的舞步。少男少女在普通的节日上轮流吟诵一首歌谣的诗行，不断重复着叠句。这一原则也贯穿于漫长时光里诗歌的演变过程，从最早的到最近的诗性冲动中，在物理运动的本能表达中，在成熟艺术高度精练的创造中，万物核心深处的律动得到了释放。

---

[1] 参见弗朗西斯·B. 格梅尔《诗歌的起源》(*The Beginnings of Poetry*)。

[2] 出自莎士比亚《哈姆雷特》第四幕第五场，该处引用卞之琳先生的译文，参见《莎士比亚悲剧四种》，第 142 页，人民文学出版社 1988 年版。

看哪，

人类天性的古老根源，

缠绕着歌谣

那永恒的激情。

在世界的深处

坐落着它的根基，

与万物缠绕在一起，

与万物孪生。

不，什么才是自然本身？

仅仅是向着音乐，

向着和谐之声和韵律

无限地接近吗？

端坐在宝座上的神祇

是最老到的诗人：

世间万物都向着

他的韵律靠近。[1]

这就是诗歌韵律起源的过程和原因。不管诗人的心境如何，不管他是情不自禁的狂喜，还是冥思苦想的静闭，他的诗行都是其情感的对应物，不过我们听见的是成型的和谐的韵律。荷马的抑扬格六音步简洁而持续的流动，吟诵着英雄们的壮举；弥尔顿的抑扬格五音步则庄严地铺展开来，展现着天堂和地狱所发生的戏剧；雪莱的云雀飞至云端，还有勃朗宁的马蹄声沉重：

我一跃上马，还有乔里斯，还有他，
我策马狂奔，迪尔克策马狂奔，
我们三人一起策马狂奔。

不管是策马狂奔，是稳步行进，还是展翅高飞，诗歌的轻快韵律都表达了紧张的情绪以及这情绪背后的驱动力。

韵律的效果

韵律还有更多的效果，因为诗歌的韵律不仅表达了呼之欲

[1] 来自威廉·沃森的作品。

出的情感，它还把这样的感情传递给读者。它把自己的能量传达给听者，使他产生同样的情感。诗歌跟其他文学形式有很多共同点。散文能够呈现出升华了的世界，就像在小说中那样；它也可以激发人们行动的热情，就像在演讲中那样。就其本质来说，想象力丰富的文学作品有很多的表现形式，但是其内在却有一种不变的元素。把诗歌与散文区别开来的，主要是特定的韵律。借助韵律，诗歌更具有直观的感染力。心理学家常常说，在我们自身的有机体内运行着“模仿活动”，这种活动会在我们身上唤起相应的情感。韵律还使感知变得更容易，而它本身又是快乐之源。在控制得当的情况下，韵律还有助于强调诗行的思想内容。

诗歌形式中的韵律并不是一种机械装置，而是内在激情喷涌而出的产物。在最好的时候，它绝对不是单调的。它不应该是一连串交替的节拍有规律地重复出现，或者说是“抑扬顿挫”；通过重音的微妙变化、情感的推动与意思恰当的词语，韵律起伏有致地展开；内在潮水的汹涌澎湃，可以在舞动的波峰上中断；变幻莫测的光与影，呈现在核心的表面之上。必要的时候音步可以改变步幅，这一切都服从于内在的法则。

来吧，美丽而安抚人心的死亡，

围绕着世界像波浪一样起伏，

在安详地到来，到来，

在白天，在黑夜，对全体，对个人，

轻灵的死亡迟早会来临。[1]

这是一首从头到尾都极其美丽的诗歌。在这里音步并不明显，但我们还是不可避免地感觉到被一种深深的悸动紧紧吸引，被带进它的情感中。对这样的诗行，我们满怀感激地赋予它们尊贵的诗歌之名。

然而，只有韵律的话，还不能称为诗。如果仅仅是毫无意义地、单调地重复一些词句，尽管或许可以说明诗歌的一个源头，这本身却并不是诗歌。重复中必须有前进，必须融入一种模式。要真正地理解或者很好地吸收任何点滴体验，必须把它作为一个整体来感悟。在喧嚣的外部世界中，人的精神必须坚定地寻求秩序和意义。大自然迫使诗人服从于自己的韵律，这是他的灵感来源。而后，诗人又必须迫使大自然服从于自己的表达意图，这是他的技艺。他的气质震动寰宇，而后，他的心智能够控制和组织他所感知到的东西、他所体会到的意义，使

[1]　该处引用的是赵萝蕤先生的译文，参见沃尔特·惠特曼《草叶集》，第 580 页，上海译文出版社 1991 年版。

之形成一个统一体，他从重复与组合的韵律中构建了和谐。就这样，他的诗要表达的意思就能令人一览无余。他的模式是从单一元素的重复中构建起来的：音步构成了诗行，诗行组合成为诗节，诗节仿照一个统一的布局，逐一推进，直至结尾。这里再次强调，结构不是机械的或随意组成的：每一行诗的韵律都要能表达思想的起承转合，整首诗的形式高度统一，呼应着这首诗所要表达的情感或想法的统一。

诗中的词汇成分

诗人表达自己的媒介，或者说诗人的表达手段，是词语。画家的法宝是色彩，雕塑家的是形态，音乐家用音调。色彩、形态和音调本身是能给人带来快乐的，它们通过表达的事物变得美丽，变得有意义。词语也是这样，词语本身也有感觉上的价值。当它们被用作美的工具时，它们就可以给一首诗的韵律结构增添美妙的旋律。词语的音调品质很明显，也非常容易通过押韵来获得，也就是元音与接下来完成整个音节的辅音一起发出一致的声音，就像在单词 sight 和 night 中那样。除了给短语增加音乐价值之外，如果运用得当，押韵还有助于界定诗歌的模式，强调韵脚的意义。

组成旋律的较次要的成分有谐音、头韵和音色。谐音是音节内同一个元音的重复，但伴随着不同的辅音，比如 shape 和 mate。头韵是单词第一个音节的一致发音，比如“The lisp of leaves and ripple of rain”这句诗。头韵结合重音，是盎格鲁-撒克逊诗歌最基本的作诗原则，但现在的人们要使用它，就要冒着由于过度修饰而忽视意义的风险。更加精妙的是音色的旋律，通过声调以及音节的价值来暗示词语的意义，比如在“Sweet dimness of her loosened hair's downfall”这句诗中，元音音质 e、i、o、a 的缓慢变化似乎赋予了图像一种声音的“半影”。这些都是诗人全音阶中的音符，技艺高深的诗人潜移默化地使用它们，以增强其诗歌的感染力。

但诗歌的感染力不仅体现在情绪和感官上。借助词语，它能很好地表达思想，而在某种程度上，这正是绘画、雕塑和音乐所欠缺的。然而，在表达思想时，它是借助具象而非抽象的词语来完成的。词语既不是色彩也不是形态，但它们可以借助意象来传递色彩或形态。情感始终有一个对象，这个对象能够唤起情感、表达情感。词语中的意象成了诗人自身感情的表达，对于其他有着类似情感经历的人来说，它也是一种象征和机缘。思想就是这样具象化，变得活灵活现，唤醒听众的想象力，激发他们的情感。词语这种唤起的能力，正是诗人成功的秘密，这是很难解释为什么的。词语本身以及韵律的组合都依附于音节的音调之美，它源自生动的意象，源自思想与情感的联想，而这种联想就像芳香和蒸气一样依附于词语之上。

灿烂的星！我祈求像你那样坚定——
但我不愿意高悬夜空，独自辉映，
并且永恒地睁着眼睛，
像自然间耐心的、不眠的隐士，
不断望着海涛，那大地的神父，
用圣水冲洗人所卜居的岸沿。[1]

谁能说得出这种文字音乐究竟从哪里散发着魔力呢！它只能通过感觉才能体会。因此，除了字面意思之外，语言似乎还拥有更多的表现能力。这种新的意义来自于诗人的创造，来自他对常见字词所进行的巧妙处理，诗人的技艺就像音乐家的一样高深。

他用三个声音所创造出的，并不是第四个词，而是一颗星。

---

[1] 本诗作者是约翰·济慈，此处引用的是查良铮先生的译文，参见《穆旦译文集》第 3 卷，第 415 页，人民文学出版社 2005 年版。

内容与形式的统一

就诗歌的形式而言，它通过韵律唤醒整个生命，引发共鸣；通过旋律优美的音调，令听众心生愉悦；它协调一致的和声结构慰藉了人的心灵；它的文字意象，通过“唤起”这一能力激发着人们的想象力，就这样，诗给事实增添了思想价值及情感价值。最终，形式和意义合二为一，这种结合在抒情诗中最为紧密。我们感觉到，这样的思想无法通过其他方式表达，那样的情绪无法通过其他方式传递，诗的本质和奥秘就在于歌唱。

诗就是生命的一个片段瞬间化作圆满，它将直接、混乱的感官印象化作美，并借此构建了一个更美好的世界。它捕捉万物核心激烈跳动的韵律，并把它们编成精妙的令人心动不已的音乐，它的文字旋律唤醒了人们灵魂中所渴望的天籁之音的微弱回声。它用不同寻常的光点亮了生命，但它也是幻觉，这是因为它能看到大自然千变万化中那不变的东西，认识到人类灵魂乐于相信的那种永恒披着的外衣——美。诗歌又不是幻觉，更像是一种更高现实的形象。诗人关注生活，并彻底拥有生活。他并不只是耐心地观察自然过程，也不是一个人类命运消极被动的观众。他热爱自己的双眼所看到的一切，世界对他，就像对情人一样展示自己不为人知的一面。通过富有想象力的、创造性的眼睛，他把世间万物看作一个整体，尽管只是在那转瞬即逝的一刻。在诗中，情感和思想融合为完美的意象。“真”在诗人面前呈现出美，但真相从来不会完全显露。因此，所有伟大的、真正的诗歌，都是灵感的呐喊，它是对一个人类不断意识到、不断想要拥有的世界的梦想。一位诗人曾这样说：“诗是一切知识的开始和终结——它像人的心灵一样亘古不朽。”

第二节 荷马与荷马史诗

查尔斯·伯顿·古立克[1]

在史诗这一领域登峰造极的诗人可谓凤毛麟角。当我们去定义史诗这种诗歌类型时，脑海里会浮现出荷马、维吉尔、弥尔顿这三位伟大诗人，但除此之外，很难再找到其他的诗人能如此成功地赋予一个庞大主题以尊贵、宏伟与壮美，而这些，正是英雄史诗所需要的。

这是因为标准在一开始就设立好了，如果我们来分析这些伟大诗人作诗的方法与目的，我们会发现，荷马作为举世无双的超级大师从他们之中脱颖而出。因为，在《失乐园》中，弥尔顿常常因为神学辩论而偏离了诗人的本职工作，而维吉尔的《埃涅阿斯纪》，则是一个自我意识膨胀的时代深思熟虑的产物，是为颂扬伟大的罗马帝国而作的。

---

[1] 查尔斯·伯顿·古立克（1868—1962），古典学家，哈佛大学希腊文教授。主要作品有《古希腊人的生活》（*The Life of the Ancient Greeks*，1902）等。

荷马的前辈们

不过，尽管跟维吉尔比起来，荷马的诗作更淳朴，更是一种无意识状态下的产物，但如果你像 18 世纪的人们一样，认为荷马描绘了人类的童年时代，那就大错特错了。他清新的风格、有力的文字、自然的感情、简洁的用语，表明在他之前已经有一代又一代的歌者。荷马继承了他们的诗律、措辞和短语，这些传统可以一直追溯到希腊人最早脱离野蛮状态的时候。

早期史诗的素材都非常简单。最初，赞美诗或者感恩颂歌的主题就是赞颂部落崇拜的诸神，而恰恰由于部落首领的祖先被公认为神的儿子，所以诗歌的歌颂对象很容易从神转变为人，而且，当时一些著名战役中的英雄事迹也被人们铭记下来。宗教赞美诗于是演变成了英雄歌谣。它强烈地吸引着大众的兴趣和当地人的自豪感，从这点来说，它属于通俗诗歌。但仍然只有天才歌者才能写出这种诗歌，这些歌者有着与生俱来的天赋。

史诗的发展历程

公元前 12 世纪见证了一场剧变，迈锡尼文明逐渐衰落，最终走向灭亡。领土出现新的调整，大批说着希腊语，自称是亚该亚人、伊奥利亚人、爱奥尼亚人或维奥蒂亚人的民族，迁徙到小亚细亚沿海地区。这些迁徙的部落骚动不宁，极具冒险精神，他们的战士骁勇善战。这些人属于同一种族的不同部落，他们在一个内地处于野蛮状态的国家边境处互相融合，逐渐产生了一种新的民族荣誉感，事实上，这就为史诗的发展创造了最佳的条件。

他们从自己的家乡——先祖们曾过着简单生活的地方带来的传说，内容逐步扩大。阿喀琉斯与赫克托耳本来可能只是南部塞萨利与维奥蒂亚之间的边境上两个互相竞争的部落的首领，而今被吟游诗人构想成了两位高尚的王子，是为了民族的存亡而不是为了争夺牲口去战斗。他们建功立业的舞台从原来的家乡转移到了新的家园，而且，当移民的生活范围在新的家园逐渐扩大时，他们的想象力也插上了翅膀，传说故事也开始描述更多的事件，呈现出更丰富的内容，发出了更高亢的民族之声。

阿伽门农在阿尔戈斯的山峦之间修建了迈锡尼城，但他在希腊本土的权力绝不是仅仅局限于小小的迈锡尼城之内，而是通过后来这些史诗创作者们的爱国热情，扩大到了类似于帝国那样的规模。他们越来越擅长描摹，帮助树立了亚该亚人与特洛伊人之间、希腊人与野蛮人之间、西部与东部之间的对立，他们创造了希腊精神。

历史上的特洛伊

现在，人们已经不再怀疑特洛伊的故事，虽然有些细节有神话的修饰，但荷马的史诗也确实反映了历史事实——亚该亚移民与伊奥利亚移民、亚该亚移民与特洛伊本地居民之间的真实冲突。就其目前的形式而言，《伊利亚特》是一个天才的个人杰作，经过了一系列复杂的创造过程，包括对旧的素材的借鉴、改变和扩充，以及以此为基础创造的新的东西。

它在细节上有些互相矛盾之处，有些地方也显得十分无趣。像贺拉斯所说的，“连了不起的荷马也会打盹”（即“智者千虑，必有一失”）。不过，就算荷马时不时地“打个盹”，他也从来不会呼呼大睡。

《奥德赛》的创作时间可能比《伊利亚特》最终定稿的时间稍晚一些。奥德修斯的漫游表现出了亚该亚人的崭新经历，他们的祖先曾在亚洲赢得了一场又一场激动人心的战斗，如今他们正乘风破浪，驶过地中海，与腓尼基商人展开竞争。《奥德赛》是以《伊利亚特》中所描写的事件为背景展开的，不过与《伊利亚特》不同的是，它与战争无关，而是一个关于探险和阴谋的故事，主角是一名勇敢的水手。

它描绘出了一个充满奇迹的新世界，这里有令人大跌眼镜的逃亡，有海难以及肆虐的风浪，有怪物、女巫和巨人，有与海盗的狭路相逢，还有对荒凉之地甚至是边缘地区和地下世界的探险。它塑造了如辛巴达一样的某些冒险家的原型，也是格列佛和吹牛大王闵希豪生式的前辈。它给后来的诗歌提供了“因吃了忘忧果而忘记一切的人和用歌声诱惑水手的海上女妖”这样的素材，给谚语库增添了海上女妖斯库拉和卡律布迪斯，使我们现在的童话书里有了一些迷人的角色。虽然主人公经历了无数艰难险阻，诗中却也描绘了美丽的田园风光以及那儿的人们幸福的生活，还为我们描绘了文学史中最忠贞的妻子形象。

《奥德赛》的故事结构

《奥德赛》的故事结构一直饱受赞扬。主人公迟迟才登场，是因为要留出足够的情节发展空间，还要先引出他那位虽然不大重要，但是很讨人喜欢的儿子忒勒马科斯，还有一些我们已经通过《伊利亚特》熟悉的人物：涅斯托尔、海伦和墨涅拉奥斯。接下来，我们的视线就转移到海之女神卡吕普索的小岛上，发现奥德修斯被囚禁在那里，万分烦恼。随后奥德修斯离开这里，波塞冬怒火万丈，船只沉入大海以及奥德修斯在费阿刻斯人的地盘上被营救。场景又转到了费阿刻斯国王阿尔喀诺俄斯金碧辉煌的宫殿中，在国王面前，奥德修斯讲述了他在到达卡吕普索的小岛之前神奇的探险经历。在费阿刻斯岛上，奥德修斯遇到了瑙西卡——希腊文学中最美丽多姿的少女形象。要了解荷马和维吉尔两个诗人的区别，最好的方法就是比较一下瑙西卡的临别之言与狄多在埃涅阿斯离开她时的伤心欲绝。在《奥德赛》的这一部分，吟游诗人德摩多克斯用一种很有意思又至关重要的方式为我们呈现了英雄叙事诗的传统和技法。

这个故事的后半部分是从费阿刻斯人带奥德修斯回家开始的。奥德修斯装扮成一个乞丐，经历了一连串的奇遇，认知与反讽的戏剧手法得到了充分的利用，这两种手法后来在希腊的戏剧舞台上被运用得十分娴熟。他向忒勒马科斯坦露了自己的秘密，然后他以前养的狗阿尔戈斯认出了他，场景十分悲壮凄凉。最后，在经受了力量和本领的终极考验并杀死了所有求婚者之后，奥德修斯先是见到自己的妻子，然后又见了自己年迈的父亲。这部史诗有个缺点是诗中有很多重复之处，但这些重复只是表明了史诗诗人多么喜欢久久逗留在故事上，表明他们的听众多么不希望故事早早就收尾。

荷马史诗的作者信息

希腊人喜欢详细地讲述他们民族伟人的生平，但他们却无法还原一个真实的荷马。后世有关他生平的传说少之又少，又几乎完全被亚历山大时代的学者们忽略。他的一个特征，即失明，在今天希腊和马其顿乡下的通俗歌手当中常常被提及，那不勒斯博物馆里一尊有名的半身雕像把他的这一特征刻画得很美。有七座城市都宣称是荷马的出生地，这些城市大都位于小亚细亚的海岸或毗邻的岛屿上，这证明了我们之前从写诗的语言得出的结论是正确的，这些诗歌最晚的创作者应该是爱奥尼亚的希腊人，在被吟游诗人传入内陆之前，它们就已经在小亚细亚海岸流行了很长一段时间。

我们目前还不知道它们最早是什么时候被记录成文字的。尽管早在公元前 9 世纪的时候，希腊人就知道如何写字了。的确，荷马曾提到过文字，但在之前很长的时间里，它在诗歌早期的传播过程中并没有扮演十分重要的角色，直到公元前 6 世纪暴君庇西特拉图统治雅典期间，才有人收集这些诗歌，并且用文字记录下来，使之成为我们今天看到的样子。就这样，这些诗歌实际上处于公元前 6 世纪到公元前 3 世纪的文化先锋——雅典人的保护之下，后来又采用了亚历山大格式，成了带有注释的详尽版本，并且分为很多“卷”，每卷 24 首，也就是我们今天看到的样子。

罗马人孜孜不倦地研究这些诗歌，对昆体良和柏拉图来说，荷马是雄辩的源泉。本来中世纪的西方世界偏爱特洛伊故事的罗马版本，但随着学术的复兴，荷马几乎立刻一跃成为最伟大的古代人物，而这也是他理应享有的地位，从此，历代有学问的人都尊重和喜爱着荷马。

第三节 但丁

查尔斯·霍尔·格兰金特[1]

但丁（1265—1321）被公认为中世纪最重要的代表人物。我们发现他就像一面中世纪灵魂的镜子，如此完整地反映了一个伟大时期的精神，这在其他作家（无论古代的还是现代的）身上并未被发现。

那是一个伟大的建设者和伟大的神学家涌现的时期，是一个宗教得势的时期，是一个充满坚定和进取信念的时期。在这个时代产生了大教堂和中世纪神学论著《神学大全》，发生了十字军东征，出现了圣伯纳德、圣多米尼克和圣佛朗西斯。人们普遍同意，本质上作为上帝诗人的但丁把“divine”（神的）和

[1] 查尔斯·霍尔·格兰金特（1862—1939），语言学家，曾任哈佛大学罗曼语教授。主要作品有《但丁》（*Dante*，1916）、《但丁的力量》（*The Power of Dante*，1918）和《从拉丁语到意大利语》（*From Latin to Italian*，1927）等。

他的作品“comedy”（喜剧）[1] 连在一起。他在诗中呈现的建筑性的天才如此明显，以至于人们很自然地把他和一座巨大的哥特教堂相比较。常常出现在他笔下的人物大军，代表了从市民到教皇的各个阶层的同时代人，多样化的人物并未过分侵占他设计中的对称的外形——这一设计充分囊括了几乎所有世俗科学和宗教科学的重要内容。

《神曲》的构思

《神曲》包括三部分，共数百篇，讲述了一个灵魂从罪孽，通过忏悔、默想、受训，到能够见到上帝的纯洁状态的整个进程。诗人迷失在罪恶里，突然恢复了理智并试图逃脱，却是徒劳的。被神的恩泽感召的理性，一步步地引领他完全看透邪恶，使他认识到邪恶中全部的丑陋和愚笨；最后他转身，远离邪恶。他接下来的职责是通过苦修来净化他的灵魂，直到他的纯洁逐渐回归。天启降临在他身上，并把他向天堂送去，越来越高，直到他的上帝出现。所有这些以寓言的方式呈现，在维吉尔及后来的贝特丽丝[2] 的指引下，以一种旅行的形式，从地下的“地

[1] *Divine Comedy* 是但丁最著名的作品，通常译作《神曲》。

[2] 贝特丽丝，但丁的心上人和一生的挚爱，在《神曲》中，但丁以她作为接引天使。

狱”王国上升到“炼狱”的孤独的荒山，到达伊甸园，再从那里穿过旋转的星球通向“天堂”。

中世纪的世界观

对我们而言，中世纪的宇宙好像很小。从世界初始至世界末日，整个世俗生活的持续期被限制在大约 7000 ~ 8000 年。我们的地球是物质世界的中心，它是一个固体的、不动的球体，被空气和火焰包围。环绕地球的有九重天，它们是透明的、似壳的、空的球体，承载着太阳、月亮、行星和恒星，它们一起构成了被称为“自然”的力量。在宇宙之外是纯洁灵魂的天堂，是上帝、天使和受庇佑者的无限的住所。作为上帝派下凡间的使者，天使管理着天体的运行，塑造其下的存在和人类的特性。地球的表面一半以上被水覆盖，但在以耶路撒冷为中心的另一半，是三叶草形状的亚洲、欧洲和非洲。基督教世界被两股重要的力量统治，一是精神上的，一是世俗上的，二者都受命于上帝，它们分别是教皇和皇帝，分别由基督和恺撒建立，罪恶的野心使他们陷入互相争斗之中。

古代的历史、经典文学和艺术等所有这些财富，只有少数为人所知，而且只有少数被翻译成现在的语言。在中世纪人们的头脑里，所罗门、亚历山大、恺撒、查理曼大帝都极其相似。

异教罗马的作家中，最值得注意的幸存者有维吉尔、奥维德、卢坎、斯塔提乌斯、西塞罗和李维。基督徒波伊提乌和圣奥古斯丁以及紧随其后的学者和神学家们，也应该被添加到这个序列当中。希腊语已经失传，但是亚里士多德披着拉丁文的外衣，开始统治13世纪的欧洲思想，柏拉图主义对大约800年前的圣奥古斯丁的教义产生了很大影响。

但丁的学问和文学特征

但丁掌握了他那个时代的大部分学问，阿尔伯图斯的科学、亚里士多德的哲学、圣托马斯·阿奎那的神学以及残存下来的拉丁文学的碎片。我们不但在《神曲》中，而且在未完成的《飨宴》中发现很多这方面的证据，而《飨宴》是一部以解读作者的诗歌为形式的百科全书般的作品。

他用拉丁文写作极其流利，也很有气势。除了他的书信和一些田园诗外，他还发表过一部关于国家与教会关系的专著《论君主制》，并开始写一篇探讨诗歌的格式和拉丁文诗歌的专著，叫作“俗语论”。还有一篇演讲也归于他的名下，题为“关于水和土的问题”，探讨一个关于自然地理的奇妙问题。但是，尽管他的事实、观点、兴趣都是他那个时代的产物，他身上某些显著的特点却使他与他的同伴们区别开来：他和彼特拉克一

样具有强烈的感情和个性，和乔叟、薄伽丘一样具有清晰的意识和栩栩如生的戏剧描述的天赋，但是，在这些方面无人能与他相比：对自然诸多方面的艺术反应力、了不起的想象力、简洁、暗示力量。在语言方面也是一样，他和前辈及同辈的作家完全不同。如此丰富的形象，如此丰富的词汇，从古典时代以来从未被想出过。事实上，教会使用的拉丁文一直是严肃论著的标准语言。他在哲学和宗教的阐述中运用本地方言是一个勇敢的创新，他为《飨宴》使用这一创新进行辩护——读者需要注意的是，当时，在他自己的国家，本地语言被严重鄙视。实际上在整个 14 世纪以前，意大利语的文学输出都相对不足。

中世纪文学风格

法国北部长期见证了叙事诗歌、战争史诗、宫廷浪漫诗歌的辉煌发展——国王和封建领主的歌唱，遥远国度和时代的骑士的冒险经历（尤其是圆桌骑士的故事）。戏剧从宗教仪式中诞生。在古代诗歌和《圣经》中已为人熟知的象征手法，此时有了突破性创新，并产生了 13 世纪的奇迹——《玫瑰传奇》。讽刺诗结合了爱的追求的寓言性主题，在故事诗和列那狐传奇中找到了独特的表达。这类文学的大部分作品被介绍到意大利，也被介绍到欧洲其他地区。与法国北部的史诗一样在国外也产生了很大影响的，是法国南部涌现的爱情诗——题材受到限制但充满精致艺术性的诗歌，这些诗歌 12、13 世纪在宫廷中被吟唱和模仿。然而，直到腓特烈二世时期，我们才发现相似的用拉丁文创作的诗歌。这个伟大的皇帝身边聚集了一批以“西西里诗派”著称的聪明的、矫揉造作的爱情诗人，在托斯卡纳，本土语言被一批没有灵感但独具匠心的诗人用于抒情，这些诗人大部分是普罗旺斯模式的追随者。在著名的大学城博洛尼亚，新艺术在 13 世纪中期开始建立，这里生活着被但丁称作老师的圭多·圭尼采里，他是第一位准确构想出爱情理论的诗人，这套理论支配了将来的“温柔的新体”。

但丁的爱情观

根据这种学说，爱是“温柔”的内心独有的属性，它一直沉睡，直到被有价值的对象唤醒。唤醒这种“温柔”的爱的女人，一定是天使的本性或天国的智慧的象征，对她的爱就是崇拜。在圭尼采里之后的那代人当中，他的学问被一个由天才作家组成的小圈子传播，他们把诗歌的风格介绍到了佛罗伦萨，这是一个繁忙的商业城镇，可能是意大利最繁华之地，熙熙攘攘，充满野心、嫉妒和争吵。这个文学团体的成员有但丁的“第一个朋友”卡瓦尔康蒂和但丁本人。诚然，我们发现，在他献给一位同情他丧亲之痛的女士的美妙的诗中，在他偶尔的赞美性的十四行诗歌和民谣中，在他关于一个叫佩特拉的年轻人的一首狂野的、充满激情的美妙歌曲中，很少能发现新奇的爱情观。在他献给“哲学女士”的短歌中，我们看到用寓言展示的情诗的绝佳例子。至于新思想的文学表述，我们必须看被他理想中的女人贝特丽丝启发的作品——看其中更成熟的作品。在他的爱人逝世一些年后，但丁从先前的一些诗歌中选择了一系列说明他在贝特丽丝影响下的内心世界的诗歌，并且用精致的散文来解释它们，这就是《新生》。

第四节　弥尔顿的诗歌

欧内斯特·伯恩鲍姆[1]

尽管大多数人都承认弥尔顿在英国诗歌史中高高在上的地位，但也很可能由于他崇高的地位而对他心怀敬畏，认为他遥不可及。弥尔顿年轻时期的一些不太重要的诗篇，读起来是魅力十足的，但要亲近并热爱他那些更重要的、倾注了“大师宝贵的精神血液”的作品，似乎就会出现很多令人望而却步的困难。我们知道，拜伦曾嘲笑他诗中的天使和天使长不断参与诡辩，所以我们自然觉得他的神学应该是枯燥乏味或者难以理解的。翻开《失乐园》，几乎在每一页中都能看到不熟悉的短语或者典故。由于当代的文学和新闻习惯于描述骇人听闻、稀奇古怪或者异乎寻常的事，而我们又能从中体验到简单的快感，于是那些高贵且严谨的艺术就难以引起我们的兴趣。约翰逊博士

[1]　见第四讲第二节作者简介。

曾这样说："我们逃避大师，去寻找同伴。"而有些人就好像是为了鼓励我们逃避大师一样，开始质疑弥尔顿到底算不算大师。美国一家著名图书馆的馆长就拒绝推荐人们阅读《失乐园》，还有一位超现代批评家声称自己找到了一种"新的文学评价标准"，这些评价标准将推翻诗人一直受人尊崇的地位，于是，众多文学杂志纷纷觉得诗人从前看来似乎不可撼动的地位现在却需要我们去捍卫了。

弥尔顿的伟大之处

尽管有这样的胡言乱语，那些深思熟虑的人还是得出了以下结论：既然从德莱顿到梅瑞狄斯，每一位伟大的文学家都曾给予弥尔顿桂冠，那么他一定是一个值得我们去了解的人，而且可以肯定的是，弥尔顿并不是遥不可及的。

他的伟大主要来源于三个原因：丰富的想象力、协调的诗歌以及饱含真理的思想。如果读者接受一些实用的指导意见，就会很容易发现这些伟大之处。想体会弥尔顿在《失乐园》《复乐园》《力士参孙》甚至《基督教降生的早晨礼赞》中所呈现的令人拍案叫绝的想象力，就要首先去简要地阅读《圣经》中与之相关的部分，因为这些部分在诗人写诗的过程中起到了提纲挈领的作用。像亚当和夏娃这样的故事，在《圣经》中有着一种简单却深刻的美，与《圣经》融合得天衣无缝，这里几乎不用再说明。但是，当你放下讲述这个故事的《圣经》篇章，开始研读这部伟大诗歌时，就会认识到，弥尔顿的想象力怎样大大拓展了我们对过去、对远方以及对看不见的事物的认知。而且他所揭示的，不仅仅是我们从未接触过的、未知的领域、力量和精神。可以读读记述参孙或者基督的诱惑的那些简短段落，看看尽管这些段落十分生动形象，但特征描写是多么少，然后你就会认识到，弥尔顿在《力士参孙》和《复乐园》中，如何看穿了英雄、上帝以及魔鬼的内心。

我们常常会犯默读这个错误，这使我们无法充分欣赏弥尔顿无韵诗的韵律美，而且让这篇诗歌看起来就像是排版古怪的散文。双目失明的诗人大声地吟诵这世间最美的无韵诗，读者也应该将它大声朗读出来。只有通过这种方式，才能唤醒我们内心沉睡的美感，才能使我们敏锐地感受到英语语言所创造出的最庄严的韵律和回声。就像大海的浪潮，起起伏伏，永不停歇，它冲击着我们的情感，令我们心潮澎湃。就这样，由于声音调动了我们的情绪，使我们比平时更为兴奋，我们就准备好了去接受那些诗人通过精妙的设计打算植入我们脑海中的严肃的思想。能通过这种方式感受到弥尔顿的艺术力量的人，就在文学领域向前迈出了决定性的一步：从此以后，他就不会随便

被缺乏想象力或空想出来的东西所吸引；他的耳朵一旦习惯了大师的“宏大风格”，就不会再垂青那些浅薄、粗糙的诗篇了。

先知弥尔顿

但是弥尔顿发挥自己写诗的能力，并不仅仅是为了在这个过程中获得快感，就像以赛亚一样，伟大的艺术家首先是更伟大的先知。虽然这是很普遍的现象，但很多研究弥尔顿的人似乎不以为然。单看《失乐园》，公众普遍承认这部作品最充分地表达了他作为先知的启示，却错误地把该诗的前两卷奉为典型。当然，这两卷确实很好地展示了他的艺术力量，却没有体现出他的主要思想。

事实证明，局限于这两卷诗歌，也就最直接地误解了弥尔顿，因为这两卷诗歌描述的是堕落的天使，所以我们脑海中就不断地产生这样一种错觉：撒旦是《失乐园》的主角，诗人把全部的兴趣都投入到这个最桀骜不驯的反叛者身上。然而在我们的时代，人们不怎么会去信仰一个人格化了的魔鬼。结果我们有了这样一种印象：弥尔顿把天赋奉献给了一个虽然很特别但对于我们来说没有什么道德意义的主题。于是，我们就很遗憾地得出结论：作为一个纯粹的艺术家，弥尔顿是值得我们钦佩爱慕的，但是作为先知，他却没有听众。然而，若是从整体上来把握，我们就能充分领悟到他的启示。

《失乐园》的主题

弥尔顿的主题不是撒旦，甚至也非上帝或天使，而是人类。《失乐园》不仅在开篇就宣布了“人的反抗”这一主题，而且从头到尾都贯穿着人的命运，人的命运是创造世界中每一环节的关键所在。就这样，弥尔顿不是在撒旦密谋反对上帝的时候，而是在魔鬼被打败之后把复仇想法投向未来大地上的居民的时候，开始讲述他的故事。在这个新世界中，人被上帝郑重地创造出来，成为这个世界的主宰，上帝亲自给他注入了生命的灵性。正是为了防止人堕落，才要讲述天国中的谋反；在核心的几卷诗歌中，我们看到的是人性的光辉和脆弱。最终，把对未来世界的预言传达给亚当，并不是为了显示上帝的绝对权力或撒旦的徒劳无功，更是为了让上帝的子民确信他对他们的永恒之爱。

简言之，这个主题不是神学主题，而是宗教主题——不是关于上帝和撒旦的本性，而是善恶的力量与我们的关系。还有诗人能为我们呈现比这更能持续调动人的兴趣的问题吗？读者如果把注意力放在《失乐园》中的“人”身上，就是在做弥尔顿做过的事情，这样即使在偶尔有些细节不能理解的情况下，

也能领悟到诗人的基本思想。而关于天堂和地狱的描述，由于不太符合读者所理解的极乐和痛苦状态，就会淡化为背景——它们本来也就属于背景；慢慢地，读者的面前就会浮现出弥尔顿对人的生活的真正意义的看法。

弥尔顿对人性的看法

若是把弥尔顿对人性的看法简化为乏味的名人名言，就会贬低它的价值；不过，用一两个暗示描述一下其一般特征，或许能让我们明白它对个人道德有多么重要。

一方面，没有一个诗人像他那样赋予人的非凡能力如此高贵的价值，这一点甚至连莎士比亚也做不到。在弥尔顿看来，人并不是可怜的木偶，也不是环境的奴隶（亚当和夏娃即便生活在理想的环境中，还是犯下了罪），而是完全掌握其自身命运的主人。上帝亲自赋予了我们意志的自由，所有的宇宙精神都关注着我们会利用这自由做些什么。

另一方面，没有一个诗人像弥尔顿那样深刻地觉察到人的这种高贵地位给自己带来的持续的危险，除非他在自由之身下抛弃一切世俗的诱惑，包括最难抗拒的诱惑，否则他就会因背叛精神准则而受到惩罚，而且这惩罚不只是针对他，无辜的同胞也会遭到牵连。《科马斯》中的那位夫人，《失乐园》中的亚当、夏娃和基督以及力士参孙所遇到的种种严肃的道德困境，并非特殊情况，而是代表了人每时每刻的真实的生活状态。时而冒出一个绝佳的机会，时而遇到一个致命的危险，决定权完全掌握在诗人自己的手中！然而，在他笔下，我们看不到恐慌，看不到歇斯底里的求救，灵魂就像庄重的语言一般肃穆安详。在世俗生活中独立自由，毫不妥协，在上帝面前保持耐心与谦卑，这些都是使我们最终得以自我救赎的美德。

以上对弥尔顿思想的评论只有寥寥数语，却能让我们明白他因何伟大。在他最早的优秀诗歌《基督降生的早晨礼赞》中，他渴望听到天籁，那对神圣真理的赞美，而凡人的耳朵却从来听不到这些；从那以后，直到他死前，在世间的纷纷扰扰中，他一直倾听着上帝的声音。得到启迪之后，他又不断地使那些向他求助的人重获新生，他送给他们每一个人一颗更勇敢的心、一个更安宁的灵魂，以及一份再度觉醒的良知。看到那些崇拜世俗偶像的人，华兹华斯曾悲哀地感叹：弥尔顿，你该活在此时！

随后几代人中的精英也十分赞同这一观点。怀疑论者也许会对弥尔顿学说的部分内容提出疑问，却无法轻易撼动其核心理念，因为它已经被深深嵌入英国人民最坚实的道德信念之中。它也融入了最高贵的美国传统，这一传统曾引领先民建立了新英格兰殖民地，对这一传统的背离就是对最深层自我的背叛。准确来说，这一传统就是：摆脱人治，向往自由的理念，认真服从上帝的意志。这就是弥尔顿的精神。因此，深入了解弥尔顿，就是接受爱国教育，同时获得宗教见解和诗歌修养。

第六讲

小说与传记

第一节　概述

威廉·艾伦·尼尔森[1]

如果文学史研究者试图选出每个历史时期最受欢迎的文学形式，他们就会发现，在我们这个时代是非常容易的。正如中世纪的读者喜爱具有传奇色彩的长篇叙事诗，伊丽莎白女王的臣民热衷喜剧，安妮女王和汉诺威王朝统治的早期英国国民偏爱说教和讽刺性的诗句一样，我们这个时代的公众迷恋小说。虽然几乎所有的文学体裁都不断有新作品问世，但从出版商的书单、公共图书馆的阅览数据到日常对话，不管依据哪一种评判标准，我们都能发现有充足的证据证明，小说这种文学娱乐形式以压倒性的优势迎合了大众的口味。

[1]　威廉·艾伦·尼尔森（1869—1946），作家、学者和教育家，本书主编，曾任哈佛大学校长。主要作品有《诗歌的要素》（*Essentials of Poetry*，1911）、《关于莎士比亚的事实》（*The Facts About Shakespeare*，1913）和《英国文学史》（*A History of English Literature*，1921）等。

小说的早期形式

人类喜欢好故事的本能，是对小说感兴趣的基础。虽然这种本能起源于远古时代，就像人类的语言一样历史久远，但是小说不等同于这种本能，其产生伴随着我们对小说这一概念的理解，是现代的产物。民间故事的主要特点是内容简单，像《格林童话》，事件和人物都不够生动，作品篇幅有限，绝对算不上是小说的起源。《伊索寓言》不过是有寓意的趣闻逸事集，地中海国家和北欧国家的神话根本就与人类的生活无关。史诗除了字里行间充满崇高的情怀之外，关注的是重大的国家和民族问题，而不是个人的品质或者对爱的激情。

中世纪的传奇小说尽管以人物的命运为核心而且主题多涉及爱，但对主旨的处理手法初级，组织松散，只能算得上是一次大胆而有趣的尝试。同时期的讽刺性寓言诗和文艺复兴时期的中篇小说当属现代杂志中短篇小说的雏形，不足之处在于情境单一，未能细致入微地描绘出人物丰富的人生经历。小说的早期形式虽然和当代小说一样在选材上具有想象力，然而，此间所做的负面评价也证明了，相对于当代小说的概念而言，它们有着诸多不足甚至偏差。

小说的兴起

尽管与现代小说在基础层面上有着重大的区别，但是，早期各式各样、充满想象的叙事作品还是在诸多方面推动了今日主流小说形式的形成。正如在16世纪，先后在西班牙和英国出现了流浪汉小说。故事的主人公是个经常更换主人的无赖仆人，以第一人称的口吻讲述他的无赖行径，揭露光鲜社会的阴暗面。故事情节同时以讽刺性寓言诗和中篇小说的形式呈现，由无赖主人公的生平这一主线串联起来。后来流浪汉小说几经变动（尤其是不再以仆人做主人公），流传至今，以萨克雷的《巴里・林登》是该类小说艺术创作的顶峰。

伊丽莎白时期的传奇小说，以诸如菲利普・锡德尼爵士的《阿卡迪亚》（*Arcadia*）之类的作品为代表，就现实性而言，其与当代小说的差距远大于流浪汉小说。然而，传奇小说随处可见的道德寓意及丰富而细腻的情感，则是流浪汉小说不具备的。直到伊丽莎白时期末，除了喜剧，很少有突出人物刻画的小说。到17世纪，人物刻画发展成一种特殊的写作类型，名为“人物速写”，独立于小说之外。人物速写主要对该时代具有典型特征的人物进行简短的描绘，有包括讽刺社会某种现象在内的诸多应用途径，当然是不以现实生活中具体的个人为写作对象的。

从约瑟夫・阿狄生和理查德・斯蒂尔发表在《旁观者》杂

志上一系列围绕着虚构人物罗吉·德·柯夫雷爵士的文章中可以看出，人物速写增加了背景描绘，叙述更为精细。大约二三十年之后，现代意义上的小说出现。在此期间，作家以人物速写为写作类型，在典型人物的分析和描写上所做的实践意义重大。

小说和戏剧

戏剧对小说这一文学类型的产生所做的贡献，甚至超过了冒险故事和人物刻画。在 17 世纪，戏剧创作不再只青睐以国王和王子为主角的英雄主义题材，尤其是喜剧，开始把当代平民的日常生活搬上舞台，虽然不能完全符合现实，但是此类剧目繁多，很大程度上再现了作者所处的时代。创作者之间形成了一种默契：情节应精心设计，场景描述需有效地切合故事情节，人物与情节相互影响，所有因素同样适用于叙述性散文。到 18 世纪，小说开始登上文学史舞台，取代戏剧成为大众最喜闻乐见的虚构类的文学体裁。从中不难看出，小说的诞生离不开现实主义戏剧所做的铺垫。

事实上，一直以来，小说和戏剧在取材上相互借鉴。不追溯太远，就拿莎士比亚所处的时代来说，许多编剧直接把历史、传奇故事和中篇小说中的故事情节拿来写成戏剧，偶尔也会有

作家把受欢迎的戏剧改写成叙述性散文。这种相互转换在今天很常见，很多小说在大获成功后被搬上舞台，成功的戏剧改写为小说的情形也不在少数。当然，小说长于描述的故事类型与戏剧截然不同，诸多改编因为忽视了这种不同，而导致改编效果差强人意。除此之外，要想使表达恰到好处，小说和戏剧要考虑的要素则是相同的。

丹尼尔·笛福和塞缪尔·理查森

近代小说的殊荣应当由丹尼尔·笛福和塞缪尔·理查森二人共享。笛福所创作的故事，其整体性，主要借助主人公的个性实现，故事情节以男女主人公的生平为主线展开。很多故事把大量的篇幅用在了对不法之徒的讲述上，近似于流浪汉小说，就连最受欢迎的《鲁滨孙漂流记》，与其说是长篇小说，不如说是冒险故事。笛福写作特点中最重要的一条就是独特的现实主义风格，他知道哪个细节该精细化处理，哪个细节该省去，最终创作出一种类似现代新闻报道中那种详尽的情境描述。然而其现实主义的创作风格虽巧妙，却局限于外部描述；相比较而言，在大部分作品中，他对人物内心的洞察和对主题的深入剖析少而又少。

理查森的三大著作《帕米拉》《克拉丽莎》和《查尔斯·格

兰迪森爵士》无疑都是长篇小说。一方面，他通过有条理地围绕着主角布置次要角色，阐述主题，描述社会背景，实现叙述的统一；另一方面，他以细致的手法刻画人物的内心世界，赋予激情和情感足够的重要性，这一点已经成为当今小说写作中的一种传统。细腻的情感在他的笔下通常会沦为多愁善感，他精心布局，用大量的笔触描绘故事中伤感和悲情的元素，成功地在读者那里产生催人泪下的效果。

菲尔丁、斯摩莱特、斯特恩、哥尔德斯密斯

在《帕米拉》中，理查森对底层人民的夸张描述和为博得读者同情而创造的理想化的主角，在很大程度上促成了菲尔丁第一部小说《约瑟夫·安德鲁斯》的创作。这本小说是对《帕米拉》的戏仿。理查森笔下的帕米拉是个善良的女仆，自尊自爱，拒绝了年轻男主角的追求，而菲尔丁把帕米拉的哥哥约瑟夫放到了相似的情境中——一个男仆，不受女主人的诱惑，借此故事讽刺理查森写作手法的荒谬。自此，他开始对小说中的人物产生兴趣，尤其是在他的杰作《汤姆·琼斯》中，他以近乎赤裸的方式揭露人性，赢得了弟子萨克雷那句有名的称赞——他是最后一个敢于刻画人的英语小说家。

斯摩莱特的小说讽刺了人类的愚蠢、残忍和贪念，从中可

以看到菲尔丁写作手法的影子，也或许更多的是对笛福小说的借鉴。劳伦斯·斯特恩把理查森的伤感主义发挥到了极致，但不同的是他有意借助幽默的元素，以一种特殊的方式将两者混合起来，最终回到伤感的主题上来，文风个性突出，彰显了作者的才气。同一时期，奥利弗·哥尔德斯密斯创作了他的第一部长篇小说《威克菲尔德的牧师》，以细腻的笔法描绘了当时社会的风貌，集中刻画了一组典型人物，笔触柔情、伤感并伴有些许幽默。

浪漫主义运动中的小说

与此同时，浪漫主义运动在英国和其他地方兴起，以抵制18世纪的理性主义。在这一时期，人们对遥远的地方和时期特别是对中世纪的兴趣被重新唤起，但是这种兴趣浮于表面，缺乏真正的见识，流于伤感，仅在哥特式传奇小说中得以体现。《奥特兰托城堡》通常被认为是这一小说变体的开端，作者霍勒斯·沃波尔是著名的辉格党大臣罗伯特·沃波尔爵士之子，属于当时伦敦上流社会对文学一知半解的业余爱好者。沃波尔对中世纪的精神并没有什么真正的洞察和理解，只不过是出于对中世纪铠甲、家具和建筑的一时爱好，激发了他写小说的好奇心，而非诚心诚意地尝试文学创作。

在“惊险小说”的创作中，真正的领军者其实是拉德克利夫夫人[1]、克莱拉·里夫斯和一小撮没名儿的模仿者追随其后。这些女士的故事背景都设在遥远模糊的骑士时代，场景是古老的城堡，城堡中有隐秘的活板门和地下通道，家族鬼魂时常出没其中；情节多半是邪恶的叔伯或卑鄙的邻居夺走了家族财产，继承人失踪，又历经坎坷设法夺回财产，女主角通常内心脆弱，多愁善感，小说的人物都是普通传奇剧中千篇一律的角色。以M. G. 刘易斯为首的“恐怖派”促使这一小说类型获得了特殊的发展，刘易斯的绰号“修道士”源自他的长篇小说《修道士》，这部小说把哥特式传奇小说中恐怖和纵欲的因素演绎到了极致。

总体来说，这是一种很没有价值的文学形式，很多人曾尝试把它发展成类型明确的历史小说，但都没有结果，可沃尔特·司各特爵士的传奇小说成功地做到了这一点，并把它推向了顶峰，实为当时文学界的创举。事实上，司各特在大量的阅读和训练中，早已积累了历史小说和浪漫主义小说创作的基础。他剔除了哥特式传奇小说中过于伤感和荒诞的成分，用他累积的丰富史料和传说加以充实，借助理性和幽默感使情节发展得不紧不慢，通过鲜活生动、有生命力的人物增加故事的趣味性。

[1] 例如《奥多芙的神秘》。

司各特的时代过后，小说创作在技巧上更加成熟，故事往往开门见山，情节的推进更快，对话更生动逼真。然而，司各特饱含深思、引人入胜的叙述势必会魅力长存，他笔下的男男女女至今看来依然有血有肉。他为英国乃至欧洲开创了历史小说，后继的作家都以师承于他为荣。

优雅现实主义——社会风俗小说

在约翰逊博士的时代，一位著名音乐家之女、女王的侍女范尼·伯尼，以她在伦敦上流社会的经历作为素材，写出了一部观察敏锐、叙事准确的社会风俗小说——《伊芙琳娜》。司各特同时代的同行简·奥斯汀是她的后继者，简是一个乡村牧师的女儿，她对世界的认识几乎仅仅局限于她所生活的那个郡，以及偶尔去度假的温泉疗养地巴思等其他地方。但她有足够的聪明才智把有限的生活经历写成书；[1] 她用细腻忠实的笔触对乡绅、牧师、老妇、爱管闲事的妈妈和待字闺中的女儿以及他们的生活加以刻画，描述之精细几乎无人能及。她文笔流畅，在文中对人或事的讽刺从不直接点破，让人摸不清她的个性，并由此避免了使作者的个性介入到故事和读者之间。可以说，简

[1]　比如《傲慢与偏见》《理智与情感》《艾玛》。关于讽刺哥特式传奇小说的作品，参见她的《诺桑觉寺》。

利用有限的故事场景、普通的事件和平凡的角色设定，绘制出了一幅完美精湛的微型图。

在一些方面能与描写英国外省生活的奥斯汀的小说相匹敌的，有埃奇沃斯描写爱尔兰生活的小说，费里尔描写苏格兰田园生活的小说。这几位女作家代表了一个直至今日依然活跃在文坛的小说流派，在美国，这一流派以具有不同地域特征的小说反映了美国人的生活，比如新英格兰的朱伊特小姐、威尔金斯小姐、里格斯夫人，南方有詹姆斯·莱恩·艾伦、乔治·W.凯布尔和托马斯·尼尔森·佩奇，中西部有梅瑞狄斯·尼科尔森和布思·塔金顿。

维多利亚时期的伟大小说家

50年前，两位伟大小说家的拥趸加起来几乎构成了整个读者群体。这两位小说家尽管各有不足，而且随着欧洲大陆小说的发展，这些不足更加突出，但他们至今仍跻身于顶尖作家之列。威廉·梅克皮斯·萨克雷以菲尔丁的作品为典范，全心全意地描写英国社会，从严格意义上来讲，主要是安妮女王到维多利亚女王时期的英国社会。他对于生活的看法是绝对地站在英国人的角度，或者可以说仅仅局限于这个角度，因此他对人事的见解未免有失偏颇。天生的感伤情怀，在后天对人性阴暗

面的敏锐观察的影响下更为强烈，因而他的作品中总少不了浓浓的嘲讽意味，以至于让人误认为萨克雷是个典型的愤世嫉俗的人。尽管如此，凭借超凡脱俗的文笔，对人类情感深刻的洞察和同感，以及把社会的方方面面描绘得鲜活生动的能力，萨克雷仍称得上是文坛的大家。

同时代的查尔斯·狄更斯因读者众多而更胜一筹。早年经历使他认识到了一个卑微的社会阶层，让他对那里人们的悲惨遭遇有了鲜活的认识，这个阶层比萨克雷所描绘的阶层更加卑微，其经历也更加不幸，这促使他撰写诸多作品揭露和批判社会的不公，这也就是为什么当代的人道主义运动总与他联系在一起。尽管狄更斯对他那个时代的改革影响很大，但有一点似乎很清楚：他笔下抨击的社会弊病太过具体，必定会损害其作品的永恒性和艺术价值。但我们依然欣赏他妙趣横生而温和的口吻、那些纷繁复杂（尽管有时候令人眼花缭乱）的情节所特有的趣味，还有他的故事里庞杂的角色，仿佛画着众生相的讽刺漫画，在各个场景中每个角色都至关重要，引起读者的兴趣，令人难忘。

影响小说的科学与哲学

尽管萨克雷和狄更斯的作品中都有大量的幽默元素，但长篇小说在他们那里成了一种非常严肃的文学形式，肩负着传播重要的道德真谛和社会真相的使命。在更为杰出的大师笔下，小说一直都是严肃的。自从达尔文理论问世以来，科学观念的传播广泛而深刻，在小说史上也留下了不可磨灭的印记。乔治·艾略特在作品中强调个体性格的形成受自然法则的影响，体现了她的哲学和科学学识，尽管她也极具幽默感，但并没有像与她时代间隔最近的前辈们那样沉浸在吸引人的戏谑中，而是代之以对艺术使命和生活责任的可能显得不那么自命不凡的见解。科学的影响在托马斯·哈代的作品中也得到了明显的体现，自然和社会环境的巨大威力是如此具有毁坏性，让人无力抵挡，致使他的读者为个体的无助而感到沮丧，同时对于仁慈能否制伏击垮个体的外部力量深怀忧虑。然而，这些作家展现了对人物心理的深邃洞悉，对推动小说艺术向着愈加全面深入地描绘人类生活全貌这一进程，做出了杰出的贡献。

相比之下，乔治·梅瑞狄斯的小说少了些阴郁，但在技巧上毫不逊色。他的风格一度令人眼花缭乱、难以理解，这阻碍了他的作品在更多读者中流传，但技巧派的同行都把他奉为大师。他在写作之初，部分受到了狄更斯的影响，然而最终，梅瑞狄斯在文学史上获得了特殊而重要的地位，可以说他是最有智慧的英语小说家，或者说他是小说家中对人物思考和理性表

达着墨最多的一位。但不要就此以为他的情感贫乏，就悲剧情节而言，很少有小说场景能比《理查·弗维莱尔的磨难》中的结尾更让人肝肠寸断。

除了现代科学，近来外国文学尤其是法国和俄国的作品也对英语小说产生了影响。要想追踪这些渊源，就必须考量那些仍在写作的人，阅读大量难以描述的作品，况且对于这些创作，迄今为止我们尚不能奢望找到一个恰当的视角。即便是这篇对英文小说历史的简短概览，亦足以显示出小说杰作数量之巨大。但是这些作家的作品很容易收集到，这是现代读者最不能忽视的一点。然而，正因为如此，人们可能根本不会细细地去读，不去思考其目的和方法，所以，现在试着去理解其创作目的和成功的条件，是大有裨益的。

小说的目的

在思考小说应该实现怎样的目的时，听听一些著名作家说过的从事这门艺术的理由会很有趣，也很有价值。自私的个人动机会很容易被人们遗忘。许多作家像普通人一样渴望获得名利，但这并不能帮助我们理解文学的目的。然而，有些人写作既非着眼于金钱，也不是为了名声，比如简·奥斯汀，她去世时留下了相当一部分作品没有发表，很显然她生前也无意发表。

由于人的动机通常都比较复杂而非单一，我们可以有把握地假设，即使是那些坦言为生计写作的人，或者承认受野心驱使的人，也必定有其他的考量，追名逐利与一些更深层、更利他的目标并非势不两立。

最后提到的这一类的目标当中，最常见的说法是为了提高读者的道德水平。对于这一点阐释得最清楚莫过于理查森，《帕米拉》的序言十分具有代表性，值得在这里详尽引用一下：

“可供消遣和娱乐，同时又能引导男女青年思考，让他们变得更加智慧；

“能以一种轻松愉快的方式灌输宗教教义和道德观念，使得宗教和道德也一样令人愉悦、让人受益；

“能以示范的方法来说明父母、子女和社会的责任；

“可还原恶习的本来面目，使它理所当然地令人憎恶，也可展现美德亲和的一面，显示它的美好；

“可准确地刻画人物，使每个角色丰满而独特；

“如果上述的美好目的能够以一种自然、可信、生动的方式实现，同时调动每个理智的读者的激情，吸引他们对故事的关注；

“如果上述建议有价值或值得称赞，那么以下书信的编者可以大胆断定这些目的都已经达到了。”相似的是，他把《克拉丽

莎》奉为“女性的典范”，将其塑造得既完美又“具有人性的弱点”，指出她的缺点主要是免得“神的恩典和圣洁的品质”无用武之地。

相比之下，菲尔丁就没那么啰唆了，但态度同样很明确。对于《汤姆·琼斯》，他声称“在这部历史里我很真诚地试着推崇善良和无邪”，并且“极力用欢笑让人类摆脱他们所钟爱的愚蠢和恶行”。关于《阿米莉亚》，他说：“我真诚地以此书弘扬真善美的理想。”萨克雷惯用的反讽口吻和他分析人类动机的本质表明，他像菲尔丁一样，希望通过嘲讽和蔑视让人们彻底摆脱愚昧和恶习。

狄更斯的做法很特别，他把个人进步与制度和习俗的改革结合起来。他是这么说《马丁·朱泽尔维特》的：“在这个故事中，我的主要目的是要从各个方面来揭露人们习以为常的恶行，让人们看到私欲是如何膨胀的，是如何从最初一丁点儿的私心发展成残忍的魔鬼的。”同样的，“我利用每一个可能的机会让读者看到，在那些被人忽略的贫民窟，公共卫生多么需要改进”。

与这样的道德主张不同，司各特承认“我为大众娱乐而写作”，这听上去非常谦逊。而且他一再重复这句话，他希望能“缓解人们内心的焦虑”，“舒展那些为日常劳作而紧皱的眉头”。

有时候他的目的和那些更为严肃的同行们的道德论相近，“取代坏的思想，提倡好的思想”，“引导无所事事的人学习本国的历史”。

有目的的小说

和前文所述的传统观点不同，当代严肃的小说家普遍认为，小说最基本的作用是真实地描绘生活。他们不但用这一目标阐释他们的工作成果，也用来检验他人工作成果的价值，而不管那些人有着怎样的创作意图。他们还以此为标准，揭示了“有目的的小说”（无论是有关道德还是社会）带来的特殊危害。

他们指出，理查森用“示范”的方法教导人们向善去恶，往往容易造成人物过于黑白分明，导致形象失真，因为哪怕是最好或最坏的人，其人性也既有善的又有恶的；同时，这样的塑造也不会给读者留下印象，因为他们从自己的经历中找不到实证，始终怀疑其真实性。同样，如果小说家在写作中想要证明一个观点，就像狄更斯在其作品中所做的那样，揭露济贫法的糟糕、监狱的肮脏、官僚主义的繁文缛节和法律迟迟不能出台的危害；或者像较现代的作家那样，呼吁保障妇女的权利、揭露加尔文主义的虚伪和商业婚姻的丑陋，他们都有可能通过夸张、偏重叙述某一方面或主观干预事情的自然发展来证明这

个观点，旨在通过展现“善良终将战胜邪恶”劝谏人们行善的做法也同样面临非议。因此，上述两种情况都会导致作品丧失真实性和影响力。以讽刺或娱悦大众为目的的写作同样如此：前者展示所要讥讽的人或事物的特征并加以强调，这样很有可能会做过头；后者的情况是要想找到稀奇古怪、令人惊叹、神秘莫测或者搞笑逗趣的素材，可能要以舍弃真实自然的素材为代价，导致的结果就是读者心怀疑虑，不能全身心地享受、沉浸于假象的乐趣，也不能欣赏艺术想象的益处。

各式各样的现实主义

热衷于追求生活的真实面貌是现实主义在当代的发展趋势之一，这一追求驳斥了较早的“教导和欢愉”目的论，与科学观的胜利密切相关。最积极的提倡者有时对此直言不讳，左拉说：“我们要琢磨的是性格、激情、人类和社会事实，就像物理学家和化学家研究无机物，心理学家研究活的有机体一样。”他认为自己的小说就是构建在这一观点之上，虽然成果并没有和预想的一丝不差，但他在作品中直接把海量的数据式的真实细节拿来放在一起，而不管它们是不是合乎大众口味和社会常规、是不是得体的做法，完全是这种观点的佐证。

并不是所有的当代现实主义作家都这么机械地诠释他们的

信条。很多人相信作家能够记录真实的生活，同时又不必持有极端的态度，认为这种记录一定不能沾染上作者的个性。当然，如今人们普遍认同，这种绝对的客观性既不可能也不可取。之所以不可能的理由有很多，且不谈整个人生，即便只是一次特殊的经历，其所包含的事实之数量巨大、纷繁芜杂，要完整叙述，必须牵扯到成千上万其他的事实，它们本身也牵涉到整个人生经历和不可追溯的渊源。因此，即便是在最严格的现实主义作品中，选择也是必不可少的，选择什么对作者来说意义重大，而在选择的过程中，个人的因素就已经介入了。

艺术层面的真实和绝对意义上的真实

于是，我们得出结论，艺术层面的真实和绝对意义上的真实有着重要的区别。这种区别每个人在日常交往中早已习以为常，然而，在有关艺术的探讨中，就算是专业评论家有时也极有可能混淆。我们都知道，就算只报道有关一个事件的纯粹事实或是一个对话的原词原句，也能够给听众以完全虚假的印象。而艺术家要面对的是典型，而不是个性；是经久不变的特征，不是暂存的事实；是精神内涵，而不是字面的意义。

我们大多数人都听过人们这样讨论一本书：某个评论家激烈地批评书中某个事件不真实，而此时，作者的一位朋友得意

地回答道，作品中的事确实发生过。假设这个评论家的批评是公正的，下面的情形两者必有其一：要么是作者不理解现实中发生的事情，看不清其真正的诱因和关联，所以事实的真相他自己也不得而知；要么是作者脱离了事件的关联而直接讲述事件本身，这样就让读者无从得知真实的故事。显然还有第三种可能，评论里讨论的是件“怪事”，超乎寻常，有悖于自然规律，但在历史上确确实实发生过，就像八条腿的小牛犊的出生，这样的事件本身并不适合呈现在对真实的生活场景的系列描述中。当然，这种反常是有原因的，但其原因却鲜为人知，这就使得第三种可能成我们第一个解释中的一个特例——事件的真实原因没有被作者呈现出来。

作者的人生哲学

很显然，小说中只记录孤立的事实或试图脱离作者个性的影响不但是不可能的，而且这样的尝试有可能违背真正的事实。因此，在材料的选择、材料的处理及展示上，作家就需要发挥自己艺术评判的能力。这种评判的依据，在某种程度上可以说，是作者本人所持有的对人性及整个世界的总体看法。这一看法是他通过毕生反复的观察和思考而得出的；它所涉及的结论，影响着他对所观察的一切事物的诠释，它通过影响作家对主题的选择来影响其创作。如果个别的人和事是他所认知的普遍真理的绝佳例证，就自然会吸引他的注意，激发他进行艺术处理。作家会选择巴杰特所说的“文学性”主题，亦即适合于铺展成文的主题，正如他把适合入画的主题称为绘画性主题一样。

有目的的小说的合理之处

现在，我们不妨把上文的结论作为参考，衡量一下像理查森的作品那样致力于提升读者道德水平的小说，是否具有目的的合理性。事实上，重要的是作者在作品中阐述观点的方式，而不是这种行为本身。对生活的观察让理查森认为确实有这么两种人，他们的行为方式和他小说里的主人公帕米拉和克拉丽莎大致一致，他们的命运按照他描述的方式受制于他们的性格和社会，他只不过是恰当地运用这些来证实经历带给他的对生活的看法而已。然而，他并没有按照世界的本来面貌来修饰笔下的角色或人物的经历，而是使之符合他希望人们相信的那个世界，因而他在艺术上是虚假的，他所描绘的图景是失真的，现代读者往往不感兴趣，也不相信。

现在整个问题就变为：作者把什么放在第一位，是艺术的真实性还是效果？如果他更关心的是具体效果而不是真实性，那么他的“有目的的小说”就理应得到这个短语通常带有的那

种鄙视。如果他首要考虑的是真实性，他的“目的”仅仅是艺术层面真实性的表现，不管他内心想要达到什么实际效果，都不会有什么坏处，反而有可能极大地增加他描绘生活图景时的趣味性。

小说的价值

假设小说家的工作就是呈现真实生活图景这一观点是正确的，那么，我们就面临这样一个问题——他们工作成果的价值是什么？答案有两方面：知识层面的价值和情感价值。

普通人所拥有的经历，数量和范围毕竟有限。我们大多数人都被固定在一个个特定的地方，社会圈子里的几类人相比形形色色的人类群体十分有限，醒着的时间大都耗在了多少有点单调乏味的本职工作以及享受那么几种娱乐活动上。在这样的生活中，常常没有太多各种各样的机会，连最为激动人心的冒险经历也只不过是细碎漫长生活中很小的一部分。但是我们拥有想象力，而这正是艺术家所依赖的。有判断力的读者能够在小说家的引导下，通过想象了解全新的领域，极大地扩展生活体验（这种体验是来自他人而非自己亲身经历过的），而妙笔生花的作家呈现的场景和人物常常能直达我们的心灵，由此获得的认识和理解，比我们通过自己的感官直接感受到的更加深刻。

因而我们用于理解人和事的素材越来越多，通过归纳这些素材，形成了自己的人生哲学。

一切全然利他的行为，都以同感为基础，而同感又建立在想象力之上。如果我们能够想象自己处在别人的位置上会是怎样的情形，我们就能采取巧妙而有效的行为，减轻他人的痛苦。读小说中刻画精准的人物，让我们能认识并理解更多形形色色的人群；可以说读人物对我们而言是精神的体操，能增强我们设身处地、全心全意考虑问题的能力。因而读人物能矫治狭隘和自私，通过发动想象力拓宽视野，增加情感体验。由此产生的道德影响要比老一套“示范”、警告、报应的方法有效得多，而且真理借此不言自明，启示由此深入人心。

小说的方法

前文在说到小说作为生活的写照时，就已经暗含了小说创作所涉及的方法。当然，关于技巧，还有其他重要的问题我们会简略地提及。

无论作家所描绘的生活图景多么真实，只要没有给读者留下印象，价值就都不大，因而作品有没有影响力至关重要，因此一些作家为了获得影响力，甚至以放弃作品真实性为代价。

影响读者对作品的反响的最全面的因素是结构。一个故事

如果没有组织好，情节支离破碎，找不到线索，没有高潮，没有结局，就很难让读者从头到尾读下来；即便是读下来了，也调动不起读者在理性层面或情感层面的兴趣，不会在他们的脑海中留下印记，这样的故事缺乏的正是赋予结构以统一性的那些元素。由此看来，小说家的任务就在于尽可能打造衔接紧密、组织完整的情节，同时也使故事的呈现真实而自然。这就是作者面临的最大的技巧问题，因为再粗心的读者也应该具有审视和欣赏结构的能力；如果一个读者不能把作品看作一个整体，他也就没有能力来合理地鉴赏小说。

处理情境和事件时有时也需要相似的技巧。很多作家能够很好地把一个个事件单独呈现出来，而好的作家不是把事件当作一根线上的珠子，而是建造一幢大楼的砖石。

情节和事件反过来要与人物紧密相连，人物不但要刻画得清晰可辨，而且与人物促成或经历的事件应该能够相互解释。关于在小说中公开明确地分析人物是否恰当，有过很多讨论，一些作家觉得，必须只让人物的言行来阐释他是个什么样的人，就像在戏剧中那样，而另外一些作家则无拘无束地亲自走上台前，坦率地解释其笔下人物的动机和感受。到底这样做好不好，自然取决于作者解释的方式。萨克雷常躲在剧中人背后与读者亲切闲聊，让人着迷，欲罢不能。一方面，作者明确的阐述会

为读者省去麻烦，防止产生严重的误解；另一方面，让读者自行得出结论的话，无疑能让读者感到非常满足，同时允许角色展现自我、摆脱对作者的依赖，也是小说在再现事实方面的长足进步。

本文尝试着概述了小说创作的几大原则，没有对其中的任何一个流派抱有偏袒的态度。这些原则应用于各式各样的小说类型，比如现实主义和传奇小说，寻常事迹的编年史和对冒险的记录，有情节也有细致入微的心理分析的精彩故事。人类无限的历史提供了同样数不尽的主题，要想讲述好某个主题，可能时而需要强调外部环境，时而又转向事件的内部，有时需要在平常的人和事上多着墨，有时又要关注不寻常的事物，其中的技巧和方法五花八门，需要在各种情况下选择最适合的。尽管有这些变化，但要想使小说真实可信，最重要的还是要忠实于人性和人类生活最永恒、最核心的特征，同时，作家则应该对真相的呈现充满热情和兴趣。

读者可能很自然地问，既然提供乐趣是小说公认的作用，那么从小说中能得到什么样的乐趣呢？这在很大程度上取决于想要得到乐趣的人。有的读者认为没有什么比结识不同的人、拓展个人经历、学着体验他人的感受更能令人感到愉悦的了，这一点也是小说的主要价值所在。也可以说，为读者留下

生动鲜活的印象、有力地抓住他们的兴趣，就是小说为寻求乐趣的读者所准备的礼物。人生最大的乐趣，就是拥有广泛的生活经历和深刻的生活体验，在一个每时每刻都有意义的世界里感受到自己的存在，让自己的行为在这个世界获得反响。精通小说艺术的当代文豪亨利·詹姆斯用一个准确绝妙的隽语总结道：小说家为让读者体验生活而倾其所有，这不就是在取悦我们吗？

第二节　通俗小说

弗里德·诺里斯·鲁宾逊[1]

在本次讲座里，我们要讨论的作品在时间以及空间跨度上都非常大。其中有《伊索寓言》，这部作品集以公元6世纪一个希腊奴隶的名字命名，但实际上是由他之前和之后许多代人逐渐创造出来的；有《一千零一夜》，这部作品包含了来源各异的东方故事；有《达德伽旅店的毁灭》，这是中世纪爱尔兰冒险故事的典型代表，还有格林兄弟所代表或者安徒生所模仿的民间故事。在这样一系列作品中，题材和风格自然是多种多样的，初看起来可能找不到什么共同特征。但刚才提到的所有这些作品——或许安徒生童话除外，都属于散文体通俗小说，而安徒生故事集是对类似作品的艺术模仿。

[1] 弗里德·诺里斯·鲁宾逊（1871—1966），出生于马萨诸塞州，曾任哈佛大学英文教授，最重要的贡献是编辑出版了《乔叟全集》（*Complete Works of Geoffrey Chaucer*，1933）。

“通俗”的含义

在这里使用“通俗”这个术语，当然是从学术含义上来说的，跟普通意义上的时髦或流行没什么关系。如果更严格地去定义，通俗作品应该是匿名的而且是连续多个作者的共同作品。通常在成文之前，通俗作品会在很长一段时间里被人们口口相传，因此，它们在风格和形式上被打上了传统的而非个人的烙印。

对于通俗作品的确切属性和范畴，一直众说纷纭。单看民谣诗，从它唱歌跳舞的人群中，有时候确实可以看出共同创作的过程，但散文体故事就不同了，民谣诗那种集体创作的机会就不存在了。不过还是接连不断有不同的叙述者对同一个故事进行改造和添加，使之成为共同作品，没有哪一个作者能完全对该作品负责。

通俗作品在散文体和韵文体中都体现了不同阶段的艺术技巧。比如我们能看出盎格鲁－撒克逊史诗《贝奥武甫》出自一位高水平的诗人之手；再如《一千零一夜》，很多人怀疑，其风格和结构很可能是由文学素养较高、技巧娴熟的一位作家或一群作家塑造出来的。

关于这一文学题材整体的历史或者某些作品的确切属性，有很多问题还未有定论，但世间有大量文学作品是真正意义上

的集体财富，这一点是毫无疑问的。就其来源和传播过程而言，它们是大众的，这也就决定了它们的特征。

现代人眼中的通俗文学

退后几代，我们现在研究的这类作品在文学或教育类的作品集里，可能地位还没有这么显著。因为在很大程度上，精英阶层是在18世纪和19世纪才开始对通俗文学产生兴趣，或者说是正式开始关注的。之前，尤其是在古典标准盛行的时代，文学研究主要是指研究诗歌、哲学或演讲中的大作品，而批评艺术主要包括从此类大作品中总结出的规则和标准。大众的作品，即使有文人加以关注，可能也会用傲慢的态度来看待，或者用正规的标准进行评判，比如阿狄生在称赞歌谣《切维·蔡斯》时，称其在很大程度上遵循了《埃涅伊德》的叙事方法。

但后来，文学批评的精神发生了改变，作家甚至转向了另一个极端，即吹捧一切通俗作品。他们夸大作品形成过程中大众的作用，以至于把《伊利亚特》和《贝奥武甫》视作整个民族的共同作品。人们重新开始以高级的形式欣赏通俗文学，于是开始对通俗或半通俗小作品产生了浓厚的兴趣，大量学者致力于收集世界各地的民歌和民间故事，并加以研究。大部分人都对诗歌非常热忱，因为最多的力气和聪明才智都花在了对

《伊利亚特》或《尼伯龙根之歌》这类伟大史诗的研究上。不过，很多通俗散文体叙事作品也得到了广泛的认可和研究。

通俗文学对高雅文学的影响

尽管通俗小说在文学史著作中并不是一直地位显赫，但它长期以来对更高雅的文学形式发挥了重要影响。在古代世界，这一点非常明显——戏剧和史诗所改编的神话通常源于诸神和英雄的传说故事。承载着道德智慧的寓言故事自然一直是演说家和作家们源源不断的写作资源，在 12 世纪的玛丽·德·弗朗丝或 17 世纪的拉封·丹这样的诗人笔下登峰造极。

尽管全本的《一千零一夜》故事集是在近代才被引入欧洲文学，但这本故事集中的那一类东方故事早在十字军东征的时代就已经在欧洲广为传播，为欧洲中世纪小说提供了大量素材。上个世纪，诗人们在“好人哈伦·拉西德”时代的传说中也找到了一座丰富的素材宝库。同样地，许多高雅诗歌和传奇小说一直取材于北欧民间故事，这些民间故事以凯尔特人和斯堪的纳维亚人的传奇或者现代德国格林故事集为代表。很多伟大的戏剧和诗歌的内容都来源于某个童话或传说故事，比如饱受迫害的灰姑娘的故事，或者父子两人不经意间卷入生死决战的故事。亚瑟王的传奇故事中的基本要素都源自民间传说，这些民间传说与达德伽的传说差别不大，经过宫廷诗人和文雅的传奇作家的润色，我们常常很难认出那个最初版本的故事。故事的寓意发生了变化，而且故事发生背景被挪到了一种更高级的文明里，处理这些故事的作家们常常意识不到故事素材的历史和它们的含义。不过，在过去的100年中，批评研究的其中一个主要成果，就是展示了文学艺术最杰出的作品是如何取材于民间传说的简单要素的。

通俗叙事文学的特征

从历史的角度来看，通俗小说在文学教育中有着重要的地位，但即使不考虑历史标准，就通俗小说本身而言，这类作品也拥有丝毫不亚于艺术文学的人情趣味。

安徒生和格林兄弟的故事集，总体上叙事方式非常简单。这些故事讲述的情节都很简单，是被本土化了的，但大部分都看不出明显的民族或个人特征。它们深受各地人民的喜爱，而且不管民间故事是从哪里收集到的，它们所描述的故事都是具有普遍性的，在任何地方都可能发生。伊索寓言的叙事同样处于一个简单的阶段。爱尔兰的英雄传说就更复杂一点，里面有情节的累积，结构与史诗有点相似，主人公也是较为明确的，有半历史半传说的性质。本土化是非常重要的，这些故事重现

了北欧英雄时代的生活和精神状态。英雄传奇中所穿插的叙事散文和数目众多的诗歌，都说明在古老的吟游诗人中存在一种独特的、在很多方面依然很原始的文学传统。

终于，《一千零一夜》在一个新的方向上为我们呈现了更加复杂的进步。虽然故事的基本构成要素依然是野兽寓言、神话传说以及关于爱、勇气或阴谋的民间趣闻，但这些故事是在一种富庶稳定的文明社会里塑造出来的，并凭借历史上的成熟，描绘了中世纪伊斯兰世界人们的生活和行为习惯。许多故事，像之前提到的那些作品一样，作者的名字都无从知晓，很明显是很多人历经数代共同完成的作品。但是它的文学风格却显然已经十分完整了，这些为数众多的无名作者看来都是真正的文人墨客，已经不再是那个口耳相传的时代简单的说书人了。《一千零一夜》尽管依然不是个人创作的产物，但在严格意义上，它并不属于通俗作品，而是属于文学作品的范畴。

然而，通俗小说即便是在最复杂的发展阶段时，也依然与通常的现代小说或叙事诗大不相同。因为它的情节通常不太注重因果联系，并且发展不连贯。它更典型的特点是，对人物研究不够透彻，而且没能如现代小说一般理性分析社会上存在的各种问题。通俗传奇作品比较注重事件、冒险和简单的阴谋，所蕴含的道德意义也都是为人们所熟悉和接受的。总体而言，它们呈现的生活哲学是本能的或者说是传统的，而不是经过深度思考的。

正因为以上原因，它们主要被视作儿童文学；被视为儿童文学还可能是由于它们主要起源于人类文明的童年阶段，或者来源于生活在更先进时代里的那些相对简单朴素的民族。但值得我们注意的是，它们在大多数情况下并不是真的给儿童看的，而那些读不进这些故事的成年人，虽然在成长的岁月中有不少收获，但也弥补不了因缺失这些通俗文学而造成的巨大损失。

第三节　马洛礼

古斯塔夫·霍华德·迈纳迪耶[1]

在所有的英语作家当中，托马斯·马洛礼爵士可谓独一无二。他的杰作《亚瑟王之死》可能完成于1470年，于1485年由英国最早的印刷商威廉·卡克斯顿出版发行。因此，跟之前人们的藏书室里只有羊皮纸手抄本的时代相比，在他写作的那个年代，印刷业已经开始使得欧洲各国的语言变得更加稳定；他距离我们的时代已经很近了，所以他有幸成为第一个我们能够轻松愉悦地阅读其作品而无须进行特别研究的英语作家。除了偶尔会读到一些我们现在已经不再用的词时需要查查字典外，尽管马洛礼采用的语法和表达习惯有些老气，但是他的书读起来就像现在的杂志或小说一样浅显易懂。

---

[1]　古斯塔夫·霍华德·迈纳迪耶（1866—1960），美国文学史家。主要作品有《英国诗人笔下的亚瑟王》（*The Arthur of the English Poets*，1907）等，编辑出版有《笛福文集》（*The Works of Daniel Defoe*，1903）和《亨利·菲尔丁文集》（*The Works of Henry Fielding*，1903）等。

不过，在他执笔写作的时候，欧洲文明在物质和精神两方面还都很贫瘠。大西洋是它西部的边界，撒哈拉沙漠位于其南部，远东则是神秘的中国。当时的文艺复兴运动只触及到了意大利一个国家，欧洲其他地区毫无感觉。除了极少数学者外，所有人都是通过诗歌中的故事了解到希腊、罗马和巴勒斯坦等古老世界的，但在那些诗歌故事中，历史已经被篡改得面目全非，以至于大卫王、恺撒和亚历山大大帝都披上了中世纪的盔甲，他们的宫廷也像卡佩王朝和金雀花王朝的宫廷一样气势宏伟。

马洛礼颇具中世纪精神，就好像他是一个死于 200 年前的人，但实际上他死于哥伦布启程探索大西洋的 40 年前。很难想象，他去世仅仅半个世纪，英国人便开始在哈佛大学和剑桥大学品读荷马，路德便把《新约》翻译成了德语；又过了几年，欧洲大国就开始筹划自己的殖民帝国了，当今的世界强国即是由此而来。我们应该庆幸马洛礼生对了时代，这才给我们留下了《亚瑟王之死》这样一部充满着中世纪精神却又没有中世纪晦涩语言的作品，尽管这部作品在风格上还是带有中世纪的魅力。

传奇故事

即便不谈《亚瑟王之死》风格上的魅力，它在文学史上的

地位依然很重要，因为它是丁尼生所说的“最伟大的诗歌主题”最浅显易懂的中世纪版本。中世纪对欧洲艺术和思想宝库贡献了几项瑰宝，其中最丰富的就是数不胜数的传奇故事了。这些故事描写的，有的是圣徒和殉教者，有的是地方上小有名气的骑士，还有几个更出名的骑士成了伟大史诗中的英雄。

齐格弗里德就是这样一位英雄，他现在是日耳曼英雄时代的代表，但其实一开始他并不比其他六位出名，比如维罗纳的迪特里希，他的故事是日耳曼民族在公元4世纪至6世纪动乱的迁徙途中创造出来的。另外一个要说的是查理曼大帝，无论是在中世纪传奇故事中还是在历史中，他都是个大人物，他于800年的圣诞节加冕为神圣罗马帝国皇帝。中世纪还有一位更伟大的史诗英雄，就是亚瑟王，英国读者比其他国家的读者对他更加耳熟能详，这在很大程度上要归功于托马斯·马洛礼爵士。

历史上和传说中的亚瑟王

亚瑟王的传说来源于历史上盎格鲁－撒克逊人对不列颠的征服。日耳曼人在这个岛屿上建起第一个殖民地之后的300年里，不列颠人逐渐被逼进了威尔士和坎伯兰的大山里以及康沃尔半岛上，还有些不列颠人穿越英吉利海峡，把阿莫里凯变成了布列塔尼。他们的惨败几乎是整齐划一的，不过，在公元500

年前后，他们终于赢得了胜利，在将近半个世纪的时间里，撒克逊人都无法再往前推进。这个时候他们的领袖就是亚瑟，他是一位卓越的将军，但可能不是什么国王。就是现在，经常在公众面前抛头露面的人也会引来许多故事，如果你不相信，去看看有多少与亚伯拉罕·林肯有关的奇闻逸事就明白了，那些文明程度较低的民族所创造的故事充满了奇迹和征兆。就这样，英雄传说被创造出来；就这样，亚瑟王的传说逐渐成型。或许，亚瑟去世后没过多久，流传在民间的故事就开始使他名气大增。

在亚瑟赢得胜利 300 年之后，一位名叫奈尼斯的不列颠修道士写了一部所谓的编年史，我们从中得以通过文学的眼光看到这个正在形成过程中的英雄传奇，因为奈尼斯把几个神秘故事引入了有关这位不列颠领袖的传说。可以假定的是，海峡两岸的不列颠人（亚瑟赢得胜利是在大规模移民到阿莫里凯之前）都用相似的方式把奇迹和冒险行为联系到民族领袖身上去。这些英雄传奇逐渐传到了不列颠人的邻居们那里，因为这些故事妙趣横生而且押韵好记，它们很快在法国和英格兰家喻户晓，但始终是在民间流传，因为对这些“老太婆听的故事”，上流作家是看不上的。

然而，诺曼征服使人们迅速对与英国有关的一切产生了浓厚的兴趣，其中就包括英国的传奇英雄们；于是，早在征服者

威廉的孙子斯蒂芬在位时，蒙默思郡的牧师杰弗里就从不列颠的诸多传说中汲取材料，自由地加以改动，冒险出版了他的《不列颠诸王史》——一部用拉丁散文题材写成的所谓编年史。这是我们第一次看到不列颠国王亚瑟的故事有了文学形式，书中讲述了他的节节胜利，以及如何死于莫德雷德的出卖。很快，其他的一些作家，大多数是盎格鲁－诺曼人，或者受到盎格鲁－诺曼文化影响的人，也开始利用杰弗里所用的那一类素材。他们不仅称颂亚瑟的圆桌骑士，还有些杰弗里没有提过的各种各样的骑士。因为杰弗里的《编年史》以及早期的法文版亚瑟王传奇都被西欧其他所有的语种翻译或改编过，所以到 13 世纪初，亚瑟和他的骑士们的故事就已经步入了世界文学的圣殿。不管流传到哪里，这些故事都保持着一些共同的特点：全都富有诗意，全都有地理位置混乱和历史事实差错的问题，国王、骑士和贵妇都是跟写这些故事的作者同时代的人物，人物都不像 6 世纪的人那样举止粗鲁，却很像中世纪的骑士。除了杰弗里的作品，早期的亚瑟王传奇都是韵文体的，而且不同骑士的冒险故事构成了不同的传奇故事的主题。

对于这些故事里历史事实方面的错误，中世纪和之后的作者们并没有进行修改，亚瑟和他的骑士们一直是骑士时代的典型传奇代表。但早在 13 世纪，作家们就开始把诗体传奇故事转

变为散文体。然后，他们着手把一些骑士的传奇故事浓缩成一个传奇故事，最后逐渐地把所有的骑士都网罗在一起，想要呈现一个完整的亚瑟王和他的主要骑士们的传奇故事，却显得十分笨拙。由于材料来源十分多样，抄写时也错误频出，这些大杂烩的故事时常相互矛盾，让人读起来一头雾水。其中一个晚期的抄本可能是马洛礼所采纳的主要原始素材，他可能是参考其他抄本的记录对这一素材进行了修改，并根据自己的判断把所有这些材料整合到一起，不管怎样，他并没有改变这个传奇故事混乱的局面。不过，总体而言，马洛礼的作品在结构方面还是可圈可点的，它是关于“亚瑟王和他的圆桌骑士们”这个中世纪留给我们的故事的最好、最清楚的综合版本。

圣杯传说的历史

和其他主要的圆桌骑士故事一样，圣杯的故事也来源于岛上民族凯尔特人古老的民间传说（如果不是来自他们的神话的话）。在不列颠人和盖尔－凯尔特人之中都流传着一个类似于圣杯的器皿的故事，传说这个器皿能够起死回生、包治百病；他们通常把这个器皿与矛（有时候是与剑）联系在一起，甚至还有爱尔兰神话故事提到有一口能满足任何人愿望的锅，还提到了一杆矛、一把剑，还有一块“命运之石”，这块石头可能与

“漂在水上”的石头有些联系（加拉哈特从这块石头中拔出了他的命运之剑）。有一种猜测是，圣杯本是凯尔特人传说中的异教护符，在中世纪传说中被演变出了基督教意义。不过，可以肯定的是，圣杯传说是在 1175 年前后进入了伟大的亚瑟王传奇的，演变的总体趋势是逐渐带有中世纪基督教意义，这可能是由于那个名为圣杯的神秘器皿隐喻了圣礼杯的神圣秘密。因此，珀西瓦尔，一名优秀的世俗骑士，也是首个圣杯英雄，在 13 世纪初被加拉哈特替代，加拉哈特是被一个不知名的传奇作者创造出来的，创造的目的就是塑造一个理想的禁欲主义英雄。圣杯俨然成为耶稣基督最后的晚餐使用的杯子，成为圣餐杯的象征。曾有人写过一篇很长的文字，记录了圣杯从巴勒斯坦到不列颠的历程，《亚瑟王之死》中并未提起过这些。故事中的奇迹是按照《圣经》解梦的方式来诠释的，故事里称加拉哈特的父亲兰斯洛特爵士“出自我主耶稣基督后第八世次”。人们在这部古老的传奇故事上嫁接了许多宗教因素，其中就包括“所罗门王和他妻子的神奇故事”，以及他们的三个纺锤，还有所罗门的船，与其说这些很“神奇”，不如说是毫无意义。

马洛礼在自己的圣杯传说中引入了中世纪基督教的迷信和愚昧，同时也引入了它的神秘之美，这一点颇具中世纪传奇的特征。加拉哈特可能缺少人情味，但他是天真少年的完美代表，他由“一位善良的白衣老者”引导着，坐上了危险的坐骑，穿着“红绸外衣”，身披红色盔甲，“披一件貂皮披风”。他一定是冷静沉着的不可知论者或是无知无觉的清教徒，当圣杯神奇地出现在亚瑟王宫中时，他没有因“圣灵降下的恩典”而产生敬畏之心，也没有被卡本内克和撒拉举行的弥撒仪式打动。

马洛礼同样用世俗方式描述的圣杯故事也是典型的中世纪传奇。“高贵爱情”，即骑士应无条件地服从他的女士，就像我们所看到的兰斯洛特把自己献给桂妮薇儿；遵守骑士誓言，以及忠诚、贞洁、礼貌、扶弱助困的骑士理想，还有在激情燃烧时把这些誓言抛之脑后——所有这些在马洛礼版的圣杯故事中都有描写，在《亚瑟王之死》的其余部分也能找得到。卡克斯顿曾在这本书的序言里说了一句话，常常被人们引用：“在这本书中你可以看到贵族骑士精神、礼貌、人道、友善、勇敢、爱情、友谊、懦弱、谋杀、仇恨、美德以及罪恶。”但这本书给人的总体印象是善，而不是恶，是“令人欢欣鼓舞的那段历史中流芳百世的英雄事迹，从中能感受到仁慈，感受到优雅，感受到骑士精神”。

第四节 塞万提斯

杰里迈亚·丹尼斯·马赛厄斯·福特[1]

1547年，在西班牙大学城阿尔卡拉·德·埃纳雷斯小镇上，米盖尔·德·塞万提斯出生了。他的父亲是个穷医师，还有一大家子要养活。在塞万提斯小的时候，他们家还四处流浪，从阿尔卡拉搬家到好些个不同的城市，比如瓦利阿多里德、马德里和塞维利亚。塞万提斯很可能没有读过大学，据推测，而且这个推测有理有据，他后来取得了教师资格，成为马德里一所学校的教师。1569年，他成为意大利高级教士阿库阿比瓦的侍从，这位高级教士是以教皇特使的身份来到西班牙的，这年年底，塞万提斯跟随他去了罗马。

他在罗马没待多久就于1570年当了志愿兵，在一艘军舰上

[1] 杰里迈亚·丹尼斯·马赛厄斯·福特（1873—1958），语言学家和教育家，哈佛大学法语和西班牙语教授、罗曼语系主任。主要作品有《意大利韵文中的骑士罗曼史》（*The Romances of Chivalry Italian Verse*，1904）和《西班牙文学主流》（*Main Currents of Spanish Literature*，1919）等。

战斗，效力于奥地利的唐·约翰。在勒班陀海战中，他们把土耳其人打得落花流水。但在战斗中，塞万提斯左臂受了重伤，落下了终身残疾。不过，在意大利疗养了一段时间后，他又陆续参加了一些战役。后来，他对战争感到厌倦，于是请军队长官和那不勒斯总督为自己写了推荐信，于1575年9月乘船返回西班牙。他起初想拿着这些证明材料回到家乡谋取职位，却丝毫不知道即将面临一场灾难，他所乘坐的那艘船在途中被摩尔海盗劫持，他被带到了阿尔及尔，由于海盗看到这些称赞他的信，就认为他是个地位高的人，于是就想利用他敲诈赎金。

由于家人和朋友无法凑够海盗索要的天价赎金，塞万提斯就在阿尔及尔被监禁了5年，这是他人生中最非同寻常的经历。终于，由于幸运女神的眷顾，他得以获释并回到西班牙。关于自己在阿尔及尔做奴隶的经历，塞万提斯曾在戏剧《阿尔及尔的交易》和《堂吉诃德》“俘虏”那一情节中提到过，而民间传说当中记载的就更多了。他似乎曾多次试图带领基督徒俘虏一起逃跑，却并没有受到惩罚。可能海盗们觉得他就是个疯子，而在穆斯林的观念里，疯子不管做了什么冒犯之事都是可以不用处罚的。

塞万提斯的文学创作

回到西班牙之后，塞万提斯可能又在军队中短暂服役，但

到了 1584 年，他就已经开始认真地进行文学创作了，因为在那一年，他写完了自己的田园牧歌体小说《伽拉苔亚》。这部作品没什么优点可言，塞万提斯对牧羊人和牧羊女生活的处理，跟很多西班牙和其他国家的此类作品一样矫揉造作、乏味无聊；不过，它偶尔也流露出了一些真实的情感，有人分析，是这部作品使他对卡塔利娜·德·帕拉西奥斯的求爱最终成功。由于自己没有什么收入，而婚后经济状况又捉襟见肘，塞万提斯觉得自己可以靠着为西班牙舞台剧写剧本来谋生，那时候的西班牙舞台剧已经步入黄金时代。事实证明这不是个好办法，他在这段时间写的 20 多个剧本既没有取得艺术上的成功，也没有给他带来什么收入。这条路走不通之后，他只能在财政大臣手下做一名低级官员，领取微薄的薪水。1587 年之后的那些年里，他一直忙着为皇家军队征收补给，或者从很不情愿的臣民那里为国王收税。

根据我们所掌握的资料，塞万提斯很可能一生都在穷困中度过。但在这样的生活中，他依然不断写出了很多赞美朋友、庆祝这件事或那件事的诗篇。有人曾评价说，塞万提斯的诗没有什么想象力，而且也不生动形象，不过，如果他去写些庄重的题材，倒是也能写出好诗来。在这段时期，塞万提斯并没有仅仅在家里吟诗作赋，他还在卑微的岗位上尽职尽责地工作着；

还有件对我们来说更加重要的事情——构思《堂吉诃德》。有传言称他是在狱中完成《堂吉诃德》的，但这个传言来源于对小说序言中一个段落的解释，这解释又没什么道理。不过，可能因为在狱中有大把大把的空闲时间，于是他第一次有了写书的想法，而该书第一卷很可能于16世纪最后的10年到17世纪初的三四年间完成。1605年，《堂吉诃德》的第一部分问世，赢来一片赞扬之声，于是在国内外迅速再版，并被翻译为多国文字。

训诫小说

但这之后再过11年，塞万提斯就离开人世了，据我们所知，在这些年里，他过得并不比过去好多少；虽然他手头上可能稍微宽裕了，因为出书给他带来了一些收入，他的赞助人雷莫斯伯爵也对他慷慨解囊。在《堂吉诃德》的第一卷的其中一章里，塞万提斯提到了一篇名为《林孔内特和科尔塔迪略》的流浪汉小说。这篇小说是他的原创作品，连同另外11篇短篇小说一起收入了他1612年出版的《训诫小说集》。即便塞万提斯只写“训诫小说”，他在西班牙文学史上的名气也应该无人能撼动。它们是迄今为止用西班牙语写成的结构最完美的短篇小说，虽然它们有时会大逆不道地冒犯道德，却很有趣也很真实。《训诫小说集》在国外引起了强烈反响，我们看到，弗莱彻、马辛

杰、米德尔顿和罗利这些英国戏剧家都从中汲取灵感，在他们某些戏剧的情节里可以找到《训诫小说集》的影子。

在创作这些引人注目的作品的同时，塞万提斯也在加紧创作《堂吉诃德》第二卷。后来，他听说一个化名费尔南德斯·德·阿维亚乃达的人创作了假冒的《堂吉诃德》第二卷，并于1614年在阿拉贡的塔拉戈纳出版，于是他匆忙完成了这本书的第二卷，写完了堂吉诃德和桑丘·潘沙冒险的大结局，并于1615年出版。塞万提斯的时日不多了，但他仍然笔耕不辍，直至与世长辞；在临终的床上，他完成了一部关于爱情和冒险旅行的小说——《贝尔西雷斯和西希斯蒙达历险记》。1616年4月23日，塞万提斯在马德里去世，据说是跟莎士比亚同一天去世的，但其实这么说并不准确，因为英国和西班牙用的历法不同。据推测，他应该长眠于马德里一个救赎派的社区之家。

《堂吉诃德》的创作目的和重要意义

一般来说，在塞万提斯的所有作品中，《堂吉诃德》是最有资格受到现代世界关注的一部，因为它是迄今最伟大的长篇小说，也因为它是西班牙贡献给全人类的唯一一部具有世界意义的作品。西班牙送给我们这份珍贵的礼物，给世界各地的人们带来了快乐和灵感，虽然堂吉诃德第一次出门冒险已经是300

年前的事了，他给我们带来的影响却从未减弱。

塞万提斯刚开始创作《堂吉诃德》时，就打算用它来嘲讽骑士传奇小说。早在100多年前，骑士传奇小说就通过描述一些根本不可能发生的英勇行为，诱惑着西班牙人。它们只是使他们痴迷于那些早已不复存在的中世纪精神，把他们的注意力从严肃而琐碎的现实世界转移开。实际上，早在17世纪之前，骑士传奇的影响力就已经大不如从前，但正是《堂吉诃德》给了它们致命一击，因为在《堂吉诃德》面世之后，就再也没有新的骑士传奇出现了。

塞万提斯是如何达到目的的呢？其实很简单，就是也写些骑士传奇，却把它们植入现代生活里，让人们看到这样做的荒诞之处，总之，就是要向人们证明它们已经过时了。但塞万提斯构建的结构比他一开始计划的还要宏大，在他的笔下，小说的发展超越了作者最初的意图，最后成为一部伟大的现代小说，令无数读者爱不释手，人们根本不知道也不在乎它是为了攻击一种文学类型而写的。一位研究《堂吉诃德》的资深评论家莫雷尔－法蒂奥说："塞万提斯本身只是突发奇想，《堂吉诃德》源于一个很简单的想法，即嘲弄骑士小说，没有料到有什么更大的发展，但实际上它却逐渐成为反映了17世纪初西班牙社会的伟大小说，这个时代的所有典型特征，包括感情、激情、偏

见和制度，都在这部小说中有所体现。因此，除了作为一部小说以及作为实践哲学领域一部伟大专著的价值外，这部书的十分有趣之处在于它将一个民族的文明发展状态拉回正轨，并向我们展现了那个时代的良知。”

第五节　曼佐尼

杰里迈亚·丹尼斯·马赛厄斯·福特[1]

早在13世纪，意大利人在文学领域就开始表现出讲故事的天分，他们就这样一直保持着这一爱好，直至今日。不过，19世纪之前，他们更喜欢讲些短篇小说或小故事，而不是篇幅更长、主旨更深刻的长篇小说或传奇这样的散文体叙事小说。虽然，早在14世纪薄伽丘就写出了《菲亚美达》；早在14世纪末或15世纪初，安德里亚·达·巴布里诺就写出了《法国王室》；早在15世纪或16世纪，意大利就有了田园浪漫小说《阿卡狄亚》、冒险小说以及其他充满了色情、情感或道德教化的小说，但是我们不得不承认，这些作品要不然就是缺少风格，要不然就是比起散文体小说，它们更适合其他文体，比如说《菲亚美达》《法国王室》和桑纳扎罗的《阿卡狄亚》就属于这种情

[1]　见第六讲第四节作者简介。

况。17 世纪和 18 世纪基本上没什么可说的，19 世纪初，随着福斯科洛的《雅可波·奥蒂斯的最后书简》的出版（1802 年），真正的长篇小说才开始在意大利出现；随着曼佐尼的历史传奇《约婚夫妇》于 1827 年面世，长篇小说才成功地在意大利站稳脚跟。

曼佐尼的生平

1785 年 3 月 7 日，亚历山德罗·曼佐尼（他从未使用过自己的伯爵头衔）生于米兰的一个贵族家庭，他的外祖父就是大名鼎鼎的政治家切萨雷·贝卡里亚侯爵。他的早年经历主要是在米兰求学，他从小就热爱文学，而且自己又刻苦地阅读文学书籍，使本就具备的天才的种子逐渐发芽长大。他之所以最终走上文学道路，也因他与和蔼可亲的意大利诗人蒙蒂有着密切的联系，他十分敬重蒙蒂。

1805 年，他跟随母亲去了巴黎，在那里，他经常参加各种沙龙，那里的氛围完全是理性主义的和伏尔泰式的，在这种氛围里，他接受了怀疑论学说，不过没过多久，他就不再受怀疑论的影响了。在这段时间里，他与法国学者兼作家克劳德·福瑞尔建立起了友谊，此人在当时以及之后的岁月里，都帮助了曼佐尼在思想上走向成熟。1809 年，曼佐尼回到米兰，并于那一年与新教徒恩里凯塔·布隆德尔结了婚。两年后，他的妻子皈依天主教，而他在妻子的影响下，加上他内心深处也隐藏着对家族世代所信仰的宗教的爱，于是也开始跟着妻子去教堂，后来一直是一个虔诚的领受圣餐者。

他一直居住在米兰地区，并于1821年写了一首值得一提的颂诗——《5月5日》，用来纪念拿破仑的死，与此同时，他也开始创作《约婚夫妇》。1827年这部书出版的时候，他举家搬到佛罗伦萨，一度深受大公爵的喜爱，这位大公爵用《约婚夫妇》中的场景装饰他的宫殿墙壁，他也赢得了政界要人和著名作家的欣赏，比如朱斯蒂、卡普尼、尼可里尼、莱奥帕尔迪等人。不久以后，他回到了米兰，却痛失爱妻和女儿朱莉娅（1833年），朱莉娅之前嫁给了小说家马西莫·达泽里奥。在这段悲痛的日子里，他的朋友们，尽管有些鲁莽却才华横溢的哲学家罗斯米尼以及小说家托马索·格罗西，给了他很多慰藉。1837年，曼佐尼再次结婚。

在1848年那段动荡的日子里，他表现了自己对祖国的热爱，鼓励他的三个儿子英勇抵抗奥地利军队，当时奥地利正忙着征服他的老家伦巴底地区。但奥地利人还是胜利了，他于是退隐到马焦雷湖畔的一处乡村别墅里，直到1859年伦巴底再次解放，他才重新获得人们的关注。国王维托里奥·伊曼纽尔授

予他荣誉，并赏给他一笔养老金，这让窘困中的他非常感激。1860 年，他入选参议员，在宣布意大利王国建立的那届议会担任了重要角色。1864 年，他又是投票支持把首都从都灵迁往罗马的国民大会成员之一。他从未到过罗马这座圣城，却于 1872 年被选为罗马荣誉市民，于是他写信给市长感谢这一恩惠，在信中抒发了他对意大利完成统一的喜悦之情。1873 年 5 月 22 日，曼佐尼与世长辞。

诗人兼评论家的曼佐尼

曼佐尼是现代意大利诗人当中一流的，他除了写些抒情小诗和应景诗之外，还创作过《圣歌》，他在该赞美诗中用诗歌的形式完美地彰显了基督教的高贵与圣洁，着重强调了它的慈爱、希望，以及对所有人类疾苦的最大慰藉；颂诗《5 月 5 日》前面提到过，颂诗《1821 年 3 月》歌颂了皮特蒙德自由党的壮志和努力。他还有两部诗剧《卡尔玛涅奥拉伯爵》和《艾迪尔欣》，都属于意大利浪漫主义运动期间的杰作，是早期意大利语历史剧的典范。《卡尔玛涅奥拉伯爵》讲述了在 15 世纪，人称卡尔玛涅奥拉、冤死在雇主威尼斯人之手的著名雇佣船长弗朗切斯科 · 布索内的故事；《艾迪尔欣》讲述的是发生在伦巴底的事，故事发生在伦巴底国王德西德里乌斯和他的敌人、征服他的查理曼大帝的时代。

在曼佐尼其他的一些散文作品当中，值得留意的是一些文件，他在这些文件中探讨了能否将法国的统一体系应用于戏剧创作（《致肖维特先生的一封信》）和意大利浪漫主义流派的写作目的（《与马西莫·达泽里奥侯爵论浪漫主义书》）。在各种作品中，他探讨了一个悬而未决的问题，即意大利文学的真正语言形式是什么，在回答这个问题时，他非常明智地提倡半岛各地的意大利作者都使用佛罗伦萨人的语言。

《约婚夫妇》

曼佐尼的名作中，首屈一指的当属《约婚夫妇》，我们前面提到，曼佐尼在1821年就开始创作这部小说，其创作加上印刷总共花了大约6年时间；不过，由于他觉得佛罗伦萨口音才是有修养的意大利人的标准用语，所以这本书甫一出版，他就开始删除里面的方言和法语词汇，这部小说于1842年再版，用纯托斯卡纳语完美地展现在世人面前。

小说的主线很简单；主要讲的是农民洛伦佐和他的爱人露琪娅之间波折的婚姻。当地的一个恶霸唐·罗德里戈一心想霸占露琪娅，于是在臭名昭著的意大利亡命徒的协助下，想方设法阻挠他们结婚；教区牧师本应不顾一切外部影响主持他们二

人的婚礼，可在恶霸唐·罗德里戈和他那一帮狗腿子的威胁下，牧师不敢为他们主持婚礼。最终唐·罗德里戈患瘟疫死去，有情人终成眷属。胆小的教区牧师唐·阿邦迪奥，在接受他高贵的上司、红衣主教圣卡尔罗·伯罗米欧的教诲后，为他们主持了婚礼。

曼佐尼承认他模仿了沃尔特·司各特爵士的写作方法，把小说嵌入了历史背景，使之符合当时在文学界占统治地位的浪漫主义情感。他选择了 1628—1631 年这 3 年作为小说情节发展的背景，在这段时间，米兰被西班牙控制，并且因可怕的饥荒和瘟疫而变得了无人烟，小说中的人物活动地点就在他所熟知的科莫湖与米兰城之间。在写这部小说之前，他认真研究了与这场瘟疫以及这一时期行政事务相关的论著。然后，凭着艺术家的直觉、对历史和社会环境的详尽了解、分析人类最微妙情感的能力，曼佐尼设计出了各种各样的角色，并且通过这些角色的活动，生动地描绘了 17 世纪初期的伦巴底。

曼佐尼在意大利大概是仅次于但丁和阿里奥斯托的伟大作家，也广受大众喜爱。他在其他国家也很快得到认可，比如德国的歌德、法国的夏多布里昂、英国的司各特，都肯定了他的才华，而且司各特还因这样一位天才模仿了自己的写作方法而感到十分自豪。

第六节　传记概述

威廉·罗斯科·萨耶尔[1]

传记是了解伟大人物的钥匙。我所说的伟大人物，并不是那些富翁、手握特权或者血统高贵的人，这样的人在所有的时代、在所有的地方都有很多，并不稀奇，我所指的是才华横溢的大师、事业突出或者因做了某件特殊的事而从普通人中脱颖而出的人们。怕麻烦是我们每个人都具有的根深蒂固的本能，而自传则为我们提供了一条捷径，使我们能与过去四千年里的大师级灵魂进行交流，使我们从中汲取无穷的乐趣。当然也不仅仅是乐趣，因为生活并不是为了娱乐，而是为了让我们变得更好、更强。

---

[1]　威廉·罗斯科·萨耶尔（1859—1923），曾任《哈佛毕业生杂志》主编、美国历史学会主席。主要作品有《爱默生的影响》（*The Influence of Emerson*，1886）、《威尼斯简史》（*A Short History of Venice*，1905）、《超人的崩溃》（*The Collapse of Superman*，1918）和《乔治·华盛顿》（*George Washington*，1922）等。

我们要培养才干、塑造品格，使自己像轮船一样，能够在任何命运的海洋里乘风破浪；我们要志存高远，不论道路上是玫瑰还是荆棘，都要不遗余力地去实现自己的壮志，因为那是生命中最重要的东西。在这个过程中，名人传记会充当我们的榜样，为我们指明道路。

我们大多数人都曾烦闷过、忧愁过，这时候我们都试图摆脱自身的困扰。也有的时候，我们或是命运不济，或是有些悲伤，或是做了不道德的事，或是铸成大错，这些又使我们困于自身之内，画地为牢。这时候传记就会来拯救我们，在看到还有人也经历过我们所经历的事时，我们就会忘掉自身的痛苦。知道还有其他人类也经受过折磨，也经历过失败，但他们从中找寻到了力量，去忍耐、去奋斗，我们的悲伤所带来的孤独感就不再那么令人心碎，犯了错的人感受到的痛苦的孤立感也就随之消失了。

很显然，伟大的文学作品，无论是喜剧、悲剧还是小说，都是为了引领我们走出自我，为此，它们教导我们虚构的人物是如何计划又是如何行动的，是如何体验快乐又是如何忍受痛苦的，是如何成功又是如何失败的。许多小说具有伟大的魅力或象征意义，因此富有价值，我不想贬低任何这样的作品，我稍后将会讨论小说与自传的联系，现在我只需这么说就足够了：

称一部小说忠于生活是对其最高的赞美。在军营里愠怒的阿喀琉斯、因嫉妒而发疯的奥赛罗、误把风车当巨人的疯子堂吉诃德、靡菲斯特、贝基·夏普、纽康姆上校、织工马南，以及小说世界里其他所有经典的人物形象之所以永存，皆是因为他们被塑造得极为逼真。但传记所描述的却是真实的生活，而不是虚构的生活。

传记非颂歌

传记不像小说那么流行的其中一个原因是，读者先入为主地觉得，传记作者肯定只会拍马屁，他们笔下的主人公通常十分完美，简直都像是怪物了。而其实大多数人都很清楚，每个人都是魔鬼和天使的混合体，所以在我们看到完美无瑕的人物时就疑惑起来，这是非常正常的。对于墓碑上的墓志铭，不管写些什么溢美之词我们还都可以忍受，正如约翰博士所言，写墓志铭的人又无须对天发誓自己所言都是事实；对于公开致颂词的人，他所说的恭维话我们听的时候也不过就打个折扣；但若是墓志铭或颂词被写成了一两册传记，我们就可能看都不看一眼了。

现在很少有人去写这种传记了，因为它们一看就是假的，没有人会上当受骗。对于要从政的人来说，可能还会默许别人

把他们画得更像阿波罗，而不像他们自己；但这些作品，就像流行漫画一样，很快就被大众遗忘了。在早些时候，甚至在说英语的人群中，地位低贱的人给地位高贵的人送的一样礼物，就是赞颂。对于君王、教士、贵族、将军、诗人、艺术家或哪怕只是小有名气的人来说，谦虚是一种失传的技艺，因为这些人从来就不知谦虚为何物。直到最近，还有一位既愤世嫉俗又阿谀奉承的首相透露说，就连他这样的人都满足不了君主的虚荣心。然而，总体而言，现在流行的是不谦虚之人假装谦虚，而职业拍马之徒的机会却愈加少了。不过我们只需要浏览一下历史上流传下来的传记，就会发现那些最虚伪的传记和传记语言里也恰恰贴着真诚的标签。但总有客观的记载或时代特有的语言、语气，使它们露出马脚，因此不论是多么狡猾的作家，至多也只能欺骗一代人，也就是他们自己那一代人。

如果因为害怕被某个狡猾的传记作者欺骗而不去阅读传记，我们就会错过无穷的乐趣，这是完全没有必要的。你只要稍加训练就能明辨真假——这是一种知识领域的间谍工作，充满了神秘感和意外惊喜，而且足不出户就可以体验。

在写作的时候，人不可避免地会流露出自己的感情，自传作家也不例外。有些人不读自传，是因为觉得写自传的人肯定会故意把自己写得比现实中更智慧崇高、更聪明勇敢，这种看法是十分愚蠢的。虽然本韦努托·切利尼在《切利尼自传》中所记录的任何具体事件我们都无从查证，令人惊叹的《自传》却为我们还原了一个真实的切利尼，一位生在意大利文艺复兴衰落时期的大师：多才多艺又不走正路，迷信鬼神却不信宗教，个性迷人，为了铸造一枚完美的勋章可以结束自己的生命，或一时兴起而准备谋害邻居。还有歌德，他写出了有史以来最虚伪的自传，对童年和青少年时代的事件进行重新安排，使这些事件更具备小说所需要的连续性和重点，就连他这么装腔作势的人，用这么装腔作势的手段，也还是没能隐藏（如果这是他的意愿）他最真实的自我。

因此，我们完全可以抛却对自传的种种疑虑。最好的传记是我们最宝贵的财富，而即便是中等甚至下等的传记，也能给我们带来很多乐趣；有很多传记的片段向我们展示了主人公真实的内心，这就好比在矿石里发现了宝石一样令人眼前一亮。

阅读传记的乐趣

阅读传记的乐趣，就是和最高级的人类交往所带来的乐趣，这种丰富的乐趣是我们在活着的人中间感受不到的。虽然你有可能结识你这个时代很多有趣的名人，但如果没有传记这种能重现历史、使死者复生的艺术，你就还是无法结识前人。不过，

因为有传记，你只要坐到书桌旁，就可以与拿破仑、俾斯麦、林肯或加富尔面对面地交流。你无须跑到他们的客厅里苦等他们出现，还只能交谈片刻，他们在书架上随时等候你的大驾，没什么事会打搅到你。他们说着，你听着，他们向你诉说内心深处的秘密。卡莱尔原来这么狂暴，路德原来这样直率，斯威夫特原来这么尖刻，但他们必须承认，那些缺点正是你窥探他们内心深处的入口。因此，你很有可能比他们的同代人更了解他们，你对他们的了解可能比你对密友的了解还要透彻，甚至比你对自己的了解更加透彻——当然如果你是一个很会自省的人，那就另当别论了。

对于我们自己的行为，我们很难分析出自己复杂的动机，但对他们的行为，我们很容易就能看出所以然来。在他们身上，我们能够发现自己身上那些特征的本质，不管是好的特征还是坏的特征；与我们相比，不管他们多么富有或聪明，我们看到的与他们的差别都只是量上的，而不是质上的，是相同的人性、相通的人情把我们和传主结合在一起。如果他们是什么妖魔鬼怪的话，我们也就不会对他们的生平如此感兴趣了。

刚才我随便提了一些伟大的政治家及宗教、文学的领袖，我们大概是不可能见到他们真人的，但借着他们的传记，就算是最卑微的人也能跟他们建立联系。我们都会有一些想法、感情或经历，不管我们有没有留意到，这些经验都会因为跟伟人的经验相似而立刻显得高贵起来。然而，传记并不仅仅伟大，还很有趣味、很有意义，因此它跟其双生艺术——肖像画非常相似。假设用同样的绘画技能，那么能画出的最完美的肖像并不是王公贵族的肖像，而是那些能体现或揭示人物个性的肖像。维多利亚女王的面孔，就算是让达·芬奇来画，也不可能像蒙娜丽莎的面孔那样引起世人的关注或兴趣。有人十分钟不到就揭示了女王的脸，它非常简单，而且不会带给我们什么灵感；而蒙娜丽莎的微笑，400 年来一直令我们着迷，因为它是那样神秘，那样无法捉摸。

虽然若是论影响力，有些人是毫不起眼的小人物，但有时候他们的生平却充满了魅力，比如理查德·杰弗里斯所写的《我心灵的故事》。也许有人不喜欢这本书，因为我曾把它推荐给一个朋友，他却告诉我，这部作品读起来太气人了，于是他就把它扔进了火堆里。但如果你认真去体会，就会发现这是一个真诚的人内心真诚的声音。所罗门·迈蒙的传记也是如此，我们在其中看到了一个非同寻常的人，他被禁锢在残酷的种姓社会中。约翰·斯特林才华横溢，可惜英年早逝，所以没有留下什么影响深远的作品，不过，多亏了卡莱尔为他写的那部生动的回忆录，使斯特林不致埋没，每当看到这部作品，我就想

起伦勃朗的一幅肖像画。

传记写作的困难之处

这些实例足以说明，要写出一部伟大的传记，并不需要伟大的人物做原型，但需要一个伟大的传记作家来执笔，因为传记是一门高深的艺术。单就传世传记杰作很少这一点，我们就能下这样的结论：技法高超的传记作家，比技法高超的诗人、小说家或历史学家还罕见。

有一种广泛流传的谬论是，任何人都能书写生平，这就好像谁都能画出肖像画或谱出奏鸣曲一样荒谬！一般在一些名人去世之后，他们的家人就会着手编纂他的回忆录，结果也就是写出自己家族的、带有偏见的观点，跟国王和女王的官方传记一样谎话连篇。

只有从死者的公共关系里我们才能听到更全面的评价，但从他备受宠爱的妻子或饱受溺爱的子女那里，我们只能了解到他是如何扮演丈夫和父亲的角色的。

个人感情，尤其是挚爱，可能而且通常都是为自家人写传记的人无法克服的一个障碍，就像明智的外科大夫不应该给他最亲的亲人做手术，传记作家也是一样。

传记作者必须具备渊博的知识、丰富的同情心和想象力，再加上艺术家的抽离能力——部分源于直觉，部分源于良知，有了这些，个人感情就无法再搅扰写作了。虽然鲍斯韦尔这位英语世界里的传记大家，狂热地崇拜约翰逊，但在写作的过程中，他就是竭力画出完美画作的艺术家，而不是对偶像顶礼膜拜的粉丝。身为麦考利的外甥，乔治·特里维廉爵士在给麦考利立传的时候，是很有可能被家庭因素妨碍的，但他具备的传记作家的素质超越了这种家庭因素，因此我们看到，他对麦考利的记述，就和鲍斯韦尔对约翰逊的记述一样恰到好处。

这些例外证明，将自身从创作中抽离以及宏阔的视野，是传记作家不可或缺的能力，抽离能够确保公正，宏阔视野则是由渊博的知识、丰富的同情心和想象力构成的。

培养鉴赏传记文学的品位

即便你天生不具备欣赏传记文学的品位，这种能力也是能够很快获得的。无数人都是因为小时候读了富兰克林的自传而开始对人物传记感兴趣的，这是一本奇书：年轻人会陶醉于书中朴实而丰富的故事，老年人会欣赏书中所体现的精明、乐观、坦率、智慧和幽默。富兰克林为自己立传正如笛福为虚构的鲁滨孙立传，但富兰克林的舞台很大，不像鲁滨孙局限在岛屿上。你会随着他卷入大的历史潮流当中，你看到的舞台是欧洲而非

局限于费城或各殖民地。你吸收了富兰克林自然呈现的信息后，遍布全书的人情味会不时地出现在你的脑海中：他对婚姻的看法，他的忏悔——在他开始自我反省时，他发现自己的缺点比想象中还多；他承认自己徒有谦卑的外表，却并不真诚，他所记述的布莱多克的谈话充满讽刺。不过，要提到书中的典型段落就得先概括这本书。每个读者都能找到自己喜欢的一段话，在他看完这本书发现有未完成的句子时，他会感到非常遗憾，因为自己就要与这位成熟的伙伴道别了。由于富兰克林还没有按计划写完自己在 1775—1785 年之间的经历，便与世长辞了，这是多么令人扼腕叹息！在这 10 年间，如果说华盛顿是美国的国父，我们完全可以说富兰克林是这个国家的教父。

你也很可能是从其他渠道认识传记文学的，比如拿破仑或恺撒的生平，或者某个画家、诗人、作家、发明家、探险家的传记，使你有了最初的兴趣。但殊途同归，结果都是使你觉得自己多了一个新朋友，它就像你生活中活生生的伙伴一样真实，却比他们更有趣，更智慧，或者更独特；它时时刻刻都陪在你身边，只要你想交谈，它就会奉陪到底，绝不会弃你而去，也不会冷淡你，不会对你的迟钝冷嘲热讽，你若无动于衷，它也不会憎恨。这是由于你们之间的关系完全取决于你一个人，它的精神浓缩在这样一本书里，就像美酒装在坛子里一样，你随时都可以拿来品尝。它奉献出了自己的全部，唯一的要求就是：你要设身处地地去理解它。

读者与那些文学经典形象之间的关系是非常独特的。世间所有事务都具有相互性，参与双方在性情气质上会互相影响，会互相施加道德压力；但在这笔交易中，作者给出了全部，而读者，如果具备一定的能力，就会收获一切，而且不用想着回报，也不会被人说成是寄生虫。如果你是一个自由人，就不会有谁插在你和作者之间，影响你们之间的情感。在活人当中，很少有这样的人能给予你这样理想的伙伴关系。

各种各样的传记

正是由于作者和读者之间存在这样独特的关系，虽然我们结交的罪人并不比圣贤少，却不用为他们的行为承受责任的压力。在日常生活中，很少有人有机会遇到变态狂或罪犯，只要我们愿意，就可以通过传记作品从阴暗的一面来看待人性的局限，比如恺撒·博尔吉亚和他父亲这样的大恶棍，或者像埃泽里诺和阿尔瓦这样的恶魔，或者是从犹大到本尼迪克特·阿诺德和阿泽夫这样的叛徒、密探、间谍，又或者是骗子和小流氓，比如乔治·劳、卡里奥斯特罗和当今一些“创业者”，以及一些特别令人讨厌的江湖骗子。

从长远来看，我们的这些挚友平常但不平庸，他们身上的优点，我们身上也有，但是这些优点在他们身上体现得更加完美，或者他们身上具有我们所不具备的品质，并且令我们为之羡慕。一个人身上具备相反的特征也会很吸引人，我记得曾见过一位柔弱的小个子老妇人，她简直是和平的化身，一只苍蝇都舍不得拍，但她却读过每一本关于拿破仑的书，几乎对拿破仑所参加战役的所有细节都耳熟能详。

在我们进入了那些因传记的魔法而获得永生的人们所居住的领地王国之后，如果没能遇到一些在现实生活中遇不到的朋友，我们不可能逗留太久。在寻觅他们的时候，我们通常能找到最好的自我。在我们伤心难过时，他们安慰我们，消除我们内心的疑惑，使我们在实现愿望的过程中有了新的动力和目标，他们悄悄告诉我们生活的意义，而在所有这些益处里最重要的是，他们以自己为例教会我们如何活着。于是我们觉得，说再多的感激是无济于事的，必须开始仿效他们。我们不会去羡慕一个从未使我们涌起崇拜之心的人：

默默崇拜

古代伟大人物，

那些死去了还荣登王位的君王，

他们肉身已死，

却仍在统治着我们的精神王国。[1]

不管一个人信仰什么，他都不可能自给自足，也不可能脱离别人的影响进行原创性的活动，不管我们承不承认，那些死去了还荣登王位的君王必然会影响着我们；传记使他们走近我们，并且用他们生动的生平更有针对性地教导我们。这是传记给我们带来的最大益处，不过没有哪个健全的灵魂能一直处于狂喜的状态，所以在其他的状态下，我们可以寻找那些不是先知的伙伴。我们需要放松自我，我们的智力和灵魂一样渴望食粮。真诚的乐趣是很有价值的，而传记恰好为我们提供了各种各样的乐趣。

自传的价值

自传是传记中的一种非常重要、非常宝贵的作品。通常人们对自传的偏见是，觉得它既然是以自我为中心，必定索然无趣，这种偏见是站不住脚的。除了自卫本能，人类自我表达的冲动在其他一切冲动之上。艺术家通过自己所精通的技能——绘画或雕塑，文学或演讲——来表达自己。如果他不去刻意地

[1] 出自拜伦的诗剧《曼弗雷德》(*Manfred*)第三幕第四场。

避免个人情感的影响，他本人的思想就会嵌入自传作品，这作品就是“他”的作品。单纯搞科学的人通过实验发现抽象的规律，他在实验过程中总是对实验器材进行杀菌消毒，避免因个人原因导致实验误差，但我们并不会因此对他这个人不感兴趣。我们会感到更加好奇，人既然容易情绪激动，内心充满矛盾，身体又都存在缺陷，又如何成功地探索广袤无垠的星空以及无限渺小的原子和电子的世界？

我们很高兴地发现，达尔文是新体系的先知，当之无愧。达尔文，这样一个坚强、安静、谦逊的人，时刻受到抑郁病的折磨，但他十分有耐心，他要的不是别人称赞自己的观点或者获得奖赏，他要的是真理。

即便有些自传里的自负或自我中心看起来实在刺眼，你稍微容忍一下也未尝不可，只要把它看成某些天分的发展必然产生的分泌物就行了，就像牡蛎中产生珍珠这种分泌物一样。如果有珍珠产生，那这珍珠本身就是一种补偿。而且，这样的欺骗就像小孩子装神弄鬼一样，太明显了，我们根本不会上当。对于小人物的傲慢自负，我们所愤怒的正是看到他们的动机是让我们以为他们比我们想象的更伟大。不过，如果自负之人的确有着过人之处，甚至有非常伟大的过人之处，即使他们身上有些令人反感的瑕疵，我们也应该看到他们在其他方面卓越的成就。而且，这其实也会给我们带来许多乐趣！连雨果都曾郑重其事地宣称："法国是文明之首，巴黎是法国之首，而我是巴黎的大脑。"看到这句话，你有想要反驳他的冲动吗？当然没有，我们只是会在心里笑一笑罢了，而不会真的嘲笑他大言不惭。罗斯金在《往昔》中虽然自负得很明显，却无损于这本奇书的魅力，甚至使我们读起来觉得更加真实了。

不管你有什么样的先入为主的观念，如果你还不知道传记的价值何在，甚至还未感受到英语世界里丰富的自传的魅力，那你可能就读不下去传记了。前面提到了《富兰克林自传》，还有一本同样精彩的《吉本自传》。这部自传展现了这位18世纪的世界公民是那么的温和、理性、勤奋，但在这些方面完美的天才，在感情上却不太热情；他在父亲的命令下解除了与女友苏珊的婚约，留下了这样一句话："我不是一个忠贞的爱人，却是一个孝顺的儿子。"约翰·斯图亚特·穆勒这个介于才高八斗（如富兰克林和吉本）和多愁善感之间的人，虽然他很早就发展出了惊人的才智，却依然对宗教充满了渴望，并且凭着感觉生活。此类自白的另一个极端是纽曼的《生命之歌》，在书中，纽曼徒劳地想要把情感的热血注入神学教条那僵化了的血管中。

约翰·伍尔曼的《日记》就截然不同了，作者在书中十分诚实地描述了一个与众不同的灵魂，他从不浪费时间去研究中世纪

神学家提出的模棱两可的词汇，而是有意识地去接近上帝。伍尔曼唯一的缺陷在于：由于他完全是一个超凡脱俗的人，所以他从来都不屑于告诉我们有关他自己和他那个时代的事，其实这都是我们很希望了解的。

其他领域的人物也有诸多自传。很多军人都写过回忆录，这里可以提一下格兰特将军的回忆录，只有历史上恺撒的《高卢战记》能与之媲美。作家，诗人，从事不同事务的人，无名小卒以及社会名流，都为我们打开了一扇认识他们的窗户。从维多利亚女王的《日记摘录》到布克·T. 华盛顿的《超越奴役》，多么大的反差，多么丰富的内容，多么广泛的题材！

我们也可以在自传中见识到世界其他地方很多有才华的人，包括之前提到的切利尼的自传。其他的意大利人，如阿尔菲耶里、佩里科、达泽利奥侯爵、马志尼、加里波第也在传记中获得永生。似乎与其他民族比起来，法国人更觉得自己是戏剧中的角色，所以自传在法国遍地开花，其中首屈一指的是卢梭的《忏悔录》，在风格上登峰造极，在内容上引人入胜，虽然是出自最卑劣之人的笔下。

传记和历史的关系

在文学的广义范畴里，传记介于历史和小说之间。有一派

历史学家，确实不想将想象力仅仅束缚在一代或一个世纪的时间里，他们的研究以千年为单位，却忽视了历史中的每一个人。他们想要发现并阐述一套宇宙发展的普世法则，描绘一个很长的时间段里大众的集体行为，观察制度的演变。在他们眼中，连拿破仑都是“微不足道的小人物”。

我并不是在贬低这些研究者付出的艰苦努力，大多数人都能感受到在时间中穿梭的乐趣，就像天文学家在空间里穿梭一样十分神气。这样的旅行令人十分爽快，而且绝对安全，足不出户就能完成，而且没有责任需要承担，一身轻松。归纳的力量，令我们心满意足，但我们千万不要因归纳带来的快乐就认为这个过程十分有价值。如果以十万年为单位，个人会被忽略，即便是用显微镜也无法恢复原貌。所以，在渐新世到新石器时代之间，我们完全可以忽略一二十万年。但当人类拖着沉重的步伐走出了地质时代、进入了历史领域之后，大众就绝对由个人来引领了，这是不容置疑的。而且这也是很好证明的，你会发现每当两个以上的人凑在一起，领路的一定是其中一个人。

人类脱离了野蛮阶段之后，也出现了越来越多各种各样的人。大众始终是可塑造的，也可以说，他们都拥有潜在的能量，等着有个领袖将这些力量分配到特定的工作岗位上。在很多情况下，伟人并非由时代所造，他有一种内在的、天生的能力，能够影响、控制

甚至是催眠同时代的人。我们不能说成百上千拿破仑时代的普通法国人加在一起就等于拿破仑，这个公式太荒谬了。拿破仑确实与他们有一些共同点，他的器官都与普通人一样，而且他也具有普通人所怀有的欲望，但拿破仑之所以成为拿破仑，恰恰是因为他自己那些与众不同的特征，而不是那些与普通人共有的特征。

因此，我们可以有把握地说传记是在历史中产生的，而且是研究历史的重要资料。如果某个特定时期或事件留下了大量的材料，那么想要研究那些引领时代或参与重大事件或与之有关的伟大人物就很容易，而且更有意思了。因为在这项类似间谍的工作中，我们侦查的是人的命运。我们会发现，一些关乎个人的小事，比如拿破仑在伯罗的诺因身患感冒体力不佳，腓特烈二世在十字军东征刚开始时晕船，麦克道威尔在牛奔河之役的第一场战斗中染上了霍乱，这些小事却能在历史上造成大的影响。我们发现，男人和女人并非抽象的概念，有些我们所认为的人类进化的规律，其实是人类本身动机和行为导致的结果；个人的缺陷或心理扭曲，就可能会中断历史发展的潮流，或者使其偏离方向而流向意想不到的地方。

于是，国父们、将军们以及政界要员们就具备了双重魅力，他们向我们展示了历史在某些时刻不再那么抽象、客观，我们能够通过那些已逝的天才的头脑和心灵，看到历史中人的面貌和行为。他们还为我们展示了当个人影响力足够大时，他的传记就会在群众中流传，而且在这个传播过程中，最有价值的是传记本身。

传记与小说的联系

从另一方面来说，传记与小说有着多重联系。小说家们很早以前就发现，所有的时代都刺激着人类的想象力。这里所说的时代不包括现在，因为人们总觉得现在是最差劲的时代。

三脚凳在我们的清教徒祖先眼中是再寻常不过的东西，可现在它成了代表普里茅斯或塞勒姆历史的一件老古董，因为布拉德福德总督或普里西拉·穆伦斯可能在上面坐过，这凳子便价值连城了。这就是历史小说家施加的咒语，有着惊人的效果，而且，有了合适的历史环境之后，他们便引入那些曾经属于这个历史环境的人物。

出于职业习惯，小说家可能会根据自己的喜好对历史事件进行取舍，所以，如果他发现有些历史事实很难处理，可能就会改变或省略这些事实。或者，鉴于他跟传记作家一样，最感兴趣的是人物和人物角色的展开，他可能会把人物塑造得非常逼真。然而，历史人物一旦现身于小说中，我们就必然会怀疑遭到了小说家的修饰，因此就不再真实了。

至于小说和传记哪个价值更高，我们不能轻易下定论。我们不会通过贬低小说来抬高传记，就像我们不会通过贬低绘画艺术来吹捧雕刻艺术一样。如果有能够与一流小说家的才能相媲美的人致力于传记写作，文学的这两个分支的声望，至少是在文化阶层当中的声望，可能就会颠倒过来。如我之前所说，小说家最高的成就就是造成一种完美的假象，使他书里的人物读起来就像真的一样。

我们也可以说，在考虑现实的情况下，小说家离开之处，正是传记作家到来之处。如果小说家的优势在于处理难以驾驭的事实，他也面临着一个棘手的问题，就是在人物选择方面非常受限。这一点是确切存在的，如果把上个世纪除了小说之外的记录全部毁掉，那么 500 年后的子孙就无法了解我们这个时代的人。小说的通俗化程度是其他艺术望尘莫及的，今天的小说家不敢描写优秀或伟大的人，他最多能写写普通人，再往下就只能写堕落的人，而他们越来越倾向于深入地描写后者。

如果一种艺术想要反映生活，却本能地排除那么多生活里的东西；如果一门艺术宣称唯有它才能全面展现人类各种各样的个性，却在看到人的个性彰显到极致时又默不作声，那么这样的艺术就没有资格成为真正的普世的艺术，如绘画和雕塑，伊丽莎白时期的戏剧和传记，这些才是有普世价值的艺术。

1850年之后，再也没有用英语写作的小说家能创造出一个像亚伯拉罕·林肯或加富尔那样的人物，也没有一部传奇塑造出了堪与加里波第比肩的主人公。又如，举个当代的例子，即便小说家有天马行空的想象力，又有哪一个敢描写西奥多·罗斯福或J. P. 摩根这样的人物呢？就我自己来说，如果乔治王时代的小说家和写《约翰逊传》的鲍斯韦尔同时掉进大海里，我一定会坚定地去营救鲍斯韦尔。

传记这门艺术

在讲座结束之前，我要再从艺术的角度说一说传记。如果你还未注意到写传记的人的能力是千差万别的，你在这个领域就走不远了。有人能把一个明明很精彩的主题写得乏味无聊，或者把一个内容丰富的主题写得干瘪空洞，但还有一类传记作者，能把无名小卒的生活都写得引人入胜。于是你决定开始研究这门艺术的规律，看看一部好的传记有多大成分取决于作者，又有多大成分取决于传主，尤其是到底应该着重描写传主哪一部分的生活？要记住的是，不论是谁的生平，我们记录下来的都不到百分之一，传记作者必须学会取舍。但是，应该挑哪一部分呢？如何处理那些重要的、个人的以及能揭露秘密的事件呢？这就取决于传记作者自己的判断了。选择和视角相当于艺

术的太阳和月亮，如果没有这两样，艺术就会黯淡无光。比如，在写哈夫洛克的传记时，写他的虔诚和他的军事成就用同样的篇幅，这就是错误的；还有，在写格兰特将军的传记时，把他后来被金融骗子欺骗的倒霉事和维克堡战役写得一样详细，这就是角度上的混乱。你只要多加训练，就能学会在一些传主被作者曲解的时候还原他真实的特征。

比较乃批评之母，它能给你带来很多快乐。我之前建议过大家去比较伍尔曼、富兰克林和穆勒的自传，可以从很多个方向去入手，你可以去查找在不同阶段传记作者视为最关键的事情是什么。比如普鲁塔克，给我们留下了大量古代政治家和军人的传记。现代希腊历史学家来写的话，采用的方法和产生的效果与他会有所不同吗？如果是鲍斯韦尔，而不是色诺芬，记录了我们熟悉的苏格拉底的生平，他会添加些什么样的内容呢？在古怪的艾萨克·沃尔顿写出的沃顿、多恩和郝伯特的传记中你有没有错过什么呢？是否真因为有成千上万本关于拿破仑的传记，我们对拿破仑的了解就比对恺撒的了解多呢？瓦萨里的《意大利艺苑名人传》的统一处理手法在多大程度上抹杀了艺术家们的个性呢？

这些问题以及未列出的一些问题，会鼓励你对传记作品进行比较性的阅读。其实简单来说就是三大问题：不同传记作者

的技巧上有优劣之分，公众关注名人的角度在不断变化，人性本身也在缓慢地发生变化。

今天，传记的发展前景是十分光明的，传记作者的水平也在实践中日趋提高。不过公众对传记的真实性的要求不会减弱，读者越来越精明，也越来越懂得欣赏传记。

传记作者描写的人物和事件都是真的，这也使传记得到了更多读者的青睐。

生命，从最初的悸动到生命过程中持续不断的奋斗的冲动，都是为了表现自己。从宇宙产生起，宇宙以及宇宙中最微小的部分从来都不是什么抽象的概念。在这个物质世界里，和动植物所组成的有机世界里一样，不论何时何地，永远都只有个体存在！不论是原子还是天狼星，都是个体！甚至在蛋白质转变过程中，在生命由生到死、由死到生的过程中，个体也无处不在。

由于个性化是从低到高、从简单到复杂的过程，历史上的伟大人物，或是从普通人中脱颖而出的人物，身上都具备了不同寻常的品质或具备比普通人更出众的寻常的品质。这些天分使他们有更多的朋友、更强大的力量、更广泛的兴趣，还更加魅力超群，这些都是因传记而永垂不朽的人。小说中的伟大来源于人的想象力，而传记的主人翁则是上帝亲自创造的，上帝的创造必定是人的想象力无法企及的。

第七讲

评论与随笔

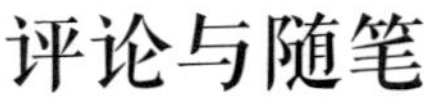

第一节　概述

布利斯·佩里[1]

毋庸置疑，随笔是所有文学形式中最灵活的一种，而且，除了抒情诗之外，随笔所涉及的主题范围最为广泛。有一个主题，随笔作家们热衷于探讨，并且总能找到新的着眼点，那便是“书本”与“阅读”。在与这一永恒主题相关的随笔当中，常常表达着一些文字批判观点——传达种族或民族的信念、某一代人或流派中的主流思想、个人的好恶。这些评判，经过适当的收集归类，就成为文学评论史的原料。的确，无论是就文学形式而言，还是从性情气质来说，大部分具有划时代性质的评论文献都是随笔。

[1]　布利斯·佩里（1860—1945），美国作家、编辑和教师，著名的英美经典文学的文学批评家和编辑。

随笔在文学评论中的重要性

如果翻开正式的文学评论史，就会发现，在文艺批评理论的形成和发展中，随笔占据了十分重要的地位。自亚里士多德时代之后，每隔一段时间就会出现系统的美术理论专著（包括文学理论专著）。正如人们所了解的那样，美学是在 18 世纪下半叶的德国开始发展起来的，它是康德和其他很多哲学家的哲学体系的重要组成部分。这些论述美的本质的专著，虽然分析了自然界和艺术作品中所存在的美，却只对少数思想家和学者具有吸引力，并不为普通大众所欣赏或接受。虽然像歌德、席勒和伯克这样的天才，有能力以一种能使普通读者感兴趣并能从中受益的方式来讨论美学理论的哲学基础，但是，在通常情况下，论述艺术（尤其是文学）的本质和历史的专著，只对非常有限的读者具有吸引力。而真正能让公众感兴趣的，是一些博学之士偶然发表的言论，这些言论一般散落在这些地方：在他们攻击或捍卫某个文学信条的过程中，在他们给一本书或剧本写的序言当中，在他们的某篇对话、小册子中，当他们在短文中大胆提出关于美学的新观点、关于诗歌或散文的新理论时……

何为随笔

要理解真正意义上的文艺批评的历史，就必须认真研读随

笔。随笔是一种形式多变且高度个性化的文学形式：它可能是晚餐桌上的独白或者对话，也可以是一封写给朋友的信；它可能是某个哲学理论的大段论述中的一个闪光点，也可以是某个悖论、质疑或是猜想所折射出的人类思想的瑰宝；它可能是关于某个悲剧或喜剧的争论的经典争论，也有可能是某个新观点或者新思想出现时所引发的第一阵微弱的骚动（这种新观念或新思想很快就会受到各种学说的狂轰滥炸）。不过，不论这种文学形式多么易变，在读了《哈佛经典》这套丛书中的各种各样的随笔后，你都能很容易地概括出“随笔”的本质。你会发现这种文学形式的特点，发现它跟论述严整的专著不同，跟对话、信件、杂志上的文章不同。你会看到这一文学形式在蒙田和培根的笔下逐渐形成清晰的轮廓，这一文学形式也会在不同的民族和不同的历史阶段展现不同的特征，与所有其他文学形式一样，在客观条件发生变化时，它也经历着变化和发展，并衍生出不同的种类和流派。戏剧和抒情诗时而流行，时而衰落，但随笔却有着某种不会被时代所淘汰的持久特性。

评论性随笔

对文学评论感兴趣的读者很容易就能发现，随笔是在不同的人或不同时代之间交流文学理论的一种极其方便的途径。虽

然“评论性随笔”一般也遵循“随笔”的多变规律，但它却有其特殊的写作目的。它涉及评论观点的形成、发展，直至消亡；它用非正式但依然有效的方式，记录了欧洲人对一些书的判断和观点。举一个具体的例子，比如查尔斯·兰姆的《论莎士比亚的悲剧》就是典型的“评论性随笔”，它具有私人性与随意性。开头是这么写的：“有一天，我在修道院里散步，突然，一尊雕像吸引了我的注意，我好像从未见过它，但仔细观察之后我发现，那原来是著名的加里克先生的全身像。”接着，兰姆用朴素的手笔，从演员的表现和技巧出发，逐步引出了一个深刻的问题：是否有可能在舞台上充分刻画哈姆雷特和李尔王的个性？这篇文章通过它别出心裁的设计、逐步深入的探讨，成为一篇匠心独运的评论性随笔，它明确地展示出了英国人对本国最伟大诗人的态度。

同样，维克多·雨果为他的戏剧《克伦威尔》所写的序言也是评论性随笔的典型代表，在这篇随笔中，作者勇敢地捍卫了自己的文学信条，这一信条后来还为年轻的法国浪漫主义者所信奉。《克伦威尔》序言之于他们，就像是士兵手中的旗帜一样，使他们紧紧地团结在一起——一场反叛古典主义的运动在这篇随笔中得到彰显，使之成为现代欧洲文学史上的一份重要文献。

随笔中体现的民族性格

上文中所提到的两篇随笔，直接看来是个人化的，却由于代表了一代人或者一个流派所坚持的理论而变得更有意义，这也可以用来解释随笔的第三个特点。我们可以把随笔按照时间顺序来排列，连续地研究一个民族的观点。于是就很容易发现，在伊丽莎白女王时代，在17世纪以及之后的所有时代，英国的评论性随笔如何揭示了英国人在何种程度上认可、修改或否认了欧洲批评理论的主体思想。尽管随笔为这样一个连续的研究提供了素材，但并不是所有的英国评论性随笔都有强烈的个人风格或尖锐犀利的批评言论。一般来说，大量鱼龙混杂的书评和关于作家、戏剧及其他当代艺术的只言片语，通常是研究英国人思考方式最有价值的材料。在历史的某个特定时期，一个普通的英国读书人是如何理解“悲剧”“喜剧”“英雄主义”“统一”“诙谐”“品位”“幽默”“自然”这些词汇的呢？历史学家在众多的随笔中寻找答案，而任何一篇随笔都烙上了那一时代和民族的烙印。英国人根据自己所处的环境和时代来解释欧洲评论的法则和术语，于是一部英国评论文集就这样诠释了英国人的性格特征。

“随笔”这个词的历史

现在，我们先撇开随笔与评论之间宏观的联系，集中精力探究“随笔”这个词究竟是什么意思。在古英语里，这个词的形式是“assay”，即“试验或实验”的意思。它是通过法语，从晚期的拉丁文单词“exagium”衍生出来的，意为“标准重量”，或者更准确地说是“称重的行为”，与单词“examine”（检查）源自同一个拉丁文词根。根据《世纪词典》的定义，“essay”有以下几层意思：（1）试验、努力或尝试；（2）实验性的测试或检验；（3）对金属的化验或检验；（4）一种文学形式，涉及特定主题的散漫的作品，通常没有专题论文那么长、规整和精致，是一种短篇专题论文。

塞缪尔·约翰逊博士是他那个时代最著名的随笔作家之一，他在自己的词典里将“essay”定义为“思想的一次放纵的迸发，非正规的、杂乱无章的作品，既没有特定的格式也没有完整条理的文章”。很可能正是约翰逊博士定义中的“迸发”这个巧妙的单词，启发了之后的作家扎布里斯基先生，使他给出了下面这个精彩的定义：“恰当地说，随笔就是一些笔记的汇总，这些笔记显示了一个主题的某些方面，或提出了关于这个主题的某些想法……它不是正式的专题研究，而是针对这一主题所做出的一连串的进击、尝试或努力。”也正因这样的想法，扎布里斯基先生称随笔作家为文学世界的短途旅行者、文学的垂钓者，

认为他们是沉思者却不是思想者。他还指出，德国人的思维就不适合写随笔，因为德国人不会满足于仅仅对一个主题进行进击，不会满足于走马观花；他们必须要从头到尾把一个主题吃透，必须保证这个主题完全被征服。

早期的现代随笔作家

蒙田是现代随笔的鼻祖，他把随笔的重点放在了自传上。他承认，写作之于他“不是为了发现事物，而是为了表达自我”。他认为随笔应该是自发的，是摆脱了一切人为束缚的，它应该具备语言自由、形式多变、题材广泛等特征，他说道：“当我在纸上写东西时，就像是对着我遇到的第一个人倾诉一样。”培根勋爵于 1597 年出版了自己的第一本随笔集，其作品比蒙田的作品更具条理性，他更加注重素材的质量，围绕着他制定的主题，尽可能把句子表达完整。他非常严苛，没有采取蒙田那种随性、个性化的方法，他冷静且近乎冷漠地讲述他所概括的人间智慧，他喜欢采用意味深长的开头和结尾。他说：“写出专题论文，作者需要投入大量的时间，而读者也需要花费大量的时间去阅读，所以我选择写一些简短的笔记，赋予其意义而非趣味，这些笔记我称之为随笔；这个词出现得比较晚，但这个词所指代的对象却是古已有之。塞涅卡写给吕西留斯的《道德书简》，如果要

准确地描述其特征，就得称之为随笔，也就是漫无目的的沉思。”最终，就像蒙田和培根展现了文艺复兴晚期的思想一样，阿瑟夫·艾迪生的随笔概括了18世纪早期的思想，他也和两位前辈一样清楚地强调了这类文体的非正式风格，他说道：“当我选择了一个他人未曾涉足的主题时，我就把自己所有的想法都投放上去，这个过程不需要遵循任何顺序和章法，于是它们表现出来的可能更多的是随笔那样的随性和自由，而不是像论文那样的规整。”

早期的随笔

“随笔古已有之”，这一点是毋庸置疑的。与现代随笔风格类似的文雅、自由、灵活的讨论方法，早就出现在柏拉图的《对话录》，普鲁塔克的《希腊罗马名人传》，西塞罗、贺拉斯及小普林尼的书信，奥卢斯·格利乌斯的《阿提卡之夜》，埃皮克提图的谈话录以及马可·奥勒留的《沉思录》中。正所谓日光之下并无新事，希腊和罗马的绅士们，早就具备了蒙田的能力，能把文章写得率直、轻松、有趣，并持有一种能接受质疑的开明态度。不过，尽管他们带有一种现代随笔作家的精神，他们却犹豫地摸索着恰当的文学形式。蒙田的伟大之处就是他勇于冒险，敢于挑战上百个已有定论的话题，并对其进行“尝试”

和“进击”，而且总能获得成功，因此他的策略也就成了所有文学评论的典范。所以像蒙田那样思考、感受和写作，就是在写现代随笔了。如果缺少了他这位榜样，我们可能也就看不到兰姆、爱默生和史蒂文森的那些随笔作品了。

文艺复兴对随笔的影响

毋庸置疑，蒙田整个理论和实践的基础就是文艺复兴运动。文艺复兴是人类思维的“重生”，是人类生命能量和知识力量的觉醒，带给了人们看待世界的新角度，似乎没有什么能与之媲美。在这场运动中，教会、帝国和封建制度明显被削弱，新的民族、新的语言被人们所认可；新的世界得到探索，新的发明创造改变了日常生活的面貌；新的对于知识的自信、研究和评论，也取代了中世纪时期对权威的服从，所有的事物都被重新定位、分析。现实世界正在人们面前改变，人们内心的世界也不例外，人们对于个人的能力和观点、经验和品位普遍感到好奇。借用蒙田最喜爱的表达方式来说，这整个“不断变化而多种多样”的事物格局直接刺激了作家拿起笔来写随笔；同样，就其松散性、模糊性和广泛性而言，随笔的创作形式也非常适合这一时代的文化精神。

知识型（书卷型）随笔

例如，在文艺复兴时期有这么一种随笔，它主要是自由随意地研究古典的和中世纪的各种思想片段。泰勒的《中世纪的古典遗产》和《中世纪的思维》、爱因斯坦的《意大利文艺复兴在英格兰》、西德尼·李爵士的《法国文艺复兴在英格兰》、斯平加恩的《文艺复兴时期的文学批评》以及森茨伯里的《文学批评史》这类的现代作品，通过丰富的细节，为我们呈现了文艺复兴时期随笔作家所具备的历史知识的深度和广度。卡克斯顿为广受欢迎的古代和中世纪书籍所写的英文序跋，菲利普·锡德尼爵士那篇豪迈的《为诗辩护》，以及埃德蒙·斯宾塞那篇向沃尔特·罗利爵士解释《仙后》的随笔，都很好地说明了典型的英国人是如何看待过去充满想象力的生活的。格里高利·史密斯编纂的《伊丽莎白时期评论随笔集》，全面展现了16世纪英格兰从欧洲继承来的评论观念。在之后的300年里，英国评论性随笔的演化体现了这些观念在新的知识、社会和文学环境的持续影响下最终被保留、修正或演变的过程。

表达对生活的好奇心的随笔

另一种产生于文艺复兴时期的随笔，也是蒙田最喜爱的一种，不像前一种随笔那样关注书本，而是更多地关注生活。那

些曾被广泛接受的关于人的责任和宿命的理论，很快被新的文化、新奇的知识概念所打破。蒙田并没有武断地给这些问题下定论，他只是提出问题，并提供了一些可能的答案。

思辨性、哲理性和科学性的随笔，以及从人类对自己生活的不断变化的看法中汲取素材的社会性随笔，源头都是人类觉醒了的好奇心。在16世纪，一篇优秀随笔必然包括了这种内容：人们在讨论自己能够理解的话题时感受到的激情和乐趣。一个人可能在撰写正式专著的时候十分悲伤、严肃，从始至终思路清晰。但天生的随笔作家，虽然清楚地知道那片未征服领地的征途会充满坎坷，但他依然勇于尝试。就像兰姆和史蒂文森一样，随笔作家不是传教士，却在不断布道；像赫胥黎和廷德尔一样，他只是向人们陈述事实，却无形中教授了知识；正是这种对生活的好奇心，使随笔很容易被认可，并拥有很强的感染力。

自传性随笔

下面要讲的是第三种类型的随笔，它起源于文艺复兴运动对个人主义的强调，在蒙田、艾迪生、哈兹利特、德昆西、爱默生、梭罗和其他上百个人的文字中显现出了魅力，这就是自传性质的、“以自我为中心”的随笔。在这种类型的随笔中，作者很少因过分自我而引发傲慢，只是永远对自己抱有好奇心，并且非常愿意公开地探讨这个问题。如果你喜欢高谈阔论的人，那你一定很爱读这种随笔。但它总是暴露很多东西，而且像最个性化的诗歌——抒情诗一样，有时候暴露得太多。当率真和自负之间达到恰当的平衡时，或者像爱默生那样，内心的感性与理性和谐相处时，揭示自我内心的随笔就能实现自己存在的价值。事实上，有些评论家认为，随笔的主要特征就包括了主观性和抒情性。因此，A. C. 布拉德利教授曾宣称："表述的简短、朴素和单一，个性的彰显，主观的魅力，微妙的联系，主题和处理方式的有限范围，以及通过排除所有烦乱的心境和强烈的激情而创造的有条理的美——这些都直接来源于抒情因素，并且这些都是随笔的基本特征。"

可能我们得补充一点，这里所说的三种类型的随笔——"评论性随笔"，"道德的"或"哲学的"随笔（即"表达对生活的好奇心的随笔"）以及"自传性的随笔"，在文艺复兴时期全都具备强烈的民族特性，而且从此以后，每隔一段时期，民族特性就会体现在随笔中。在 16 世纪和 19 世纪，法国的评论都非常法国化。而英国的评论，在德莱顿和阿诺德那里则非常英国化，弥尔顿的短文和塞缪尔·约翰逊的《诗人传》中的道德说教，梭罗有关"散步"的随笔和洛厄尔有关"民主"的随笔中

所体现出的个人自信，分别体现出明显的英国风格和美国风格。一方水土有一方风情，这一点在随笔上也是一样。

作为历史文献的随笔

实际上，通读《哈佛经典》丛书的随笔部分，我们能进行一项有趣的研究，即考察几个民族在不同历史时期中的民族特性。以 18 世纪英国的随笔作家为例，在这一时期，天分不同但都才华横溢的名人都发表了一些个人观点，比如艾迪生和斯威夫特，斯蒂尔和笛福，锡德尼和塞缪尔·约翰逊，休谟和伯克，而对于研究 18 世纪的学者来说，不管他正在阅读休谟或伯克所探讨的“品位”，还是约翰逊所阐释的伟大词典的计划；是笛福为摆脱非国教徒的世界而设计的讽刺性方案，还是艾迪生在威斯敏斯特教堂那伤感的沉思，学者们都能透过它们不同的风格与观点，发现它们所具备的明显的种族、民族和时代特征，因此，这些随笔就成了重要的历史文献。读了它们，你就能更深入地了解马尔伯勒和沃尔浦尔的英格兰、皮特父子和四位乔治国王的英格兰。正如很久之前卡莱尔所说，任何一个时代都直接承袭了之前所有的时代，认真阅读 17、18 和 19 世纪的英国随笔，是从这些时代汲取教益的最好方法之一。

亚里士多德与评论性随笔

即使读这些随笔的人并不了解英国历史，也很少关注一个思想流派对后世的影响，都不难发现我们所说的“随笔”与更专业化的随笔形式——“评论性随笔”之间的区别。“随笔”像是围着一个圆点转圈，它转来转去最终会回到圆点。其实完全可以说，此类随笔已经在蒙田那里被炼造得炉火纯青，从此没有任何进步；也就是说，有一系列的随笔作家，虽然他们的风格各不相同，却都是模仿蒙田来写随笔的。但评论性随笔就不同了，它一直在进步，虽然这进步是十分曲折的。虽然当理论的风向发生改变、意见的潮水起起伏伏的时候，它也必须随之变化，但它始终在航行，而不是随波逐流。我们不妨拿希腊最著名的评论性随笔——亚里士多德的《诗学》举个例子。亚里士多德试图通过该随笔树立美学评论的某些基本原则，比如史诗的法则和悲剧的本质。它分析了当时的文艺作品的构成，检验了诗歌和戏剧分别对读者和观众造成的心理影响，并制定了一些精到的规则来指导诗人。与详尽的论文相比，这更像是一篇随笔，但它绝对不是蒙田（假如他是个希腊人的话）写的那类随笔。它不是个性化的，而是善于分析、系统化的。它的内容非常具有逻辑性，见解非常鲜明，因此成了可靠的评论过程的典范。

亚里士多德的“规则”建立在他那个时代的人性和文学风格的基础上，值得文艺复兴时期重新发现它们的人的重视，但如果人们机械地把这些“规则”套用到亚里士多德闻所未闻的诗歌和戏剧类型上，麻烦就大了。然而，我们所知道的“评论性随笔”却正是产生于这种混乱的、亟待调整的状况。亚里士多德将“真理”视作灯塔。这真理，忠实于身心，忠实于美的法则（也就是思维法则）。当文艺复兴时期以及法国和英国新古典主义时代的评论家们面对新的事实时，他们努力地尝试去调整亚里士多德的规则来适应塔索、莎士比亚和莫里哀等人的作品，却把事情搅得一团糟。他们尽力同时记住“古人的北极星”（古人的法则）和“现代法国戏剧的规则”，闭口不提与这些理论背道而驰的现实。这是一条艰难的航线，也难怪评论性随笔的历史充满了各种各样或勇往直前或犹豫不决的航海者。但是，真理的灯塔一直岿然不动，尽管从来没有航海者成功地抵达灯塔，但只要评论性随笔作家一直向着那个方向前进，就能获得足够的肯定。

评论的传统与随笔

简言之，评论性随笔的作家发现，自己走哪条线路取决于自己所承担的任务的性质。如前面所说，纯粹的随笔作家围着

圆点兜圈子，从自己的喜好开始，最后又回到自己的喜好。但是，如果一个人把随笔当作评论的工具，那么他在航行过程中就必须使用航海图和罗盘，而且必须从既定的起点出发，驶向一个明确的终点。如果他忽视前辈们所付出的努力，不知评论的大体目标与方法，他就注定会失败。比如，如果他在写一篇关于诗歌理论的评论性随笔，他就一定不希望写完的时候问题依然未能解决：他会渴望尽己所能，为探索人类知识的这一分支做贡献。由此，他必须弄清楚，在他参与进来之前，这场古老的讨论究竟已经进行到了何种程度。

贺拉斯写过一篇讨论诗人技艺的韵味十足的诗体随笔，曾被人蔑称为“商人的诗歌指南”，他原本并无意放下身段去效法希腊理论家的那一系列规则。但毕竟他的父亲曾经送他去希腊上大学，在他写作的时候，那些希腊老教授就好像在他旁边“阴魂不散”。很久以后，当意大利人韦达和法国人波瓦洛开始各自撰写有关同一主题的诗体随笔时，这位聪明的罗马人的灵魂就注进了他们的笔。锡德尼和雪莱在创作他们那有说服力的《为诗辩护》时，可能并非有意识地去继续那场由希腊人起头、在文艺复兴时期被重新提起的对诗歌理论的正式讨论，然而，他们对诗歌的信仰成为文学评论演化过程中的关键一环。华兹华斯、柯勒律治和沃尔特·惠特曼的序言也是如此，这些

人都是诗歌艺术在理论和实践领域的革新者，但是，像艺术领域大多数成功的革新家和“现代主义者”一样，他们十分清楚，对于自己试图攻克的堡垒，前人有哪些防御措施。不过，不管他们是多么有才华，都无法最终攻克堡垒，彻底的分析和定义也无法探知终极真理。评论性随笔的历史只是向我们展示了人类是如何接近真理的，那是对人类所付出的努力不断更新着的记录。

评论的类型

不管怎么说，通过各种努力，评论的三种趋向已经浮现出来了，它们通常被称作“判断性”“诠释性”和“印象性”的评论，我们很容易从理论上区分这三种评论的不同。“判断性”评论就是对既定事实作出判断，主要讨论的是规则和评论的“标准”，当然也可以审视这些规则赖以建立的原理，它的评价很可能是教条式的和专横的。借杰弗里之口，它直截了当地说，华兹华斯的《远足》“太糟糕了”，说他的《莱斯顿的白鹿》是“我们见过的已出版的最差的诗歌”。借丘顿·科林斯之口，它宣布：“评论之于文学，就是法律和政府之于国家。”论另一方面，“诠释性”评论的目标，更多的是要解释一篇具体的作品，而非对其进行评价。在可能的条件下，它寻找并确立正确的文

本，它弄清楚那些对于理解所讨论作品来说非常关键的传记和史实，它发现并揭示作品蕴含的意义和美，它指出文学作品所承载的道德意义和社会意义。毫无疑问，诠释一部作品常常等同于对它做出评判，因为，如果你证明了这部作品充满腐朽的内容，就是在用最有效的方式宣布“这是一本腐朽之作”。然而，“诠释性”或“欣赏性”的评论家的目标主要是解释，他更希望读者通过他提供的诠释，自己做出最终的判断。他把需要的事实陈列给陪审团，然后，他的任务就完成了。圣伯夫是此类评论的大师级人物，就像杰弗里是判断性批评的大师一样。

最后说到“印象性”评论家，他们不怎么注重标准，把“普遍认为”和“大多数人的共识”这种词汇留给了竞争对手。文本评论对他们来说枯燥无比，审视原则对他们来说太过“科学化”，在他们眼中，收集繁杂的传记和历史资料似乎是历史学家而不是评论家应该做的事，于是他们真诚地论述自己的“印象”、自己的个人喜好，以及自己的灵魂在欣赏杰作时的体验。他们把自己在接触书籍时所体验到的感觉和情绪翻译成一种符号，这符号是他们从所有其他艺术以及大自然无尽的美的宝藏中借来的。竞争对手们可能会把他们称为任性的人，而非有品位的人，但这些竞争对手却不可能真正驳倒他们，因为面对美的存在，不同的人会有不同的身心反应，所以没有人确切地知

道其他人作何感想，我们只能相信他说的是真的。而且印象性评论家们说话时，常常让人感到雅致、清新并光华璀璨，这使得所有其他类型的文学评论都成了冷漠而形式主义的迂腐。

评论类型的统一与融合

关于三种评论之间的理论区别，我们就介绍到这里，但只要是读过很多现代评论大家的文章的人，都会发现所有这三种随笔的特征常常同时出现在同一个人的随笔中，甚至出现在同一篇随笔中。有些著名的“印象派评论家”，比如兰姆、史蒂文森、勒梅特和阿纳托尔·法朗士，他们所知道的“标准”远比他们愿意承认的多得多。他们能够如此熟练地使用各种类型的评论方法，是因为已经将基本原理烂熟于心。史蒂文森在探讨“风格”的随笔中尝试过使用“科学性”评论，在论述佩皮斯的随笔中尝试过使用“诠释性”评论。杰弗里经常用圣伯夫的那种评注方式来写关于“民族性格”这个主题的评论。柯勒律治和爱默生，阿诺德和罗斯金，都是才华横溢的大师，在写文学随笔时不会拘泥于任意一种评论类型。

正如我们一直想要证明的，随笔本身的特性体现了这种实践中的折中主义是合理的，它是所有散文文学中最灵活多变、最个人化的形式。然而，在它开始探讨理论时，就必须更

多地使用本民族历史上演化出来的评判程序，它可能是“历史的”“科学的”“解释的”“判断的”；刚才说过，这种航行是要借助于航海图的，不能凭着纯粹的个人喜好围着圆点转圈。

在从“随笔”到“评论性随笔”的关系中，我们发现了随笔写作的文学和社会意义：它能在满足个人需要的同时发挥社会功能。一个读者，可以为了寻求快乐、刺激、慰藉或为了锤炼意志而阅读随笔作家的作品。西塞罗、蒙田和梭罗会和他探讨友谊、书籍和人类行为。他能要求更多的什么呢？他会在随笔作家那里，就像在抒情诗人那里一样，感受到自己的心境、审美及各种经验。这些随笔就像任何一种艺术形式一样，使他真切地体会到生命的丰富和圆满。

至于对整个社会的意义，随笔作家尤其那些置身于评论领域的随笔作家，帮助我们确立了判断标准。这些标准是客观且相对稳定的。当然，随着文明的进步，随着世界各文明种族在不同历史阶段倾向的不同，它们也不是一成不变的。但对任何一代人来说，总是存在着一个统一的“标准”。某一代人的审美和智力活动其实就是偏离“标准”最终又回到这个标准的过程，而文化的历史就是扩张与收缩的过程，研究人类就要首先研究作为个体的每一个人，随后进行一系列归纳，然后就是将归纳的结果具体运用到生活中。尽管“随笔”时常是坚持自由

精神的，但“评论性随笔”也以同样坚持承认并维护过权威的主张。毋庸置疑的是，有时候一代人认为，文学领域的争论必须是自由而没有约束的，而另一代人则觉得，大家需要集结起来捍卫规则。具体到我们这一代美国人的主要需要，几乎不用思考——我们应该阅读那些尊重文学标准与规则的随笔作家的作品，并从中获益。

第二节　诗歌理论随笔

布利斯·佩里[1]

《哈佛经典》系列丛书中的所有评论性随笔，有关诗歌理论的篇章是最有趣的。前面说了随笔的文学形式和性质，我们已经知道随笔作家写的并非长篇的专著，而是对所选主题的某些方面进行自由活泼的启发性探讨。要充分地讨论诗歌的大致主题，详尽地分析其性质、美学意义和社会意义、写作技巧，是一项异常艰巨的任务。但是，基本上所有的诗人都曾经透露过诗歌的某些秘密，或者他们对诗歌的赞赏。我们可以浏览一下从伊丽莎白时代到维多利亚时代的八位英美诗人的随笔，这些诗人是：锡德尼、德莱顿、华兹华斯、柯勒律治、雪莱、爱伦·坡、惠特曼和阿诺德。其中，德莱顿、柯勒律治、爱伦·坡和阿诺德这四位，是一般文学评论界公认的内行，而锡

[1] 见第七讲第一节作者简介。

德尼、雪莱、华兹华斯和惠特曼也对自己的诗歌艺术表述了一些很有说服力和启迪性的观点。

菲利普·锡德尼爵士

锡德尼的《为诗辩护》和雪莱的一样，是对一次抨击所进行的反驳，但诗人不怎么愤怒，也不觉得自己的对手能带来多大的伤害，雪莱所要应对的是他的朋友皮科克写的一篇幽默庸俗的随笔。锡德尼则是在间接地回应一位清教徒——戈森，他在自己的《妄诞派》（1579 年）中抨击了古代诗歌的道德缺陷与当时诗歌的放纵不羁。然而，锡德尼“为可怜的诗歌所作的可怜的辩护”（他本人如此开玩笑地称呼他的随笔），并非狭隘的争论，而是怀着一种高贵的热忱写出来的。在写随笔的时候他拥有足够的学识，了解柏拉图和亚里士多德的诗学，熟知意大利和法国人文主义评论家。他熟悉荷马和维吉尔、贺拉斯和奥维德，但他并没有因此瞧不起“珀西和道格拉斯的古老歌谣”。

锡德尼语言高贵、措辞优美，思想也非常清晰、有条理。在一环紧扣一环的段落中，他称赞诗人为导师和造物者，把诗歌跟历史和哲学进行比较，并且如亚里士多德一样发现，诗歌比后两者更加高贵。他探讨了不同种类的诗歌，检查了它们能在多大程度上教化和感动读者。然后，在巧妙地驳斥了对诗歌

存在的普遍反对意见之后，他像一个地道的英国人那样，将重点转向本民族的诗歌。虽然锡德尼本人没有预见到，但英国诗歌就是从那时刚刚开始进入最辉煌的时代。他的某些观点也很是偏颇，比如悲喜剧，即很快就被莎士比亚带上神坛的一种戏剧形式，遭到了他的指责，他称之为“既不像悲剧，也不像喜剧”。当然，这一看法如今被认为是异端，就像他的另一个观点一样：韵律对诗歌来说并非必不可少。然而，任何喜爱锡德尼的人，都不会和他争论这个或那个观点。300 多年的时间证明了，他的随笔属于他所称颂的美的艺术，并且读起来永远令人轻松愉悦并获益匪浅。

作为评论家的德莱顿

在锡德尼英年早逝 100 年后，英国的评论王子是约翰·德莱顿，但他并没有因此自吹自擂，他“遵循着恒久的规则”。他这个人简直就是一个矛盾体，反映了当时时代品位的不断变化——在古典主义与浪漫主义之间摇摆，随心所欲地改变自己的观点。但其作品始终具备可读性和个人化色彩，用最好的词来评价就是始终是“印象性的”，正如克尔教授所评价的那样，他始终是“怀疑的、变化的、自由的”。

其早期随笔《论戏剧诗》体现出了一个青年人对莎士比亚

和浪漫的狂热崇拜，随后他又成了墨守成规者，其目标是“给我的时代带来快乐”，并为当时盛行的新古典主义审美正名，但很快他又重新开始膜拜那“举世无双的莎士比亚”，赞颂朗吉努斯而抛弃了韵文。后来他又变成了理性主义者，宣扬“良好的判断力”和“适当”。在生命中的最后十来年里，他重燃了对高度想象类文学的热情；他翻译了尤维纳利斯和维吉尔的作品，并将乔叟现代化；他“迷失在对维吉尔的钦佩之中”，虽然打心底里他“更喜欢荷马”。在他评论家的事业接近尾声的时候，他写出了那篇夸赞乔叟的佳作，堪称随笔的完美代表。他在谈到这位老前辈时惊呼：“这是上帝般的丰富”，他在乔叟那里找到了与自己相似的灵魂。不过德莱顿其实不太理解乔叟的诗篇，否则他不会觉得乔叟的诗“不和谐”，不过他还是承认“乔叟的诗里有一种苏格兰调子的质朴的甜美，它虽然不完美，却是流露真情的，令人愉快的”。在更早的作品《为英雄史诗辩护》（1677 年）中，德莱顿向“已故的《失乐园》作者”（当时弥尔顿已去世 3 年）致敬，并把弥尔顿的杰作称为“这个时代或这个民族所创作的最伟大、最高贵、最庄严的诗篇之一”。

华兹华斯和柯勒律治

总之，德莱顿最棒的那些评论随笔会让人同意他所说的：

“最合适的评论家是诗人本身，虽然我并不觉得他们是唯一的评论家。”华兹华斯和柯勒律治的评论作品会使我们更加笃信这个观点。

华兹华斯没有德莱顿那么灵巧，也没有涉猎那么多的领域。论天分，柯勒律治是最伟大的文学评论家之一，他的风格是懒散而没有条理的。这二人曾致力于创作浪漫主义诗歌，而当他们把自己的才华用于为浪漫主义诗歌风格进行辩护和诠释时，便产生了影响整个英国文学发展的评论。比如，柯勒律治在关于“诗歌或艺术”的讲稿中，时不时地表现出深刻的洞察力，体现了他作为评论家的天资。他说艺术“是人性化自然的力量”，“激情本身是在模仿秩序”，“美是外形与生命力的结合”，“艺术作品选择的主题应该是这种艺术有能力表现和传达的主题”。

我们应该把华兹华斯为自己划时代的早期诗歌写的“序言”和柯勒律治在《文学传记》中的评论联系起来读，还要考虑在创作《抒情歌谣集》时这两位年轻诗人之间的劳动分工。柯勒律治对待超自然对象时就好像它们真的存在一样，而华兹华斯希望在自然对象中找出新奇的东西，也就是日常现实中的浪漫，当然，这两种方法最终就像光谱两端的颜色一样融为一体了。华兹华斯在说明自己的目的时，首先强调他使用了“中下层阶

级对话的语言”，就好像这主要是关于诗歌措辞的问题；随后，他又强调我们必须遵循“自身天性的主要法则”，并且辩论了“兴奋状态下观念联想”的美学问题；最后，他指出，用语应该“选择人们真正在使用的语言”，并且诗人所处理的事件和情境都应该具备“一定的想象色彩”，从而证明了自己最初的观点是正确的。研究华兹华斯的这种评论时，若是同时研究其随着理论变化而变化的诗歌文本，就是最令人兴奋且使人获益的了。

珀西·比希·雪莱

柯勒律治的影响贯穿在雪莱的整本《为诗辩护》（1821 年）中。雪莱和锡德尼一样心比天高，骑马冲进竞技场，去击退敌人的进攻，但他的敌人不是“道德家”，而是功利主义者。他并不像锡德尼、德莱顿和阿诺德那样深谙文学评论的历史，当然，他的确深受柏拉图的影响，但他在写作的时候具备的是一种全新的、个人化的视野。诗歌对他来说主要是想象力的表达：“它把人身上的神性从堕落中拯救出来”，“它记录下的是最幸福、最美好的心灵最美好、最幸福的瞬间”，“一首诗就是用永恒的真理去表达生命”，诗歌“通过一种神性的但无法被理解的方式发挥作用，它超越了意识”，“诗人参与了永恒、无限和唯一”。尽管研究诗歌理论的学者很容易判断说这样的句子都属于后柯勒律治时代，但它们真的是不受时间界定的，是永恒的，就像雪莱本人的光辉的精神一样。

埃德加·爱伦·坡

爱伦·坡的一生十分短暂，在生命中的最后一年，他为演讲写出了随笔《诗歌原理》（1849年），在其中阐明了他的信念："真正有想象力的头脑绝对是善于分析的。"虽然如果应用在雪莱身上，这句格言就不甚正确，但它却让我们看到爱伦·坡理想化地表现了他本人在逻辑分析方面的非凡天分。他孜孜不倦地解释着自己的写诗秘诀，而且虽然他写的评论在质量上参差不齐，还显得古奥艰涩，但他对某些评论原则的阐述还是无比清晰的。

在《诗歌原理》中，爱伦·坡除了普及柯勒律治的观点和一些"胡乱"的混合（洛厄尔认为这是爱伦·坡的"天才"做法），还留下了一个著名的定义，即"诗是有韵律的美之创造"。根据爱伦·坡的观点，诗歌通过升华灵魂而令人兴奋，但是，所有兴奋在心理学上都必然是一瞬即逝的，因此只有短诗才是真正的诗歌。对非凡之美的短暂而不确定的一瞥，即"非凡之美的创造"，正是诗人的挣扎，乃至于绝望。虽说爱伦·坡构想的诗歌的任务和方法缺乏普遍有效性，但这依然是理解他本人

那些韵律优美的抒情诗片段的一把钥匙。

惠特曼论美国和诗歌

沃尔特·惠特曼像爱伦·坡和柯勒律治一样，在诗歌理论方面也是信奉神秘主义和超验主义的，而与爱伦·坡和柯勒律治不同的是，惠特曼在诗歌实践领域是反叛的头目。《草叶集》（1855 年）的序言更像是一篇宣言，而不像是评论性随笔。作者在其中慷慨激昂，想到哪儿就说到哪儿，其中的一些段落后来还成了诗，因为它们所表达的情感是那么充沛，其探讨的主题是当时的美国给诗人提供了哪些机会。过去的时代都被诗歌表达得恰到好处，但现在这民主与科学的新世界则需要与以往不同的诗人。什么样的诗人能胜任呢？他必须热爱大地、动物和普通人，他骨子里必须是个诗人，融入宇宙万物，他的灵魂必须是伟大而不羁的，他必须认识到万物皆有灵。诗人必将成为新时代的祭司，也必将成为未来所有时代的祭司。

惠特曼没有在这篇序言中探讨他本人那种不押韵的、狂热的诗歌的写作技巧。然而就是他写的这种诗歌，吸引了两代人的注意，并缓慢地为大众所接受，而如果不了解其背后的诗歌理论，就几乎看不懂惠特曼的诗。这篇序言声称，如果对理论进行逐词逐句地分析和推敲，就会一头雾水，如果按照惠特曼

所吩咐的——只是简单地看一看，反而能充分领悟到它的意韵。

马修·阿诺德

“我没有质疑沃尔特·惠特曼先生的力量和创意。”这是马修·阿诺德于1866年写下的文字，但之后他又这样警告我们：“在文学领域，没有谁能够忽视自己的时代和民族已经取得的成就，仅凭一己之力便可获得独树一帜的成功：美国伟大的原创文学绝不是通过这样的方式实现的，这里的知识分子不可避免地要在相当大的程度上参与欧洲的文学运动。”在这一点上，阿诺德本人的随笔《诗歌研究》恰好派上了大用场，立即把我们带到了欧洲的这场运动中。这篇随笔本来是为一本英语诗集写的序言，他认为英文诗是“世界诗歌长河中主要的支流之一”。阿诺德以自己独特的方式，始终坚信人有必要发展一种对最优秀的、最杰出的事物的感受力。他指出纯粹基于史实和个人感官的评价中所存在的谬误，他把大师们的诗行和言语当作“试金石”，用来检验高品质诗歌是否存在。他接受了亚里士多德所说的诗歌比历史具有“更高真理”和“更高严肃性”的说法，并以此检验英国诗人的创作。

他坚定而沉着地把我们带回到“欧洲的运动”之中，带回到永恒的法则和标准面前。但他也教导我们，生活和艺术的资

源取之不尽、用之不竭。“诗歌的未来是无量的”，这是阿诺德的随笔的第一句，这也是一条能够被验证的真理，只要读者刻苦勤奋地了解诗人对于诗歌发表的意见，他就能够证明这条真理的正确性。沃尔特·白芝浩很久以前这样写道：“诗歌是极其深奥、极具说教性质的，它用最确定最明智的方式使人间万物得到了升华，但即使在今天，底层的民众也对这一简单的观念闻所未闻……在我们周围，一种对诗歌的信念正努力摆脱束缚，但它还没有成功。总有一天，当箴言被说出的时候，整个混乱的状态就会魔法般立刻停止，支离破碎的概念会组合成一种明智而正确的理论。”诚然，我们依然在等待那句箴言，而如果它哪一天被说出来，也很可能是出自诗人之口。

第三节　德国的美学评论

威廉·吉尔德·霍华德[1]

歌德曾这样劝告艺术家：去创造美，但不要讨论美。毋庸置疑的是，没有谁是通过研究“诗歌艺术”而成为诗人的。语言是抽象的，而艺术却是具体的；人理解的过程是缓慢的，而人的情感体验是迅捷的；人在理智上可以服气，但人的感觉却无法被说服。对于审美这个问题没有什么好争论的，但我们知道审美是可以培养的，虽然人的理解不同，审美因此千差万别，获得审美愉悦的来源也多种多样。所以不论是艺术家、艺术爱好者还是哲学家，都在不断地努力增进这种理解。

具备哲学思维的艺术爱好者喜欢思考美是由什么构成的，评论家们则大胆地树立一些法则，并且基于这些法则进行评判

[1]　威廉·吉尔德·霍华德（1868—1960），语言学家，曾任哈佛大学德语教授及德语系主任。主要作品有《拉奥孔：莱辛，赫尔德，歌德》（*Laokoon*：*Lessing*，*Herder*，*Goethe*，1910）等。

和分类。诗歌可能是最古老的艺术形式，也是最早服从于美学立法的艺术，不过，音乐、舞蹈、雕塑和绘画很快也进入了美学立法的领域，长期以来，一直被视作诗歌的兄弟姐妹。

美学评论的兴起

尤其是自 15、16 世纪的文艺复兴以来，艺术实践一直要依赖持续不断的理论评述来完成。文艺复兴时期的人们面前不仅有无数的希腊雕塑、荷马和维吉尔的史诗，还有亚里士多德的《诗学》与贺拉斯的《诗艺》，他们从这些古代作品中看到了人类文明的最高成就，就通过种种方式，努力将古代审美准则应用于解决当时的时代问题。于是，我们就发现在意大利以及随后的法国、英国和德国，许多探讨美学的作者仅仅是逐步地把自己从某些盲目接受的古代权威理论的束缚中解放出来。在亚里士多德看来，所有的艺术都是模仿的艺术，模仿的不是真实的自然，而是理想中的、美的自然（如法国人所言），而这样含糊难懂的概念却没有任何定义对其进行解释。同样，在西摩尼得斯那里，画被视作沉默的诗，诗被视作有声的画；在这里，还可以再重复一次贺拉斯那句被曲解的短语，人们总是自信地说："如画一般，如诗一般。"绘画艺术家计算出恰当的比例，并描述出创作过程的复杂规则，探讨诗学的作者讨论诗歌的遣词造句和修辞手法，但在论述绘画和诗歌的专著中，创意、处理和着色这三“部分”就是传统的理论分支。如此这般，只要具备智慧并且稍加努力就足以成为艺术家了，即使无法超越古代的天才们，至少也能循着古人所开辟的道路向前进发。然而，搞形式主义的评论家们大多还是坚持认为，艺术的目的是要唤起人的情感；要引导人，而且还要像贺拉斯所说的，给人带来愉悦。既然愉悦是一种个人的反应，有人可能就会询问，在一件艺术品中，是什么使我们感到愉悦，或者说，我们心中有什么让我们对审美愉悦如此敏感？与人类在文艺复兴时期所达到的高度相比，现代理论所取得的主要进步，就是更好地回答了第二个问题，也就是说，我们的现代理论具备心理学这一基础。

莱辛

在《拉奥孔》中，莱辛在绘画与诗歌这两种艺术领域之间画了一条最明确的界限，看上去他似乎是以最客观的方式来对待这两种艺术形式，而实际上，他将关注的焦点放在了艺术表达的途径而非其目的或实质上。莱辛提出，如果绘画的工具是空间里的线条和颜色，诗歌的工具是时间里的语言文字，那么就很容易得出推论：绘画最适合描绘静止的物体，而诗歌最适合于形容连续的行动；所以如果痴心妄想，试图用绘画去表现

行动、用诗歌去描述物体，就违反了绘画和诗歌的艺术表达上的合理性。我们不能忘记莱辛为这一严格原则所列的限定条件，也不能忘记他只出版了这部计划中的专著的第一部分。他认为绘画和诗歌的影响都来源于想象力，但他的目的是要通过研究艺术工具的差别，在不同的艺术之间树立明确的界限；他的《拉奥孔》是一部理性主义文献，其写作基础是认识和观察外在事实，而不是研究内在反应。

伯克

在美学领域，莱辛有很多前辈，这其中有两个人并不是职业的哲学家，他们因关注个人现象而引起重视——而莱辛对这方面没有多加注意，这两个前辈就是法国的杜博斯和英国的埃德蒙·伯克。

杜博斯承认由于艺术的表达符号不同，它们之间是有差别的，但是他依据艺术对感官的影响来比较和评判它们，因此为纯印象主义评论做好了铺垫。伯克不赞同这位法国人的评论方法，不管他多么尊重杜博斯的准则，他都从来没有用任何方式模仿过，但是他基本上赞同杜博斯对美感产生的原因的看法，而且，就像杜博斯从人的大脑渴望受到某种刺激这一现象中发现了人对艺术感兴趣的主要动机一样，伯克在人类的两种最强烈的感情——爱与恐惧中发现了艺术创作的主要目的，即美与崇高。伯克对绘画的评价不高，他说这门艺术的目的是呈现美，对我们的感情影响有限。但他对诗歌非常敏感，认为诗歌并不是通过唤起可感形象对人产生影响，而是以一种朦胧的崇高感来激发人的感情，而且严格地说，诗歌不是一门模仿的艺术。

鲍姆嘉通

虽然伯克与莱辛的论证方式不尽相同，但他们阐述诗歌职能的结论，从其消极的一面来看，是一样的，即词语不适合通过细节的描述生动地表现对象。伯克的《关于我们崇高与美观念之根源的哲学探讨》，虽然加工得不是很细致，而且是唯物主义的，但对于作为哲学分支的美学研究来说，仍是一部精彩的导引。然而，这门学科真正的鼻祖，创造了“美学”这个名称的哲学家，是一位与伯克同时代的德国人：亚历山大·戈特利布·鲍姆嘉通。

鲍姆嘉通信奉莱布尼茨和沃尔夫的一元论体系，他是一个头脑清晰的思想者，热爱诗歌，但对造型艺术是个门外汉，他致力于填补先驱们在灵魂的下层力量，即感觉的逻辑里所留下的缺口。他提出的关于美的理论具有普遍意义，他把美定义为完美的感官认知，但是他坚信前面提到过的那句格言：“如画一

般，如诗一般”，在实践理论的过程中，他只是将诗歌视作典型的艺术，而没有像伯克那样走得更远，将诗歌置于绘画之上。他把诗歌定义为完美的、诉诸感觉的言语，所以弥尔顿说，与随笔相比，诗歌更简单，更诉诸感觉，更热情洋溢。而且，美（包括诗歌定义中所说的那种完美）是客体之中以及客体与敏感灵魂之间存在的一套和谐的关系，它可以为智力所认识，但我们只能通过感官意识到它的存在；因此，诗之所以为诗，并非由于精确的“模仿”，而是因为崇高的思想；并非由于其优雅的形式，而是因为饱满的感染力，这种感染力影响到那些对人与物质环境的联系做出直接回应的官能。

席勒

莱辛的朋友门德尔松接受了鲍姆嘉通的学说，该学说为《拉奥孔》提供了基本的预设，并且一直延续到了康德和席勒的时代。康德既是分析家，也是理性主义者，他倾向于把理性、感觉和道德这三者分开，并且把它们全部归入主观判断。但是他的弟子席勒，为道德热忱所感染，希望为美的理论找到客观基础，使之成为科学与伦理学之间的中介点，还要让美得到更完善的思维、心灵和意志的认可。在莱辛的《论人类的教育》中，人逐渐从导引绳的束缚中解放出来，慢慢地不再依赖训练有素的自然能力，和莱辛一样，席勒把美学教育想象成把人从感官的束缚中解放出来，并且领着他通过文化进入更完美的自然状态这样一个过程。在这个过程中，要学习希腊人一直以来的做法，即给真与善裹上美的外衣。文明是通过专门化即劳动分工实现的，这对社会来说是有益的，但个人却因此不能使各项技能和谐发展，而美的灵魂渴望恢复一种平衡。如果在真实世界中这种平衡不能恢复，在表象的世界却是能够实现的。在表象世界中，人的思维能够自由地追随美的形象，并赋予这一形象他所有的知识和所有的善，这么做并不是出于某种阴暗的动机，而只是为了顺从自然的冲动。所以，诗人是完美人性的唯一现代代表，他调动起自己所有的力量，包括智力、感觉和道德，来实现他的理想王国。

第四节　如何写评论

欧内斯特·伯恩鲍姆[1]

前面遗漏的评论性随笔中，最重要的当属雨果、圣伯夫、勒南、丹纳和马志尼的作品。鉴于他们的学说与我们之前的论述联系十分紧密，我们在这里就要讨论一下他们是如何表达自己的观点的。《哈佛经典》这套丛书中所收录的评论性随笔都是非常经典的，不仅因为这些人的作品中包含了重要的文学评论观点，还因为它们本身就是文学作品。它们使我们在轻松愉悦的阅读中获益匪浅，它们的艺术构成使它们既不同于报刊书评，也不同于学术研究。是什么样的方法造就了这样的艺术效果呢？

主导观念

圣伯夫所引用的一部作品的标题能够告诉我们文学批评不

[1] 见第四讲第二节作者简介。

是什么样的，标题如下："米歇尔·德·蒙田，关于《随笔集》及其作者，以及作者的其他作品、他的亲友、他的崇拜者和诋毁者的一组鲜为人知的真相实录。"圣伯夫、丹纳及其他大师从未留下过一本这样的"实录"。他们将自己掌握的事实整理为一个系统，并且用一个观点来统领这个系统，不管这个观点有多复杂，其条理都是清晰的。大多数人在熟读一位作者的作品之后，会产生很混乱的印象，但一个真正的文学评论家能够把混乱变得秩序井然。勒南在他写的《凯尔特人的诗歌》中，"让那些消失了的种族重新发出声音"，使我们听到一个民族智慧的结晶，忧伤、温柔、富有想象力而非混乱的言论。在《〈克伦威尔〉序》中，雨果研究了无比复杂的浪漫主义运动，并且从中看出了怪诞与崇高的和谐统一。圣伯夫以简洁的定义回答了他所提出的"什么是经典"这个笼统的问题，即一部通过美的、个人化的风格揭示永恒真理或情感的作品。马志尼把拜伦定义为"主观个人主义者"，而把歌德定义为"客观个人主义者"。丹纳在写《英国文学史》的序言时，用"种族、环境和时代"这几把钥匙打开了文学发展之谜。我们暂时不用考虑这些学说是否真实，现在对我们来说，最重要的是知道这每一篇长长的随笔都可以用一句话来概括；因为在每篇随笔中，都有一个强大的思维掌控着每一个观点，并将它们诉诸笔端。

但在评论家构思随笔的主导观点时，他还是很有可能将这一观点表达得含混不清。他所掌握的信息越是丰富，就越是容易在随笔中介绍那些跟他的主导观点联系不那么紧密的事实。但伟大的评论随笔作家总是能统揽大局，使所有的细节都服从于整体设计。比如，在概括世界文学的发展脉络时，雨果只选择了那些预示了浪漫主义到来的阶段。而在整理蒙田和拜伦的生平时，虽然还有很多有趣却与主题无关的小事情，但圣伯夫和马志尼还是只写了那些能够说明他们对作者的整体看法的事件。

井然有序的安排

在大师们对材料的安排上，我们也能看到自觉的艺术。在丹纳和勒南的随笔中，我们看到每一个单一的段落都为之后的段落做了必要的铺垫。勒南直到描写完凯尔特人与世隔绝的生存状态之后，才顺势刻画出这个民族的性格特征，于是我们很容易就能理解凯尔特文学的各个分支。丹纳的写作手法就更有逻辑了，他告诉我们，想理解文学的发展脉络，首先必须认识“看得见的人”，接着再认识“看不见的人”，然后再了解决定其性格的特定的种族、环境和时代，最后探寻哪些原因通过何种方式导致了那样的结果。就这样，我们能更容易地穿越未知领

域：我们不需要从一点跳到另一点去，也不需要原路返回再走一次，向导会带着我们一步一步沿着他已经发现的道路前进。

例证

评论性随笔的基石是持续的、系统的观点，但是像所有的抽象概念一样，如果没有多少生动的例子作为支撑，这种观点就会很无聊或者难以理解。逻辑之花只有在生动的画面中才能盛开，甚至伟大的评论家偶尔也会忘记这一点。比如，在马志尼的作品里有一两个段落，如果能更多地引用歌德的作品进行详尽的说明，就会更具说服力；在雨果的作品中，只有几页内容让我们没有兴趣阅读，因为他在叙述浪漫主义诗歌的特征时没有举出相应的例子，但这种失误倒也不多见。这些评论家当中最有才华且最不容易情绪化的当属丹纳，是他制定了往理论的骨架里填充血肉的规则。为了解释他所说的“看得见的人”，丹纳清楚地描写了一位现代诗人、一位生活在 17 世纪的戏剧家、一位希腊公民和一部印度史诗。而勒南为了表现凯尔特人多么热爱动物和大自然，讲述了库尔威奇和奥尔温的故事；为了诠释凯尔特人的基督教，他叙述了圣布兰丹的传说。圣伯夫用寥寥数语定义了古典主义，而整篇随笔剩下的篇幅都在用这个定义解释具体的作家。

所有这些大师都很善于旁征博引。蒙田的那句“我欣赏一种流畅、孤单而平静的生活”被圣伯夫引用，歌德的一句“我允许客体平静地对我发挥作用”被马志尼所引用，出自作者自己之口的话澄清和证实了评论者们希望传递给读者的印象。雨果的随笔结尾之所以令人拍案，是因为他恰当地引用了亚里士多德和布瓦洛的话，这些话似乎是要将那些伟大的古典主义者都拉到雨果的浪漫主义派这一边。

文学作品并非例证的唯一来源。丹纳一直坚持认为，一种文学作品所带有的雅致会随着民族性格的变化而变化，他把它比作物理学家手中灵敏的仪器。雨果在作品里使用比喻很频繁而且很巧妙，他这样写道：“我们可以用隐喻来诠释那些我们勇敢地提出的观点，可以把早期的抒情诗比作平静的湖泊，它倒映着天空中的云彩和星星，而史诗是从这湖泊中流出的河流，一路奔腾，倒映着堤岸、森林、田野和城市，直至汇入戏剧的海洋。像湖泊一样，戏剧的海洋也倒映着天空；像河流一样，它倒映着岸边的风景；但这三者中只有它有暴风雨，只有它深不可测。”雨果眼中的诗人“是一棵树，会在风中舞动，会浸润在露水中；枝头上结满的果实正是他的作品，就像古老寓言家的枝头结满了寓言。为什么要依附于其他生命而生存呢？或者可以这么问，为什么要把自我嫁接到另一个生活模式里呢？哪怕是做一株荆棘，和雪松、棕榈生活在同一片大地上，也比做这些名贵树木上的菌子或苔藓更好”。马志尼先比较了在暴风雨中展翅翱翔的阿尔卑斯猎鹰跟在战斗环境下还无动于衷的安静的鹳，然后才开始比较拜伦和歌德；勒南在文章开头就铺陈了布列塔尼风景的特征，这就为他提出对凯尔特文学的看法做好了铺垫。用理性先勾勒出条理清晰的轮廓之后，就可以用想象填充美丽的色彩了。

观点的比较与冲突

随笔通过这些方式清晰表达出观点之后，就具备了可读性，但依然缺乏力量。为了使自己对一个作者或一部作品的观点充满力量，技艺娴熟的评论家总是用比较的手法来表现他所描述的主体的特质。马志尼的随笔的伟大之处，主要源于他对拜伦和歌德进行的显著对比。勒南通过强调法国人的《罗兰之歌》与凯尔特民族的《艾佛克之子佩雷德》之间的不同点，以及温柔的伊索尔特与“斯堪的纳维亚的复仇女神谷德伦和克里姆希尔德”之间的不同点，阐述了他对凯尔特文学的个性的看法。雨果通过描述古人简单淳朴的生存状态，使我们更加确信现代生活是十分复杂的。

若是有评论家不遵循这一原则，我们可能就会对他的随笔

发表这样的言论："是啊，这些观点很清晰而且读起来也很容易懂，可是探讨它们有什么意义呢？"伟大的评论家不会让我们在读文章时心如止水，他们有时候会变得非常好斗，就连温文尔雅的圣伯夫也会写文章警示那些所谓的"蒙田信徒"，因为他觉得这些人根本就不理解蒙田的精神。丹纳通过提及 18 世纪方法的缺陷，向我们展示了他自己的方法如何新颖和重要。马志尼谴责了那些拜伦的敌人及曲解拜伦的人。尤其是雨果，他让我们感受到将一种观点与其他观点碰撞到一起是多么刺激，他称自己的随笔为"对付古典巨人的武器"，他先让对手说出反对他的论点，然后他的作品就有了战斗的力量。阅读那些在表达清晰的基础上又具备了力量的评论性随笔，我们的头脑就处于兴奋和愉悦的状态。当我们看到它们如何巧妙地将逻辑、想象和情感融合在一起，我们就能明白，把所谓的评论与所谓的创造性文学作品区别开来是多么肤浅的做法。一篇优秀的评论确实是需要奇思妙想的，要写出一篇优秀的评论也是需要高超技艺的。

第八讲

戏 剧

第一节　概述

乔治·皮尔斯·贝克[1]

极少有人——无论成熟或是稚气，从未感受过想要扮作别人或者扮作别物的冲动，看到这种扮演而不觉欢悦的人则更少。回顾人类历史，不论其是野蛮洪荒还是文化昌明，模仿行为中这种本能的快乐从未缺席，而这种快乐正是一切戏剧的本质。模仿的本能诞生了演员，想通过模仿制造快乐造就了剧作家，希望以丰满的描写和不寻常的对话来提供这种快乐的欲望，则使戏剧文学生发于世。

尽管戏剧作品零零散散，然而以模仿作为呈现方式的戏剧娱乐，自早期希腊酒神节的庆祝活动开始——据我们所知它最

[1]　乔治·皮尔斯·贝克（1866—1935），戏剧学者，曾执教哈佛英文系，曾当选为美国艺术与科学院院士。主要作品有《莎士比亚作为一个戏剧家的发展》（*The Development of Shakespeare as a Dramatist*，1907）、《戏剧技巧》（*Dramatic Technique*，1919）和《现代美国戏剧》（*Modern American Plays*，1920）等。

早与戏剧发生联系，就在稳步上演；自上帝创造人类以来，戏剧本能就一直活跃着。戏剧固然良莠不齐，但我们从未扼杀过哪一些，戏剧中的优秀者即便不被发掘，但戏剧本身的魅力也丝毫不被减损，但正因为如此，戏剧中的糟粕亦存续下来。1642 年，正逢英国议会面临战事，它关闭了所有剧院，禁止任何演出活动。可是，尽管随后的年月时局动荡，于戏剧发展不利，但当局还是被迫于 1647 年撤销了这项法令，这是因为人们胡乱篡改从前流行的戏剧并且私下里演出，还因为有人从之前的戏剧中摘取滑稽的部分做一番粗俗的改编，在集市及其他公共集会上演出。显然，对戏剧的渴望这一本能是如此之强烈，以至于公众如果不能看到新戏，甚至连完整的老戏也不能看的话，质量极差的戏剧他们也愿意接受，他们就是不能忍受没有戏剧的日子。美国直至相当晚近时候，如果说人们对于观赏戏剧还有一丝犹豫的话，电影却毋庸置疑深受欢迎，共和军的地方组织曾给热情的观众放映了《夏伊洛的鼓手男孩》。今天，很多人即便不会去戏院也会去电影院。没有人能抹杀人类与生俱来的本能，立法去禁止，只会使它好的那一面得不到发挥，我们要做的，是改善那些不尽如人意的。

戏剧和大众品位

之所以出现前述局面，其唯一确凿的理由就是，公众对优秀戏剧的评断标准并不一致。尽管乔治·法夸尔所说的“戏剧就像晚餐，诗人就是厨师”并不正确，但萨缪尔·约翰逊的话却是实情，他说：“戏剧的规则是看戏的观众定下的。”奉上戏剧这份餐的人，其烹制和调味严格按照他所认为的公众口味来进行，他仅仅是在写戏剧，他并没有创造戏剧。要找准公众的口味，其难度不亚于在雾蒙蒙的天气里击中快速移动的靶心。让我们试着想一下那些公共演说家，如果听众对他要讲的主题一无所知，而他对自己的听众也一无所知，那么他就必须在自己演讲的内容中找到那些具有普遍吸引力的东西，从而巧妙地引发听众的兴趣。写剧本也是这个道理，不要为没有幽默感的受众写喜剧或滑稽戏，也不要为爱笑的受众写一出阴郁的悲剧。如果受众喜欢戏院，那么这一定是一群善听也很可能善于欣赏的人。戏剧受众对过去的优秀戏剧了解得越全面、越准确，那么一个剧本——如果在今天还算得上优秀能让观众投入欣赏并且理解的可能性就越大。

如何阅读剧本

对读剧本这件事，有一点应该记住，任何剧本不管它多么精彩，如果没有付诸表演，那么它依旧所失甚多。正如约翰·马斯顿在1606年所言："喜剧是写出来说的，却不是用来读的；记住，喜剧在表演中获得生命。"莫里尔也说过类似的话："喜剧是用来演的，而不是用来读的。"任何戏剧都得这么设计：只有必不可少的场景、灯光和表演，才能达到准确的效果。表演指的是演员的姿势、动作和声音，这其中最重要的是声音，它是向观众传达作者确切意思的一个手段，并且像音乐一样唤起人们情感上的反应。自顾自地"读"剧本绝不是剧本最好的呈现方式，甚至不是戏剧应有的面目。通常，正因为读者认识不到戏剧与其他形式的虚构文学之间的区别，他们丧失了原本即使在阅读中也可以得到的效果。

阅读戏剧需要比阅读小说或短故事更细心。剧作家不会用解释、分析和评论来引导我们对其所塑造的人物进行想象，相反，他所依赖的只有少数关于情节发展的舞台提示，以及他在对话中所选择词句的精练简洁。遗憾的是，很多读者习惯了阅读杂志上常见的短篇故事，进而把同样潦草的阅读方式带入了戏剧阅读中，没有把剧作家呈现出的东西串联起来，而只看到表面的篇章词句，不愿费一丝心神。不主动，不配合，戏剧在这种阅读方式中不会呈现其真正的价值。

首先，要在脑子里浮现文字所描述的场景之后，设身处地、思虑深重地去读，必要时阅读速度可以放慢，竭力将剧中来来去去的人物具象化。好剧本的台词意蕴深长，你匆匆一瞥所瞧见的那些不过是浅表的字面意思。作者遣词造句的选择，并不仅仅取决于剧中人物可能会这样或者那样说，更取决于它能够推动情节发展，它比作者之前考虑过的其他若干表达方式都更能调动观众的情绪。

阅读剧本，要保持一种共鸣的而不是旨在批评的心态。阅读剧本要想象，想象了才会入境，入境要尽可能深入。剧本读毕，深受触动，拍案叫绝，此时让你所受过的批评训练——并且仅仅是批评训练，来判断你的反应对不对。不要让偏见（不管是道德偏见还是艺术偏见）使你产生先入为主的判断，阅读的时候要尽量保持一种开放的心态。要知道，一个作家可能会把一个你从未关注过的主题处理得很成功，甚至促使你从此开始关注它，一个作家也可能把一个你视为禁忌的主题处理得让人可以接受并发挥益处。面对一个跳脱出你日常认知的剧本，不要臆断它一定很糟糕。如查尔斯·艾略特所说：“正是与不同代人的心灵碰撞，文明人的视野才得以扩大，同情得以提升。”一部非本国或者非当代的戏剧面世之初可能不受欢迎，但不要以为情况会一直如此——你要去研究它为什么不受欢迎，是舞台还是观众出了差池？一番研究过后，原来似乎枯燥无味的剧本会摇身一变，成为一部鲜活诱人的艺术作品。总之，读完剧本后，下判断须谨慎，除非你能证明“我之砒霜，于众人皆砒霜”，否则就不要说“这个剧本一无是处”，你只能说“这个剧本不合我的胃口”。

纵观戏剧史上的所有伟大时期，其共同特点都是题材和主题选择的绝对自由，个性化处理手法的绝对自由，以及观众都热烈地渴望感同身受地欣赏戏剧的热情（即使需要一定的指导），成果都非常伟大。如果公众广泛地阅读过去的戏剧，并严格按照上述精神，想象它们在如今上演是怎样一种情形并做出判断，那么，对于我们的剧作家来说，几乎一切皆有可能。

戏剧的本质

那么什么是戏剧呢？宽泛地说，戏剧是一切引起人的兴趣或使人愉悦的模仿性行为。中世纪最早的戏剧是教堂圣歌中的插段，在插段中，三个玛丽走向圣墓，发现耶稣已经升天，于是便满心欢喜地一路前行，三个玛丽的塑造并没有区别，台词配有音乐，仅有提示剧情的作用。此时，以及在接下来的年代里，戏剧的重头戏是表演，不是人物塑造（不管塑造得有多好），也不是对话——不管是为塑造人物所设的对话还是为了对话而对话。可以想见，早期的戏剧因其过于直白和简单而没有太大的文学价值。

10—13 世纪，插段中增加了表现复活、基督诞生以及其他圣经素材的剧情，故事也围绕这些新增插段发展了起来。为了让这些不同的插段具备艺术说服力，人物塑造成为必须——如果人物同质化，某些插段的剧情就根本不可能发生。于是，对白不再止于解释说明，它开始表现说话人的个性特征。后来，对白开始有了魅力、趣味、机锋，也就是说，对白有了自己的特质。当戏剧实现了人物塑造，剧本就成为对人类行为的揭示，就成为刻画和妙趣兼有的对白，而人类，自此有了戏剧文学。

随着时间的推进，其他各类戏剧也逐渐发展起来：以故事情节为主的戏剧，以人物刻画为主的戏剧，对话、情节和人物都有着重的戏剧，以及将所有这些因素——情节、人物和对话，全都完美融合的戏剧杰作。韦伯斯特的情节剧——《马尔菲公爵夫人》可用来举例说明大众品位的变化：令现代读者感兴趣的可能并不是故事本身，而是公爵夫人这个人物；当时的读者则恰恰相反——可以想见，该剧最后一幕无疑对当时的观众来说缺乏吸引力。在琼森的《炼金术士》中，吸引我们的主要也是人物。在谢里丹的《造谣学校》和康格里夫的《如此世道》中，对话和人物的重要性则不相上下。而在《哈姆雷特》《李尔王》《麦克白》中，故事情节、人物塑造和对话三者实现了完美的结合。

悲剧的本质

人们曾经认为，悲剧和喜剧的本质区别在于素材的不同。德莱顿认为，悲剧讲述的必须是在不寻常的境况下地位尊贵的人的故事，同时戏剧所用语言要与主人公当时的境况适宜。这一观念最早由亚里士多德在《政治学》中提出，其依据是对希腊悲剧的观察，这个定义对希腊悲剧来说可谓百分百契合。后来，一些研究戏剧批评理论的学者将其巩固并扩展，直至在英国英雄剧的夸张中，以及在高乃依及拉辛的那些崇高而略冷厉的悲剧里，这一定义得到了完美的表述。18世纪前30年，英国的感伤戏剧出现，与之相关的法国的“泪剧”和德国的“小资剧”亦纷纷登场，这一现实说明悲剧在各个阶层都有存在的可能——上流至底层，鸿儒至白丁。

那么，悲剧到底是什么呢？伊丽莎白时期的人们认为，凡以死亡结局的戏剧便为悲剧，但近些年众人开始明白，有时候活着比死去更具悲剧性。一部戏剧里呈现了悲剧事件，它并不一定就是悲剧，因为很多戏剧结局即便皆大欢喜，其中亦有催人泪下的插曲。那么，是什么让我们一致认定《哈姆雷特》《马尔菲公爵夫人》《钦契》是悲剧呢？因为在这些戏剧中，冲突始终伴随着人物：人物与自身的冲突，与环境的冲突，或者与其他人物的性格气质的冲突，随着悲剧性的情节发展，走向最后的灾难，而且这种结果是我们一路观察下来合乎逻辑的。所谓“合乎逻辑”，就是说结局由先前的事件中发展出，符合人物性格。这就是说，它符合我们已知的人类经验，或者符合剧作家向我们揭示出来的人类经验。

情节剧

然而，设想一下就会发现，有些悲剧环境并不是通过人物刻画来实现的。例如，在一部表现克丽奥帕特拉的戏剧中，我们仍旧会被某些特定的场景所打动，即使这些场景刻画的并不是一个因其任性和苛刻的爱情而导致最后灾难的人物。那么，我们是被什么打动的呢？换句话说，我们刚刚看到的是什么呢？是最宽泛意义上的情节剧。如果从人物刻画不足这个意义上讲，情节剧自戏剧诞生伊始便存在了。理论上说，这个名词于 19 世纪初传入英格兰，它源自法国，场景煽情，常有音乐伴奏。即便这种形式后来不再沿用，情节剧这个名称依然用来指代那种情节恐怖、人物刻画有所不足的戏剧。

故事剧

故事剧介于情节剧和悲剧之间，情节剧和悲剧大都有引人入胜的剧情，但只有后者能够用人物塑造使剧情合理化。故事

剧混合了轻快和严肃，滑稽和悲怆，尽管其结局总是欢快的。《威尼斯商人》是一出关于巴萨尼奥和鲍西娅的故事（莎士比亚也这么认为），很明显不是悲剧，而是故事剧。然而，如果按照现代演员的呈现方式（尤其是场景重排）来理解夏洛克的话，我们常常不由得要问：它难道不是一部悲剧吗？这里面有一个很重要的区别：喜剧和悲剧就素材而言，并没有本质的差别，一切都取决于剧作家如何着眼，他通过巧妙的强调，左右着观众的视角。夏洛克受审的场景就很好地说明了这一观点：对巴萨尼奥的朋友来说（对大多数伊丽莎白时期的观众来说也是如此），迫害犹太人的场面可谓喜闻乐见，而对当事人夏洛克来说，则是煎熬和折磨。

高雅喜剧、滑稽喜剧和笑剧

喜剧是有高低之分的。低级喜剧也可以称作滑稽喜剧，与行为举止有着直接或间接的关系。琼森的《炼金术士》里充满着各种对行为举止的直接描写，包括特征单一的人物以及个性鲜明的人物。阴谋喜剧主要围绕着一个爱情故事展开，涉及因此而产生的复杂情境，但其特征是间接地描绘行为举止。《鞋匠的假日》或可作为这类戏剧的范本，虽说弗莱彻的《徒劳的追求》这个例子更为典型。正如乔治·梅瑞狄斯在自己的经典之作《论喜剧》中所指出的那样，高雅喜剧使人在思考后发笑，你发笑，是因为作者让你立刻认识到了比较或对照中蕴含的喜剧感。例如，看《无事生非》，我们开怀大笑，是因为我们时不时地把培尼狄克和贝特丽丝所看到的自己，与我们在剧作家那发人深省的笔下所看到的他们进行了鲜明对比。

笑剧将未必有的事当作可能有的事，把不可能的事当成可能的事。如果是后者，笑剧常常会沦为滑稽戏，阿里斯托芬的《蛙》就是滑稽戏的标准模板。在当今的优秀笑剧中，总有一个关于人物或情景的荒谬前提，但我们一旦承认了这个前提，就能十分合乎逻辑地推出结局。

戏剧的社会背景

不过，即便你了解了以上差别，你依然会发现，欣赏过去的戏剧在起初仍然有一定难度。从 980 年开始，现代戏剧就超越了之前描述过的简单拉丁文插段，因为它有了事件推进、人物刻画和抒发情感的自觉，其后一直发展到有以英语、法语或德语写出的戏剧作品。接下来，戏剧在人物刻画上渐渐获得了巨大发展，到了 15 世纪末，出现了一些神话剧和道德剧，它们与马洛时代之前的任何英国戏剧不相上下，甚至略胜一筹。但是我们要知道，所有这些神话剧和道德剧的背后是一个尚未分裂的教会，故而随着宗教改革的出现，及其对个人判断的价值和终极性的坚持，说教戏剧开始让位给娱乐戏剧，即五幕剧的幕间插曲和开头。然而，正如伊丽莎白时期和詹姆斯一世时代的一些戏剧一样，我们在这些戏剧中也发现了粗野的基调，滑稽戏似的幼稚胡闹，故事情节的矫揉造作，这些时常使得我们读不下去。此外，它们的戏剧技巧——常常无视一致性的概念，通过合唱、独白和旁白来说明故事，现在看来有些过时了。除了其中最伟大的经典剧作（大部分为莎士比亚的作品）之外，伊丽莎白时期的戏剧刚开始读时会觉得有点古怪。只有了解到它们是在什么情况下产生的，我们才能理解它们的真正价值。

即便是埃斯库罗斯、索福克勒斯的伟大戏剧，也要求我们做好背景调查——这些戏剧所围绕的希腊生活是怎样的，他们为之而写的那个舞台又是怎样一番面貌？（对欧里庇得斯作品的要求要宽松一些，因为他更现代。）对于这些戏剧，想必成千上万的观众都对它们所表现的那些神话和故事有普遍了解，在了解的基础上再去观看，这类似于我们之前一代人观看由圣经故事改编而成的戏剧。我们应该抱着同样的态度，来理解伊丽莎白时期那些坚持不懈地欣赏《罗密欧与朱丽叶》《尤利乌斯·恺撒》和《哈姆雷特》的不同版本的公众，去看待其他剧作家对于同一个神话的更加现代的处理方法——他并不是要为新而新、哗众取宠，而是希望以个性化的手法处理一个古老的故事。伊丽莎白时期的民众也是出于这样的心态喜欢《罗密欧与朱丽叶》《尤利乌斯·恺撒》《哈姆雷特》的续篇。要评判希腊戏剧或伊丽莎白时期英格兰的戏剧，必须牢记以上的事实。

当你从希腊和伊丽莎白时期为了娱乐和教诲大众而写的戏剧转向高乃依和拉辛的作品时，所面对的戏剧就不同了。后者主要面向的是受过教育的人，而且，它们并不是凭借个人天赋创造的产物，而是根据批评理论精心创作出来的。这些理论，更多的不是来自对古典戏剧的研究，而是来自评论者们对一位希腊戏剧评论者即亚里士多德的述评。例如，关于时间、行为和地点的统一（“三一律”的产生本身是由于希腊舞台的物理条件所限）的本质就是亚里士多德的观点。相对而言，17 世纪的法国悲剧属于知识分子。

于是，随着人文主义精神广为流传，人们对塞缪尔·约翰逊的愿望越发产生共鸣，那就是，“以广阔的视野审视从秘鲁到中国的整个人类”，戏剧开始反映一切。这个世界不再将重心放在嘲笑浪荡儿和富家子的自私傲慢和自我放纵上，开始转而同情他的妻子、未婚妻或朋友——一切深受其害的可怜人。复辟时期的喜剧生动地说明了喜剧与悲剧的差别只因着重点有所不同：不经思考的笑声遭到冷落，同情的眼泪成为风尚，但是伤

感喜剧所体现的心理仍然是守成和肤浅的。直到19世纪，从来将受众的情绪反应作为重点的戏剧发生了巨变。在法国和德国，戏剧冲破了伪古典主义的桎梏。几百年来，这种桎梏把戏剧禁锢在空洞的说教里和死板的人物刻画上。歌德、席勒、雨果、大仲马和阿尔弗雷·德·维尼为我们呈现了一个戏剧传奇和历史的新世界，而反过来，这种浪漫传奇又催生了以科学精神为基础的现实主义，摒弃了一切旧的价值观。

戏剧中的现代心理学和社会学

在易卜生及其追随者的作品中，对性格、行为、对错，甚至一般意义上的因果关系的透彻审视随处可见。这些剧作家牢牢扎根于新兴的、正蓬勃发展的心理学，同时坚信个人主义，认为每一种被普遍接受的观念都应当有其合理的根据。最近半个世纪以来，正是这样的剧作家稳定地拓宽了戏剧艺术的领地：他们由单纯地讲故事发展为创作伦理戏剧。实践使这些人确信，在有限的时间内（至多两个半小时），一部戏剧最多只能陈述一个问题或描绘一组社会状况，于是他们开始将描绘状况或提出问题作为剧作的唯一内容，不再试图给出（哪怕是暗示）答案。

我之前已经提到过，18世纪的创作伤感戏剧的作家也描绘了社会状况，但其出发点却是直觉性的。今天，我们摆荡至另一极端：剧作家意识到了戏剧空间的有限性，因相互矛盾的心理学理论感到困惑，人类灵魂的复杂性让他们倍感迷茫，这群人因此坚信，大问题提出之后不可能瞬间得到解决，也没有现成的灵丹妙药，故而今天很多剧作家对“恶”的情境仅止于描绘，其准确意义，或者是更好的，对“恶”的解决方法，则等待他人来找寻和提出。高尔斯华绥的《正义》，就像欧仁·白里欧的《红色连衣裙》一样，没有提出任何解决方法，但两者所描写的状况都因剧作本身而发生改变——《正义》描写了监狱生活状况，《红色连衣裙》刻画了法国小法官生活的黑暗面。

歌舞剧和电影的威胁

当今美国的年轻一代对剧院表现出了真切的热情，他们疯狂地涌向剧院——这里“剧院”不仅指演出戏剧的地方，还包括歌舞剧院和电影院，这种情况在之前的美国从未出现过。看戏剧的话，人们通常要走不短的距离，而且经常需要预先存钱。而歌舞表演和电影的票价却很便宜，几乎人人都买得起，加之演出场地近便，其风靡便不足为奇了。但问题是，它们所提供艺术上的价值有时就像其价格一样低廉。固然可能有优秀的歌舞剧，而且也有适当的法律去剔除歌舞剧或电影中的糟粕成分，但我们还是要承认，有一些隐藏的危机是法律鞭长莫及的。首

先，歌舞剧和电影能为尽可能多的人提供价格更低廉、服务更舒适的娱乐，这导致包厢和楼座里的上座率远比从前要低得多。剧院上座率的降低自然会影响很多戏剧上演的机会，因为一部戏剧要想上演，剧院经理必须确保观众数量——观众至少要比经常光顾交响音乐会的人多。

歌舞剧就像在火车上阅读的短篇故事集一样，通常只是消磨时间的方式，基本上不需要人集中心志。歌舞剧，如果抓住了我们的兴趣点，我们自然会去注意；如果看完“一轮”下来全无亮点，没关系，我们坐等下一轮开始，根本无须大费周折，我们就坐等亮点自动跳到眼前就好。但是戏剧不同，它有文学价值。前面已经讲过，阅读戏剧要集中心志，尽力将其场景具象化，表演戏剧则需要忘我地与剧情发展、剧中人物共进退。这些只是戏剧最基本的要求，但歌舞训练出身的演员却愈来愈少具备这些素质。非要说起来的话，电影只是剥离了所有元素只剩动作的戏剧。戏剧中最主要的魅力：声音（不考虑留声机能够再现的那些）得不到表现。再者，像电影放映机和留声机这样一些机械装置的组合，在“人的戏剧”这个层面上，在效果的真实性上，在说服力上，能不能比得上人？要知道，人在戏剧中可看、可感，我们何其有幸！电影放映机和留声机的组合只不过是弗兰肯斯坦的机器人——会表演而已。但不可否认的是，电影和歌舞剧真真切切地威胁到了戏剧。

现代教育中的戏剧

所幸我们的中学、大学和社区里的戏剧教育多少起到了一些积极的作用，否则前文所讲的情形可能会彻底地令人灰心丧气。早在16世纪，英国和欧洲大陆就重视让学生练习戏剧表演的发音、吐字和行止。比如拉尔夫·拉德克利夫，他是赫特福德郡希钦公立学校的校长，曾为自己的学生们写过很多戏剧；尼古拉斯·尤德尔先后在伊顿公学和威斯敏斯特公学担任老师，他留下了英国戏剧的早期里程碑之一《拉尔夫·罗伊斯特·多伊斯特》，一个糅合了早期英国戏剧的实践和拉丁文喜剧的产物。在欧洲大陆，父母时常聚在一处，满怀爱意地观看自己的孩子们用拉丁语或母语进行戏剧表演。类似的，在今日全国各地的中小学，明智的老师也在引导孩子们以各种不同的形式展示他们的戏剧天分。如今，小舞台成了很多中学配套设施的一部分，过去的经典戏剧和当代戏剧中的优秀者都被搬上舞台，甚至偶尔还会有学生们自己写的戏剧。参与其中，学生的收获不只是发音、吐字和仪态举止，经常接触优秀戏剧文学的年轻人，其文学水平肯定也会提高。以令人愉快的方式推广有水准的戏剧，歌舞剧和电影的诱惑自会减弱。但是请注意，眼界要放宽：年轻人必须熟悉当代和历史上最优秀的作品——喜剧、悲剧、笑剧和滑稽戏。

假如国人对戏剧的精华部分没有真正意义上的理解，至少是通过阅读来理解，那么年轻人的戏剧训练永远都不完整。但是，如果戏剧前辈也认识不到戏剧所可能产生的价值和永恒魅力，他们怎么能理解年轻人的需求？年轻人想在戏剧中找到乐趣，这是不可避免的，戏剧前辈需要确保这种需求得到满足，这很合理、很自然。

年复一年，艾利斯岛[1]迎接着来自世界各地的人们。有些人不大理解这里的公民责任意味着什么，客观来说，这种责任确实适于相对比较同质的民族，故而移民的困惑可以理解。美国的日益强大，依赖的正是个人责任的实现。我们该如何向这些移民解释美国生活的多样性意味着什么，并使他们融入这个国家呢？社会服务机构在戏剧中找到了最有效的办法：南欧人和东南欧人情感丰富，喜欢表演，于是在社区活动中心，让他们通过演出优秀的戏剧，学习我们的语言，并且知晓美国生活的种种理念。

---

[1] 纽约的这个小岛曾经是移民过境检查站的所在地。

如何评价戏剧艺术的水平

为了回应人们对戏剧的广泛兴趣，全国的男男女女都忙起了剧本创作这一高难度的艺术。而为了回应这一部分人的需要，大学纷纷开设戏剧创作课程，尽管10年前这门课还不存在。下面是剧作家迟早都要面对的两难选择：是写肯定能赚钱的东西（这样可能就要迎合公众低劣的艺术口味和道德观），还是坚持自己认同或者设定的戏剧艺术标准，直到赢得自己的观众？要想使后者成真，就要求有相当一部分公众十分了解和热爱过去那些优秀的经典戏剧，以至于炼成火眼金睛，很快就能从当今的戏剧中看到希望。过去的戏剧给了我们评断当代作品的标准，而这些标准又为今天的剧作家所践行，反过来为下一代提供了更广泛的标准。戏剧拥有一个巨大的文学宝库，它从人类的永恒渴望中生发。戏剧是伟大的生活揭示者，倘若恰当地加以处理的话，它还能够成为最具潜力的社会教化力量。你消灭不了戏剧，压制它只能让其中的劣等者走上前台。任何一个受过教育的人都应该明白这个道理，但明白的前提是你仔细阅读了戏剧，并且带着同情心去读，广泛地去读。

为了使以上设想成真，《哈佛经典》这套丛书做了戏剧作品集，但这只是一种激励，为的是促使人们产生了解更多戏剧的愿望。丛书所收集的只是伊丽莎白和詹姆斯一世时期戏剧作品的很小一部分，然而，这些为数不多的戏剧名篇，依然能让我们一窥 19 世纪和 20 世纪法国、德国、英国、斯堪的纳维亚、意大利、西班牙及俄国丰富的戏剧宝库是何种风貌。今天，英国戏剧经常被搬上舞台，但其中只有少数超越了 17 世纪以来的任何一部作品。日复一日，戏剧在创造历史。在当今的英国和美国，戏剧的活跃、独立、雄心勃勃令人吃惊，它不倦地为层出不穷的主题寻找着新的表达方式。不可否认，它时常是粗糙的，在美国尤其如此。只有等到公众迫使它思考得更为细致，刻画人物更加合乎逻辑，更严格地避免纯粹的做戏时，它才会对自己的粗糙有所认识。任何这样的改进背后都必定站着热爱戏剧的公众，他们对戏剧的热爱，不仅来自今天的戏剧，同时也来自对过去不同国家和不同时期戏剧的广泛阅读。

舞台对戏剧的影响

再伟大的戏剧都不可能独立于戏剧舞台而存在。在一流戏剧主导的时期，不管戏剧的要求多么苛刻，舞台都要服从于戏剧，直到舞台本身具有可塑性，而在二流戏剧盛行的时期，戏剧让步于刻板僵化的舞台，让生活去适应舞台，虽然反过来才是正道。

正如不同时期的戏剧有不同的种类，不同时期的舞台亦各具特点。拿圣歌插段来讲，教士们起初在祭坛近旁的高台上表演，后来演出形式逐渐发展，舞台转移到了唱诗班屏风前面的空地，正处教堂穹顶的下方，中殿和耳堂的交汇处。中殿里和相邻的耳堂中，满是或站或跪的虔诚礼拜者。由于大教堂空间有限，加之其他原因，几代之后的教士们将戏剧舞台搬到了教堂正前方的广场上。为了使所有人都尽可能获得最佳的观看效果，他们最后把演出放在升高的平台上。到这时，戏剧从之前的主要由教会人士掌控变为戏剧同业公会的专利。演出搬到了彩车上，其结构与现在用于游行的彩车不同，但是也有两层，底层足够高，可作为更衣室。计时工拉着演出车，从早到晚，一站站穿过约克或切斯特这样的城市。演出车所至，临街的窗户人头攒动，座位不仅在广场四周搭起，甚至屋顶上也是。由于舞台是露天的，布景便不大可能，演出者用上了精心制作的道具以做弥补。相比之下，在欧洲大陆特别是在法国，如果布景恰好是房子的正面、城门或者墙壁，那么它们就能够随意自由地安置在为戏剧搭建的巨大的固定的舞台上，这些舞台通常建在城里的某个大广场上，想看戏的人成群结队地涌向这些地方。

简单来讲，在剧院出现之前，舞台就是公共场所里的一个露天平台，可大可小，可移动可固定。如果是活动舞台，就简单处理一下，在后面挂一道帷幕，隔出一个空间，用作换装或者是让提词人站在里面，再次布景是不可能实现的。如果是固定舞台，就可精心搭建摆置，造出代表房子、船只、城墙等的布景，舞台的背后和侧面都可以作为背景的一部分来装饰，但从“固定舞台”这个名字即可看出，布景在表演的整个过程中都不会移动。房子、城墙等，需要的时候便用，不需要的时候当它们不存在就好。

16世纪，戏剧演出不再由同业公会掌握，而是转入演员团体手中。演员们借此逃离了熙熙攘攘、令人不适的公共广场，在旅馆的院子里找到了安宁的演出场。那时，旅馆院子四面（有时是两面，有时是三面）有廊台，类似于我们今天剧院里的楼座。演员在街口对面搭一个简易的台子，在第一层廊台的边沿挂一道帷幕，直拖到舞台上，这样，帷幕后面的房间便可用作更衣。这样一来，他们有一个前台，一个后台（即第一层廊台下面，把帷幕拉开就是），第一层廊台上可以按剧情需要代表城墙、罗密欧和朱丽叶的阳台或楼上的一个房间，这之上的一层或多层廊台可以用来代表天国，神和女神在那里现身。一般的观众站在院子里观看，买高价票的观众则坐在侧面或对面尽头的廊台上。

现代舞台的发展

1576年，第一座剧院建成于伦敦主教门外，剧院呈圆形，状如斗牛场。舞台伸入围场，后台位于楼座下方，第一层廊台亦被利用起来，演员们只不过是复制了他们在旧时旅馆院子已经熟悉的那一套做法。与更早的时期一样，布景是不可能有的，只能在廊台后面或下方悬挂画布，权当布景。之后，伊丽莎白时期的戏剧家开始在场景上用心经营，那就是力图通过剧本里的暗示或描述使场景得到呈现。一个世纪之后，缺乏舞台场景的戏剧必须使氛围感、真实感，甚或是魅力从自身内部得到散发。但是，随着越发精致的宫廷面具表演在观众中产生影响，他们强烈要求剧院经理尽力去复制类似华美富丽、恍若幻境的场景，但这绝非易事，宫廷戏的场景位于舞台上一个拱门的后面，已与现代舞台类似。它所带来的影响就是，到 1660 年，1590—1642 年的布景都缩到拱门的后面去了。

接下来的两个世纪里，舞台布置越发精细：垂幕挂在后方，侧屏安装在滑槽里，并有绘制的饰边。值得一提的是，16 世纪下半叶之前，因为火把用起来较为困难，而篝灯也不稳定，演出都在白天进行。及至后来夜场演出成为时尚，蜡烛一直是主要的照明工具，直到汽灯发明，为剧院照明带来了一场革命。

约 1860 年前后，厢式布景出现，它把整个舞台与外界隔开，取代了背景画幕和彩绘侧屏。虽然麦克里迪、查尔斯·基恩和亨利·欧文爵士的布景无疑在华美和梦幻上已然登峰造极，戏院老板和戏剧家们却依然坚持不懈地共同努力，尽可能在这方面做到更好。一方面，现实主义对舞台的限制近乎苛刻；另一方面，诗剧和幻想剧则迫使舞台将我们的想象视觉化。面对这诸多要求，现代科学和发明派上了用场。比如，电的发明为舞台照明开辟了一条新路——事实上，人们对舞台照明的探索是永无止境的。现在，尤其是在德国，人们发明出了巧妙的装置，使变换布景的速度得到提升。其他地方特别是俄罗斯和英格兰，则在其他方面表现出了技巧和艺术性——那就是竭尽所能地激活观众的想象力。它们能够借助暗示，而不是琐碎而令人困惑的细节来达到这一目的。现如今，过去那种略显刻意的布景得到了改进——人们在舞台上四处悬挂帷幕，各处装饰一些道具，又或者在后面悬挂画幕，也就是说，会给出观众所有必要的暗示。

当今最好的舞台迅捷灵活，与16世纪的光秃秃的舞台恰成鲜明对照。而要做到这一点，就要求建筑师把舞台造得更灵活，要求物理学家和艺术家把灯光设计得如梦似幻，要求好的设计师布置装饰。总而言之，纵观舞台发展史，舞台始终希冀并竭力适应戏剧家的要求。今天的舞台，已经变得空前的具有可塑性。

现代戏剧的世界性

戏剧所经历的诸多改变，并不止前文提到的几个方面。从前，戏剧几乎完全是民族性的。那时，一部有本土色彩的戏剧，是别地的人们理解不了的。比如说，19 世纪 70 年代的美国民众就不能理解小仲马和奥日埃的戏剧。但是现如今，随着旅行成为常事，跨国交流手段越来越多，使观念交换得以异常迅速，以至于一部戏剧如果在莫斯科、圣彼得堡、斯德哥尔摩、巴黎、伦敦或马德里大获成功，就能迅速传遍世界。随着不同国家间的共同利益越来越多，思想和道德的发展动向就不仅仅是国家性的，而且是世界性的，而这一切也意味着对世界性问题的任何民族化的处理都会引起广泛的兴趣，它甚至会让整个世界对本土问题产生兴趣。而这一切变化中最显著的一个是，观念的自由交流甚至能让一个民族的幽默被另一个民族所理解。

于是，今天的戏剧具有了世界性。百老汇上演着莱恩哈特在柏林出品的戏剧，而巴黎和柏林可以看到百老汇的《命运》。百老汇对高尔基、白里欧、施尼茨勒耳熟能详，英美的戏剧在欧洲大陆观众不少。两代人以来，戏剧一直努力使它的座右铭名副其实："我属于人类。"如今，这一目标实现了。在世界的每一个地方，戏剧都触动着人们的心弦，激起共鸣无数，受到热烈欢迎。戏剧反映了自然，用欢笑和眼泪向人们徐徐揭开了这个世界的面纱。

第二节　希腊悲剧

查尔斯·伯顿·古立克[1]

“drama”（戏剧）原是希腊文单词，意为“行为”，或者按照希腊人较为严格的用法，指发生在眼前的行为，借此将剧院的产物与史诗或历史中的行为加以区别。不过，正如希腊人所理解和记录的那样，史诗和历史也有着高度的戏剧性。

希腊戏剧史的三个发展时期大致对应了三个世纪。公元前 6 世纪是准备时期；公元前 5 世纪，雅典戏剧天才辈出，争奇斗艳；公元前 4 世纪是所谓的新喜剧时期，新喜剧的诞生很大程度上受到欧里庇得斯的现实主义的启发，它描绘风俗习惯、展现家庭生活和社会时弊。

[1] 见第五讲第二节作者简介。

希腊戏剧的起源

只消粗略扫一眼《哈佛经典》这套丛书中的任何一部戏剧，马上就会对旁白的突出地位有所认识。要想理解这一点以及戏剧结构的其他特点，我们必须对悲剧和喜剧追根溯源。

尽管这种探究由于篇幅所限不能深入，却必不可少。感谢希腊人的建设性天才吧！正是他们创造和发展了戏剧——各个时代和各个国家所熟知的那种戏剧。

戏剧是在宗教中建立起来的。在希腊人看来，戏剧起源于对狄奥尼索斯的崇拜。狄奥尼索斯作为阴间的神祇，是最晚进入希腊人的万神殿的一个，对他的崇拜曾激起很多反对。狄奥尼索斯的故事交织着胜利、喜悦以及痛苦，他代表了自然赋予生命的力量，他是葡萄神，也是酒神。在葡萄收获节上，乡民们欢歌起舞，以示对狄奥尼索斯的赞美。他们还把酒渣涂抹在脸上，将山羊皮覆于身上，模仿山羊的样子，扮成酒神的仆从，称作萨梯（森林之神），吟唱的歌曲也就被称为“山羊之歌”，曲子在多年之后才有了庄严高尚的意味。公元前 7 世纪末，科林斯的诗人阿里翁出于自己的目的而改编了这首民歌，借酒神赞美歌之名，“山羊之歌”被赋予了一种文学性的色彩。这首歌在形式和内容上变化不断，但其独特的感伤却贯穿始终。这个关于酒神的故事在铺陈的过程中，喜悦、怜悯、恐惧等各种情

绪交相于合唱中迸发，一直穿插其中的副歌部分则不断重复同样的字句。

酒神赞美歌一直是纯吟唱的，但在公元前6世纪，不知为何也不知是通过何人之手，酒神赞美歌经历了一次意义深远的改变。某个天才——也许是泰斯庇斯，有了这样的异想：在礼拜者合唱队的面前，应当有一个人扮演酒神，或者某个与酒神神话有关的英雄。扮演者头戴面具，手持另外一些符合其特征的道具，跳着舞，做着各种姿势，与合唱团的领唱展开对话，对话将时不时地被合唱队的评说打断。

在所有欧洲文学中，“泰斯庇斯”都不是一个陌生的名字。泰斯庇斯，伊卡里亚岛本地人，出生于潘特里科斯山脚下阿提卡的一个村庄。此地在多年前由于一帮美国探险家而得以重见天日，至今这个村庄还被称为狄奥尼索斯。它所在的山谷通往马拉松，零落的废墟掩藏在橄榄林和葡萄园背后，你丝毫看不出它就是欧洲戏剧的发源地。公元前6世纪下半叶，泰斯庇斯曾在这里演出。

他的作品如今已全部湮灭于世。这些作品也许只是粗略的提纲，而不是完成了的戏剧，走的还是即兴创作的套路——这种办法，按照亚里士多德所说，在戏剧发展的早期阶段很是流行。

最早的剧院

公元前5世纪，各个剧作者和剧作开始有真名实姓可考，戏剧逐渐取得了惊人的成就。此时，就连城市也已经开始庆祝乡村酒神节。早在公元前6世纪中期，人们就在隆重的仪式中把酒神迎请至雅典，并在雅典卫城的东南坡上设了专门的供奉之处。人们在他的圣殿旁平整出一块地面，用以布置盛大的圆形舞台，祭坛即置于舞台中央，观众就排列在雅典卫城的斜坡上。圆形舞台不远处的对面便是神殿，神殿后的伊米托斯山遥遥矗立，构成背景。除了类似的自然景观之外，再无其他布景。不久之后出现了一个惯例：来自雅典城内或邻近地区的演员从观众的右侧进场，而来自遥远地区的演员则从左边进场。

早期的悲剧创作者们身兼数职：他们要为演员编曲子，排舞步，教合唱队唱歌。他们认为一个演员就已足够——角色不止一个并不成问题，演员可以在舞台旁的棚屋里更换面具和服装以扮演不同的角色。从埃斯库罗斯的戏剧来判断的话，合唱队领唱的角色是最难演绎的。普律尼科司是最早的诗人之一，他以高尚的爱国主义精神、甜美的抒情诗、活跃的创造力——比如说，他敢于运用像《米利都的陷落》这样的历史题材，以及为演员引入女性角色而闻名。正如亚里士多德所强调的那样，进步是缓慢的、试探性的，但有一点很清楚：对于过分偏离宗

教起源和演出场合限制的表演，观众并不买账。保守派不止一次抗议："这跟狄奥尼索斯根本没关系。"类似的反对意见会让作者克制自己不要太过仓促地背离传统。悲剧的高尚目的和严肃性，更多地要归功于那个时期诗人们的严肃意图和深刻的宗教确信，而不是其发轫之初的潜在萌芽——要知道喜剧也有相同的葡萄收获节的渊源，而且当时希腊与波斯之间的冲突即将爆发，也让悲剧创作者们感触深刻。

悲剧之父埃斯库罗斯

马拉松之战进行时，埃斯库罗斯 35 岁。他出生于希腊圣所附近的埃莱夫西斯，祭祀得墨忒耳、珀尔塞福涅和狄奥尼索斯（在这里，人们把他作为酒神来祭拜）的宗教仪式就在埃莱夫西斯举行。宗教仪式对埃斯库罗斯心灵的影响，也表现在他的戏剧上，这解释了为什么宗教问题——比如罪和神之正义，在他的思想里占有突出的地位。就外在影响而言，埃莱夫西斯的祭司们华美的祭服令他想到改进演员服装，但最终还是他的天分引导他迈出关键的一步，就是这一步让他有了被称为"悲剧之父"的资格。这一步便是引入第二个演员——它使得表现两个恰成对比的人物、两组情绪或目的成为可能，并且可以把那种理想之间的冲突呈现在饱含同情的旁白和观众面前，而据黑格尔说，悲剧的本质正是理想的冲突。

酒神赞美歌是相对较短的作品，早期它的相关悲剧也同样很短。但是当剧作者的戏剧构建才能与日增长的时候，问题就开始凸显：一出戏太过局限，根本不可能将一个主题处理完全，于是，三联剧应运而生，进而变成传统。在此基础上，还新加入了一出森林神的戏。在这出戏中，旁白扮演森林神的角色，做法与古代如出一辙。所以我们看到，现在仅存的三联剧《阿伽门农》《奠酒人》和《复仇女神》中，犯罪、转罪和恕罪的宏大主题有了开头、中间和结尾。但就连在这部悲剧里那出森林神的戏也遭佚失，无法像过去那样构成完整的四联剧。参照以上，《被缚的普罗米修斯》这部三联剧显然也不完整，反叛的泰坦与他的仇人宙斯之间实现和解、宙斯的正义得到证明这两部分已不存在。

希腊的成就（主要归功于雅典）被诗人、画家、雕塑家同声颂扬，是希腊让欧洲在数世纪里都无须对东方专制统治心存恐惧。探险和贸易为阿提卡带来了新的财富，阿提卡如今控制着海域。希腊的诗歌和戏剧界天才频出，除了在摧毁西班牙无敌舰队之后的英格兰，历史上再无他国可与之比肩。

索福克勒斯

悲剧作家索福克勒斯是最纯正的古典希腊人的代表。萨拉米斯战役获胜的那一年，他十余岁，相貌俊美，头脑清晰。索福克勒斯乃是在剧院里引入新希腊艺术的第一人——他率先使用了布景画。在此之前，就连埃斯库罗斯也仅仅满足于在表演区正中放一个祭坛、在远离观众的外缘摆几尊神像而已。而索福克勒斯，他竖起了一座背景建筑，这样观众看到的就是一座神庙或宫殿的正面，一道门打中间穿过，两旁的入口依然保留。这一创新被埃斯库罗斯欣然采纳，所以说，《阿伽门农》的场景尽管简单，但较早期而言已经有很大的进步。索福克勒斯还把合唱队从 12 人扩大到了 15 人，如此一来，歌声会更加响亮，也便于编排更加多样化的动作和姿势。但我们注意到从那以后，合唱部分稳步缩减，而演员的重要性日益突出——索福克勒斯把演员数量增加到了 3 个。

欧里庇得斯

我们在欧里庇得斯身上看到的是最大胆的创新者，不论是就戏剧创作的资源，还是就他处理的道德问题而言，皆是如此。然而，大胆如他，也不可能全然与传统脱离。试看一个有趣的巧合：这一伟大时期的最后一部戏剧《酒神的伴侣》又回到了早期悲剧的主题：狄奥尼索斯用野蛮的方式战胜了那些迫害他的人。但是，欧里庇得斯的表现手法落实到具体的人物设置之后招致了严厉的批评。他的人物不再是神，而是变成了平凡的男男女女，其动因时常卑鄙而琐碎，然而其引起的怜悯却丝毫不见少。

在亚里士多德看来，欧里庇得斯的作品是三个人里最有悲剧性的，因为他的角色都是凡夫俗子，故而最易让人产生同情心。悲剧引起的情绪——怜悯或恐惧，越发的鲜明，因为受难者和观众皆是凡俗肉身。论情节钩织，他的技巧比不上索福克勒斯的佳作，有时候他不得不借助出人意料的情节转折来快刀解开之前剧情中他自己系上的复杂结扣。然而，即便是神的出现，就像《希波吕托斯》的结尾所示的那样，也因为其壮观的艺术效果而具备了合理性。

第三节　伊丽莎白时期的戏剧

威廉·艾伦·尼尔森[1]

当欧洲伟大的“文艺复兴”运动席卷至英格兰之际，是戏剧让这场运动得到了最充分、最持久的表达。感谢一系列的巧合，使这一心智和艺术发展的推动力量能在关键时刻影响到英格兰人民。当时的英格兰正经历着迅速然而总体上可谓平和的扩张——民族精神高昂，语言和诗歌形式的发展已至巅峰——这一切都令此时的英国取得有史以来最为盛大的文学成就变得颇具可能。

莎士比亚以前的戏剧

放眼整个中世纪，就像其他欧洲国家一样，英国的戏剧大多是宗教性和说教性的，主要形式之一就是宗教剧，内容源自

[1] 见第六讲第一节作者简介。

《圣经》和圣徒传的粗糙的对话故事；另一种是道德剧，通过讽喻表演和抽象品质拟人化，传导教诲生活准则，这两种形式几乎没有什么契机对人性和人类生活进行宏阔和多样化的描写。

伴随着文艺复兴，对古代经典戏剧的学习和模仿自然出现。在某些国家，它成了未来几个世代里何种戏剧会盛行的决定性因素。英格兰的情况却不尽相同：追根溯源，我们固然能够见识到塞涅卡和普劳图斯分别在悲剧和喜剧范式确立上的重要影响，但伊丽莎白时期的戏剧，其主要特征还是本土化，反映的是当时英国人的精神面貌和兴趣所在。

历史剧

在众多形式的戏剧中，首先达到巅峰的是历史剧。历史剧以《爱德华二世》为典型代表，其作者是马洛——莎士比亚的戏剧前辈当中最伟大的一个，莎士比亚自己则创作了 10 部历史剧。从这些戏剧里，我们能看出伊丽莎白时期的英国人对本国辉煌历史的津津乐道。在历史剧的风尚过去之前，几乎前 300 年的整个英国的历史都被搬上了舞台。

历史剧作为戏剧艺术的一种，有很多缺点和局限性，比如说，历史事实未必都适合用戏剧来表现，试图融合历史和戏剧往往会不伦不类。但令人惊讶的是，剧作家常常能找到各种切

入的机会对缺陷予以平衡，比如马洛悲剧中的国王有着对人物的优秀塑造，莎士比亚的《理查三世》具备了真正的戏剧结构，《亨利五世》展现了华丽的修辞和民族狂喜。值得注意的是，这些戏剧不应该拿来与现代戏剧的现实主义相比较，并依据后者的标准对之评判。因为作者的意图原本就不是要模仿真实的对话、态度和举止，而是想方设法让台词变得华丽；如果故事能讲得有趣并引人入胜，他们就不会再有别的希冀。如果说这些做法意味着某些缺陷，但同时也正是这些做法使华美的诗歌成为可能。

伊丽莎白时期的悲剧

悲剧的早期发展与历史剧紧密相关。在寻找悲剧主题的过程中，剧作家们很快就不再囿于现实，而将搜寻范围扩大到了虚构叙事的领域。尽管塞涅卡的作品在一定程度上解释了某些文学特征何以盛行，比如鬼魂和复仇，但是真正全新的、截然不同的悲剧形式当属莎士比亚从马洛和基德这样一些人的戏剧尝试中发展出来的那一种。这种形式抛弃了诸如时间和地点需统一及悲剧与喜剧不可混杂之类的古典约束，一系列新戏剧由此诞生。尽管时常缺乏节制，缺乏正规的形式，缺乏风格的统一，但它们展现出了一幅被罪孽和苦痛所纠缠的浮世绘，就其丰富性、多样性和想象力而言，没有什么能与之比肩。

最伟大的悲剧家当属莎士比亚，正是在悲剧创作中他达到了个人成就的巅峰。《哈姆雷特》《李尔王》和《麦克白》是他最好的作品，也代表了英国天才的制高点。其中，《哈姆雷特》大概是它产生的那个时代最受欢迎的作品，其所引发的兴趣和讨论或许是任何时代或任何国家的作品都未曾有过的。

而这，部分要归功于其诗歌的华美非凡，情节引人入胜，人物刻画栩栩如生，它不可思议地把个性与普遍性结合了起来，令全世界不同民族的人为之倾倒。但更多的还要归功于对主人公的刻画，其性格之微妙、动机之复杂，我们或许永远都无法说清其中的奥妙。《李尔王》的魅力，更多的不是因为它唤起人们对情节的好奇，而是要归功于它对苦难的撼动人心的展示，这种苦难是人类的愚蠢和邪恶导致的，同时又是人性所能承受的，而这种展示让我们悚然敬畏。尽管（或者也许正因为）其动机错综复杂、枝节过多，但就对观众的情绪作用而言，它的效果最为强烈。相比之下，《麦克白》的情节不枝不蔓，但是它对道德灾难的描绘却高明之至，无出其右，剧中的道德灾难降临在了那个明明已经看到了光明却还是选择了黑暗的人身上。

虽然莎士比亚是悲剧创作第一人，但曾写出杰出悲剧的却不止他一个。与他同时代或稍晚者，如琼森、马斯顿、米德尔顿、马辛杰、福特、雪利等人，都有天才的悲剧作品问世，但就悲剧的强烈感而言，可与莎士比亚相提并论的是约翰·韦伯斯特,《马尔菲公爵夫人》即是一个绝佳例证，证明了韦伯斯特在唤起恐惧和怜悯情绪上的才能。论题材范围，他自无法与莎士比亚相比，但他遣词造句的能力远在众剧作家之上，他的那些词句总是在极浓郁的情感中将一束令人震悚的光投射入人类心灵深处。

伊丽莎白时期的喜剧

在喜剧领域，莎士比亚至高无上的地位几乎同样不可撼动。由于喜剧的性质所限，我们不能指望它对人物动机挖掘得有多深刻，也不能期待它能唤起观众更深刻的同情——这些在悲剧中才能实现，而喜剧传统的大团圆结局，也使它对生活的刻画在其真实度上与严肃戏剧相比打了折扣。然而，莎士比亚的喜剧远不能用“肤浅”来形容。他在戏剧生涯中期创作的那些喜剧，比如《皆大欢喜》和《第十二夜》，不仅以非凡的技巧展示了人性的多面，亦用无比的轻快和优雅向我们展示了他笔下那些富于魅力的人物，这些人说着充满诗意的台词，言语间闪烁着幽默智慧，把一连串欢乐的场景带到我们面前。这一切,《暴风雨》效果甚至更佳：它既不乏莎翁早期喜剧的一贯魅力，同时又装满了作者成熟之后的智慧。

《炼金术士》是本·琼森的代表作，属于现实主义喜剧，这是莎士比亚几乎从未涉足过的喜剧类型。该剧对1600年前后伦敦盛行的形形色色的骗术（炼金术、占星术诸如此类）进行了淋漓尽致的讽刺。情节设计颇见匠心和功力，而琼森正以此见长。虽然《炼金术士》旨在揭露欺诈行为，并且其趣味性主要在于对那个时代的描绘，然而剧中并不乏优秀的诗歌，例如在伊壁鸠·马蒙爵士的演说中我们就能找到一二。

德克的《鞋匠的假日》在更欢快的基调中，向我们展示了伦敦生活的另一面——正派生意人的那一面。琼森和德克致力于展示城市生活，马辛格则在他最有名的戏剧《新法还旧债》中刻画乡村风貌，这部戏是除了莎士比亚的戏剧之外，少数一直到现在还上演的伊丽莎白时期的戏剧。像琼森笔下的人物一样，马辛格的人物更多的是当时风尚的典型缩影，较莎翁戏剧中的人物而言较少个性，不过这部戏依然不失趣味，它拥有激发情感的力量，也有着深刻的道德意义。鲍蒙特和弗莱彻的《菲拉斯特》像《暴风雨》一样，由于其皆大欢喜的结局而被划为喜剧，但也包含了几乎具有悲剧色彩的插曲和段落。虽然鲍蒙特和弗莱彻的人物刻画不如莎士比亚那么令人信服，但个别场景那非凡的艺术效果教人惊叹，篇页间点缀着珠玑般的字句。

《哈佛经典》这套丛书中收入的伊丽莎白时期的戏剧，旨在让读者欣赏到其中最优秀的篇章。这一时期的戏剧作品浩如烟海，当然不可能尽数收入，亦无法完全揭示戏剧文学的兴起和发展所具有的极大的文学史意义。纵观世界史，很少有哪个时期的精神像伊丽莎白时期的精神那样，在戏剧中得到如此充分的表达，很少有哪种文学形式的发展、成熟和衰落能得到如此完整的呈现。不过，除去这些历史考量之外，莎士比亚及其同时代人的作品之所以吸引我们，还在于这些剧作者对人类的深刻认识和同情，他们理解人类可能遭逢的苦难和欢乐、可能呈现的罪恶和高贵，在于他们展示故事的戏剧技巧带给我们的乐趣，以及那满纸满篇的妙词佳句。

第四节　浮士德的传说

库诺·弗兰克[1]

浮士德传奇是很多匿名通俗传说的集合体，这些通俗传说大多源自中世纪，直至16世纪下半叶才与一个名叫浮士德的真实人物挂钩。此人是个伪科学骗子、耍把戏艺人和术士，16世纪前40年，他那段臭名昭著的混迹史在德意志的各个地区都有迹可寻。1587年的《浮士德书》最早将这些故事集结成册，神学特质非常明显。该书将浮士德表现为一个罪人和堕落者，他与恶魔靡菲斯特所订立的契约以及他后来遭天谴入地狱，都被拿来作为人类无知妄为的例证，并以此告诫信众，坚持正统的基督救赎才是正道。

[1] 库诺·弗兰克（1855—1930），教育家和历史学家。主要作品有《德国文学中的社会力量》（*Social Forces in German Literature*，1896）、《现代德国文化管窥》（*Glimpses of Modern German Culture*，1898）、《德国文学史》（*History of German Literature*，1901）和《德国精神》（*The German Spirit*，1916）等。

伊丽莎白时期的《浮士德博士》

根据《浮士德书》于1588年出版的英译本，马洛创作了《浮士德博士的悲剧》。在该剧中，浮士德以这样的面貌出现：文艺复兴时期的人的典型，一位探索者兼冒险家，一个渴望非凡的力量、财富、享乐和世俗名声的超人，同时也缺乏细腻的情感。靡菲斯特被刻画成中世纪的魔鬼，严厉、冷酷而凶狠，专门从事邪恶的引诱，对人类的宏愿没有半点同情。特洛伊的海伦则被表现为一个女恶魔，最终毁灭了浮士德。浮士德的生涯几乎很难与“伟大”产生任何联系，浮士德靠着靡菲斯特的助力，变了很多戏法、魔术和奇迹，与生活的深层意义全无任何关系，大多不过是受了消遣和虚荣心的差使。自契约订立以至终止，几乎没有什么让浮士德的内心离天堂或地狱更近一些。不过剧中仍然有对人物坚毅品质的刻画，有扣人心弦的紧张剧情，还有贯穿全剧的插科打诨。浮士德的最终毁灭充满了惧怖与苦痛，这既让我们对人类激情产生了共鸣，又察觉到其中的些许悖谬。

德国民间戏剧的传奇故事

从17世纪德国浮士德题材的民间剧及其衍生物——木偶剧当中，我们能看到马洛的悲剧和1587年《浮士德书》的影响，尽管这些剧也包含了一定数量的原创情节，特别是开头的魔鬼会议。这些戏剧的潜在情绪依旧是对人类的妄为和骄奢的憎恶，这些民间剧中有一些把浮士德塑造得狂妄而不知满足，与之恰成对照的卡斯帕勒则滑稽、快乐而知足，这种鲜明对比尤其凸显了浮士德虚妄的狼子野心。

比如，在最后一个场景里，浮士德满心绝望和悔恨，静等午夜钟声敲响宣告自己的毁灭，此时卡斯帕勒以守夜人的形象出现，在城里的大街小巷巡逻打更，吟唱那些告诫人们安静守矩的传统诗篇。

到 16、17 世纪，浮士德的形象变成了罪犯，其罪行就是违背了生活的永恒法则，他与神圣对抗，毁掉了“更好的自己”，最终受到了应得的惩罚。18 世纪的浮士德不能够再以罪犯的形象出现，因为 18 世纪是理性主义和浪漫主义的时代，是人的理性和情感都被高度颂扬的时代，它的口号即是人的权利和尊严。这样的时代，注定要将浮士德当作真实人性的代表，一个自由、本性和真理的捍卫者。这样的时代，注定要将浮士德看作人类为生命的完整性而奋斗的象征。

莱辛版的浮士德

正是莱辛为浮士德传说带来了上述转折。他的《浮士德》

是对理性主义的捍卫，不幸的是，它只有少量碎片化的梗概。序曲作为最重要的片段，幸好被莱辛的一些朋友做抄本保存了下来。序曲描述了一次魔鬼会议：撒旦正在听取下属的报告，内容是关于自己如何损害上帝之国度。第一个发言的魔鬼说，他烧掉了一个虔诚穷人的棚屋；第二个魔鬼说，他倾覆了一支高利贷者的船队。撒旦对两者都不甚赏识，理由是，“让虔诚的穷人更穷，只会把他更牢固地与上帝绑在一起”。而对放高利贷者的船队，何苦叫他们葬身大海呢，若是让他们安全到达目的地，就能在遥远的彼岸制造出新的罪恶啊。

让撒旦满意的是第三个魔鬼的报告，他偷走了一个纯洁姑娘的初吻，欲望之火得以燃进了她的血脉；他在精神的世界里制造了恶，与在物质的世界里作恶比起来，此举的意义大得多，对地狱来说是一次更大的胜利。但撒旦给予奖赏的是第四个魔鬼，他什么都没有做，只有一项计划，但这项计划一旦执行，其他魔鬼的所作所为将黯然失色——这个计划就是“从上帝那里夺走他的宠儿”，上帝的宠儿不是他人，正是浮士德，“一个孤独的、喜欢沉思的年轻人，除了对真理之外他别无激情，全在真理中活着，整个地被真理所吸引”。将他从上帝那里夺走，自然是一次胜利，整个黑暗王国都会为之欢欣鼓舞的胜利。撒旦为这个计划着迷了，对真理开战他得心应手。是的，必须诱惑浮士德，必须摧毁浮士德。而且不用别的，就利用他自己的抱负来实现摧毁他的目的。“你不是说他渴望获得知识吗？这足够毁灭他！”他对真理的渴求会将他引入黑暗。在欢呼雀跃中，魔鬼们散会了，去为他们的引诱工作做准备了，但是，他们四散而去之时，神的声音自天上响起：“你们不会得逞。”

歌德的早期和晚期的《浮士德》剧本处理

1773—1774 年的《浮士德初稿》，是歌德关于浮士德的最早构思。不可否认，《浮士德初稿》缺乏思想的广度，前文提到的莱辛版《浮士德》的戏剧碎片也有这种缺陷。歌德在“狂飙突进运动”时期塑造的浮士德，本质上是个浪漫主义者。他是个梦想家，渴望如神一般洞悉一切，渴望探索自然的内在运转规则，宇宙的奥妙让他心醉神迷。但他也是一个不羁的个人主义者，对人们普遍接受的道德嗤之以鼻；他与格雷琴之间的关系——这部分内容占据了《浮士德初稿》的大量篇幅，只能走向悲剧而不是其他。18 世纪 90 年代末，歌德开始第二次构思《浮士德》，这一版才在生活的高度上打开了清晰的视野。

此时的歌德远不是 70 年代那个冲动的年轻人，那时创作的激情如火山般肆意喷涌——他已然进入了完全的成熟期。与此同时，他也成了一个政治家和哲学家。在魏玛的宫廷里，歌德

见识了家长式统治的典范：保守但带有自由主义倾向，对一切高雅的文化都很友好。他与冯·施泰因夫人之间有一种真正的精神联系，这为他时常如暴风雨般动荡不宁的心绪提供了宁静的庇护所。旅居意大利期间，歌德亲身感受了古典艺术的神奇。歌德对斯宾诺莎的研究，再加之自己的科学研究，使他对彻底一元论的世界观更加坚定，并强化了他对普遍规律的信念，普遍规律规定恶本身即是善的一个不可或缺的组成部分。席勒的实例以及他自己的亲身经历，让他感悟到顺乎本性、无所拘束的生活必须与为人类的共同福祉而不断进行的工作结合在一起。所有这些都在1808年完成的《浮士德》第一部中有所反映，并在第二部中得到了最全面的表达，这是于世不久的歌德给后世的馈赠。

歌德最终完成的《浮士德》，描绘的是这样一种思想历程：主人公永不停息地努力，连续不断地奋斗，只为实现从生活的低层次到高层次，从肉体到精神，从享乐到工作，从信条到实干，从自我到人类的转变。在"天堂序曲"中，这一基调即已奏响。我们听到的浮士德，是无所畏惧的理想主义者，是上帝的奴仆，被鄙视理性、嘲弄唯物论的靡菲斯特所诱惑。但我们还听到且是上帝亲口所说，诱惑者不会得逞。上帝纵容魔鬼肆意妄为，因为他知道魔鬼终将搬起石头砸自己的脚。浮士德将会误入歧途——“人会在奋斗中犯下错误”，但绝不会背弃自己的崇高理想；在迷途与罪恶中，他的内在本性依旧会引导他走回正确的道路，他必不是败的那一方。即便在与靡菲斯特缔结的契约中，他也没有丧失根深蒂固的乐观主义。浮士德与魔鬼打赌，只不过是因为一时的绝望，他没有希图从契约中得到任何东西，而这一点就足以预示浮士德会赢。他知道，肉体享乐不会给自己带来满足；他知道，只要不沉湎于自我满足，他就绝不会有机会对任一时刻发出“请留步，你真美”的赞叹。从一开始我们就感觉到，正是通过履行契约所规定的条款，浮士德得以将其超越；正是通过冲进世俗经验和激情的旋涡，浮士德才得以提升和壮大自我。

故而，这个戏剧中的一切，它的所有事件、每个人物，都是插曲，都是为了成全浮士德这个宏大而综合的人物角色。格里琴和海伦娜，瓦格纳和靡菲斯特，荷蒙库鲁斯和欧福里翁，皇帝的宫廷和希腊过去的阴影，中世纪神秘主义的冥想和现代工业主义的务实，18 世纪的开明专制和未来的理想民主——所有这一切以及其他更多的东西，都进入了浮士德的生命，并被他的生命所吸收。他阔步前行，从一次经历到另一次经历，从一项任务到另一项任务，在不断的自我迷失和自我找回的过程中，完成了对罪的救赎。晚年的浮士德被“忧愁夫人”吹瞎了眼睛，但他感觉到内心闪耀着新的光亮。临死时，他凝视着遥远的未来，即使在天堂，他也一直在向更新、更高、更美好处发展。正是浮士德这种顽强的奋斗精神，使歌德的《浮士德》成为现代人的“圣经”。

第九讲

旅　行

第一节 概述

罗兰·柏雷奇·狄克逊[1]

为了欣赏选择出发

去感受世界的宽广[2]

也许，从远古时代开始，那种无法抗拒的航海冒险精神就是推动人类历史前进的强有力因素。猿猴天生就有好奇心，这种对新鲜事物的好奇使他们在还没有完全进化成人类之前，就已经开始探索未知的领域。由此推测，人类种族在地球表面上的分布跟猿猴最初的探索轨迹或多或少有些关系。人口的增长，给食物供应以及可供狩猎的场所带来了压力，因此，人类开始产生了领土扩张以及移民定居的意识。人们开始调查不同方向

[1] 罗兰·柏雷奇·狄克逊（1875—1934），哈佛大学教授，美国文化人类学家。主要作品有《人类种族史》（*Racial History of Man*，1923）、《文化的建立》（*The Building of Cultures*，1928）等。

[2] 摘自拉迪亚德·吉卜林的诗歌《为了去欣赏》（*For To Admire*）。

上土地的相对可用性以及吸引力，人类也朝着最有利的方向行进着。除了战争或者征服过程中的压迫，远古人类的这些探索活动大部分都是自觉自发的，而那些原始的侦察员和探索者就是旅行最早的实践者，探索未知的历史几乎与人类种族一样源远流长。

史前探索

原始的探索之旅是真正意义上的冒险，因为那是人类第一次深入之前从来没有人类踏足过的完全未知的大陆。虽然如今世界大部分地区都已经被开发，但人类探索的旅程远不会结束。无论是为了寻找最佳的狩猎和捕鱼场所，还是随着农业的出现为了寻找更合适更肥沃的土地，这都需要好几代人的持续探索努力。显然，在人类文明发展的长期阶段以及人口增长和转移的过程中，同一片领域也可能会被不同时代的人反复探索，即使如今也是这样。关于这些数不清的探索者和冒险者们的经历如今已几乎无迹可寻，但在探索历史的开端，每段旅程的记录都至关重要。

如今，我们已经不可能得知关于史前探索的任何细节，但通过观察世界上现存的原始部落及他们的生活，我们可以收获一些观点与想法。我猜在远古时代有些原始人也跟现代某些人一样，不喜欢远行，只愿一直留在一个地方，把生老病死全寄托在某一段狭窄的地平线上。也许他们一生中离家门最远的距离还不超过一英里，他们不想与陌生的人打交道，也不想了解自己所不熟知的一切。当然，也有与之相反的人，他们天生就有着强烈的探索欲望，热爱未知，“不安于室”。他们的一生中充满了争夺食物、贸易往来甚至侵略战斗之事。在这种喜欢探索的部落中，以爱斯基摩人为例，单个个体的探索之路可以多达上千英里，这种广泛而深入的探索在整个原始人部落来说是罕见的。波利尼西亚旅行者们的勇气和技能也值得我们钦佩，据说他们会乘上传统的独木小舟，为了寻找新土地从温暖的海岸线出发远行至冰冷的南极大陆。

探索的动力

早期无记录的旅程随着历史的发展出现了两个值得我们注意的特点。首先人类对未知的冒险次数明显增加，其次人类探索的动机多种多样，从而产生不同性质的旅行者。对于真正的探险家而言，探索不是手段而是目的，但对于其他人来说，通过探索寻找到宗教，商业和科学的真谛才是有用的目标。那是长途跋涉后的硕果，至于这一路上的风景，困难和危险都能一带而过。真正的探索家被天生的好奇心所驱使，渴望看到新土地，渴望看到陌生人。他们体内潜藏着无法抗拒的冒险精神，凭着一颗不安分的灵魂，勇于面对任何危险，无惧克服一切困难，不求回报，只身深入到地球最遥远的角落。在他们看来，对生命踪迹的探索、克服障碍时的满足感以及那些惊心动魄的经历就是他们所渴望的无价之宝。他们的追求不是在终点，而是在过程。也许有些旅行者确实是别有目的，但历史上大多数伟大的冒险家的探索行动都只是无法抗拒自己内心对未知的渴求——无论他们用什么样的借口或原因作为掩饰。

征服的目的

战争不管在任何时候都是最强而有效的征服力量。冒险家的目的是经历而非敛财，只要还能自由地探索，他们并不关心世界归谁管。征服者则不一样，无论是野蛮人还是文明人，征服的目的不外乎就是敛财、占领或复仇，这驱使他们跟冒险家一样，不顾一切深入遥远的土地，接触陌生的种族。纵观历史，前有易洛魁人，三五成群地从哈德孙河西行一千里行至密西西比河打击死敌苏族人，后有匈奴王带领成千上万的游牧部众从远东深入中欧，还有足迹踏遍世界大部分土地的亚历山大大帝，西班牙冒险家埃尔南·科尔特斯和弗朗西斯科·皮萨罗。战争使征服者们在不同时间不同程度上成为了极为出色的旅行家，这不是一个令人愉快的结论，但战争确实能给国家带来财富，征服异邦也确实能更有效地给本国人民创造利益。

宗教的推动

另一个对探索起到大力促进作用的因素是宗教。当时的宗教影响力之大，激励着万千朝圣者和传教士踊跃加入到伟大的旅程中去。朝圣者们受到感召，无畏长途跋涉困难重重，前往信仰的圣地。他们或只身上路或成群结队，不远万里，也无心注意旅途上发生的其他事情，只专注于心中的念想，朝着遥远的目的地穿越数百甚至数千英里。他们沿着前辈们的脚印，顺着过去的羊肠小道，甘之如饴地接纳一切艰苦和困难。过去几十个世纪里，他们从不停止探索的步伐，从中国和远东其他地方去到印度的圣地，从欧洲的边陲去到圣城耶路撒冷，从每个熟知穆罕默德灵迹的角落去到麦加。因为每个朝圣者都在寻求精神上的救赎，所以我们实在不能怪他们没有注意到旅途上的风光。

从某种意义上来说，朝圣者的旅程目的是相聚，因为旅行者们会从世界各地出发，被信仰吸引来到神圣而伟大的中心。而传教士的旅程目的是分离，因为旅行者们会怀着信仰从圣地出发，经过未知的路途踏足未知的领域。因此不同于朝圣者，传教士才是名正言顺的冒险家，不管是早期把佛教从印度传到东南亚的僧侣们，还是坚持在各种纷争中宣讲布道的基督徒，还是一手拿剑一手带着《古兰经》将伊斯兰教传到西班牙和东印度群岛的穆斯林，这些人都被心中的热情所引导，不远万里，背井离乡。大部分传教士并不知道自己会在陌生的地方遇到什么，也不会对此有什么想法。伊斯兰教传教士则不然，他们远行不是为了自己，而是为了别人，为了能更多地拯救世人堕落的灵魂，因此，他们对路上一切所见所闻都表现出极大的探索兴致，能留下比其他旅行者更多的旅途记录也就不足为奇了。

商业的发展

就像征服和宗教会推动探索活动，还有一个重要因素会让人类乐意进行更大范围的探索，那便是贸易和商业的发展。从早期寻找外国商品到现代为了出口家用产品开拓新市场，人类活动已渗透至世界每个角落。自13世纪开始的大规模航行和18世纪末的现代科学探索，都是源于巨大的商业利益。与传教士不同，经商之人在旅途中会更注意观察所到之处的风土民情、产品供应和潜在商机。为了赚钱，商人会想方设法寻找最简单最安全的方法来运输他的商品，同时开发新的材料、新的原料产地和新的市场，然后通过了解各地人民的特性和习惯推动生意发展。对商人而言，找到更快捷的航线将给他带来更多打击竞争对手的优势。而正是这种寻找新航线的探索，使人类又发现了新大陆——西印度群岛，一口气把过去50年的航行范围硬是扩张了一倍。

科学的进步

虽然纯粹的科学好奇心成为旅行目的主要是在18世纪末，但在早期旅行者中，这也不失为一个重要的激励因素。为了寻找新知识，为了打破已知的限制，人类在过去的一个半世纪对科学产生的浓厚兴趣很大程度上成为了旅行的目的。科学探索中的进步如多米诺骨牌般向下传递，通过科学探索所获得的大量新知识更是成为了当前科学体系的奠基。与传教士相似，人类自未知中努力探索科学不是为了自己，而是为了一代人的理想。

综上所述，自诞生那天起人类就开始旅行，而旅行者因为目的不同也分成不同的类型。他们的记录形成了一套独特的文学体系，让人阅之兴致盎然，不但能增广见闻还能从中窥见旅行者们清晰而生动的面容：他们在面对危险时的勇气，他们在克服障碍时的耐心，还有他们的英雄主义和自我牺牲，这所有最真实最崇高的事迹都能在他们的记录中被一次次印证。在这

些众多的旅行者中，只有一小部分留下了记录，而且就像我们预期的那样，后期旅行者的记录比早期的多。从历史角度来看，旅行者的记录大致分成几个明确的时间段。每个时间段的记录不但年代有所不同，旅行的目的和动力也不尽一样。

最早的旅行记录

最早期的记录大约可追溯到公元前 5 世纪，身为最早的科学旅行者之一的希罗多德在埃及、巴比伦和波斯等地游历，并以文字让我们第一次准确地了解这些国家的风土民情。他周游列国，积极收集当地的实际情况和历史信息，是一个十分用心的观察者。迦太基的汉诺也大约在同一时间沿着非洲西海岸行至几内亚湾进行大胆的探索，目的是推进商业的发展。不讳言，在早期，商贸确实是航行冒险最重要的动力之一。有趣的是，汉诺在这次考察中第一次看到了大猩猩，并将其描述为“有着凶猛力量和浓密毛发的大个子”。汉诺曾试图把抓到的大猩猩带回迦太基，无奈大猩猩力量惊人且不受控制，不得已船员们只好手起刀落，只留下了大猩猩的毛皮。一个世纪以后，为了扩张领土，亚历山大带领军队远征探索。在这次远征中，他不但成功到达从未有欧洲人踏足的印度，而且证明了通过海路到达该国的可行性。随着罗马帝国的兴起，早期探索阶段结束。从那时起直至公元 4—5 世纪，探索活动进入了一个相对低迷的时期，因为当时的欧洲诸国都在集中火力抢夺已知的领地，无法分神探索未知。

第二阶段的探索活动

第二阶段的探索活动大约从公元 4 世纪开始并持续了七八百年。这段时期的探索活动宗教目的浓重，因为旅行者主要由朝圣者和传教士组成。后来，十字军借宗教的名义发动战争，远行至耶路撒冷和撒拉逊地区。就像我之前提到的，朝圣者是一群不爱观察身边之事的旅人，他们只一味专心地朝着目的地前行，并从漫长而危险的旅程中获取精神上的满足。对于日常之事，他们压根儿不在意。加上朝圣者的群众基础大多来自底层人民，他们没有受过教育，目不识丁，自然也就无法留下什么旅途见闻记录了。当然也有例外，从欧洲各地前往巴勒斯坦的朝圣者中，也不乏来自高级阶层的贵族学者。另外值得注意的是，朝圣者中并非都只有男性，在早期和中晚时期也有不少女性参与了这样艰苦的旅行。例如阿基坦的西尔维娅，她曾与 380 位朝圣者同行，在耶路撒冷圣城、阿拉伯半岛和美索不达米亚部分地区进行多番游历，并简单记录下了许多有趣的见闻，她可能是世界上最伟大的女旅行家之一。到了公元 7、8

世纪，有记录的朝圣旅行次数有所增加，规模也不断扩大。在圣威廉巴的记录里，有一位来自肯特的朝圣者，他是有记录以来最早的英国旅行者。这位朝圣者给我们讲述了一个他从巴勒斯坦回程时发生的趣事。一开始，他想带些香膏回英国，但因为当地规定严禁出口这种珍贵的物料，他很担心香膏会被海关官员没收。为此，他设计了一个巧妙的走私计划。他先把香膏装到葫芦里，然后找来一根挖空的芦苇，把芦苇塞进葫芦并保证芦苇的长度刚刚与葫芦口齐平，然后再把石油小心地灌入芦苇中形成一条人造的石油管子。当到达以色列的阿卡时，海关照例打开他的行李检查。他们发现了这位朝圣者携带的葫芦，但打开时只闻到一股石油的味道，于是干脆地放他离开。由此看来，不管是过去还是现代，旅行者或多或少都会受到当地海关法规的制约，所以他们总是会想方设法，钻研出逃避稽查的手段。

来自欧洲的朝圣者人数虽多，但他们的旅行记录却寥寥可数，而且记录中对细节描述模糊不清。相反来自中国的朝圣者人数虽不多，但留下来的记录却具有更多更大的价值。其中两位最为突出的中国朝圣者名为法显和玄奘，他们从中国的北方一路西行到达印度，以一己之力亲身体会佛陀释迦牟尼的生死殉道。一路上他们不但参考和抄录了许多佛家经典，还记录下旅途中的趣闻逸事，让我们可以隔着遥远的时空一窥当时印度的国家概况和风土民情，这些都是不可多得的无价之宝。法显和玄奘沿着突厥人的旧路，横越帕米尔高原前往印度，苦行将近 15 年后，从锡兰经海路返回中土。他们在游记中全面而详细地记录下一路上的所见所闻，并花费大量时间把欧洲朝圣者们所忽视的美景用文字一一描述、还原出来。

那时的旅行者跟现代旅行者一样，有时会突然感觉到孤独无助，渴望能回到熟悉的家乡。这样的思乡情愁适用于任何种族人群，即使道行高深如法显也一样。法显背井离乡在陌生的土地上游历了将近 15 年，某天他在锡兰的街头偶然看见一个商人手里握着一把小小的中国丝扇，思乡之情在这一刻澎湃如潮水，灌满了他的胸臆，于是他马不停蹄朝故乡奔去。尽管一路上他遭遇了许多危难，但皇天不负有心人，他最终还是回到了久违的家乡，听到了熟悉的乡音。关于探险，欧洲传教士的记录与朝圣者的相比，更是逊色。当时传教士活动的区域约分成两大块：南方的阿比西尼亚地区以及东方的中国与印度。在现存的文献中我们发现，传教士的活动在阿比西尼亚地区尚且有些许记录，但在中国和印度却只字未留。然而，通过别的渠道我们不难发现，其实在当时的中国和印度，传教活动相当频繁。公元 7 世纪到 9 世纪，基督教聂斯脱里派传教士们与其他出色

的旅行家冒险家一样，长途跋涉深入中国大部分地区或沿着印度海岸游历布道，然而不知道为何他们却吝于留下片言只字。传教士的名字大多不为人所知，但在中国的编年史中，我们看到了两个熟悉的名字：阿罗本和佶和。[1] 同一时期在世界的另一端，其他传教士们到达了爱尔兰。公元 8 世纪他们开始在北法罗群岛和冰岛游历，但同样没留下有价值的信息。

伊斯兰教的传教活动

在上述的时期里，另一群同样重要且出色的旅行者是阿拉伯人。公元 7 世纪，随着伊斯兰教的兴起，传教士们对宗教的热情以及国家政府对扩张的欲望促使阿拉伯人也开始了他们的冒险之旅。在圣迁之前，来自阿拉伯的商人便曾到过锡兰、印度和非洲海岸，伊斯兰教的传播更加刺激了这样的贸易往来。伊斯兰教虔诚的信徒们怀抱着真主的教诲，踏遍中亚、中国、东非海岸，甚至西欧诸国。虽然一如基督传教士，伊斯兰教传

[1] 中国西安发现了一块碑石（即“大秦景教流行中国碑”），上有颇长的碑文，以叙利亚文及中文写成，日期当在唐德宗时代（781 年）；碑顶刻有十字架。其上记载了一位名叫阿罗本（Olopun）的传教士，在 635 年自大秦国东来，带来《圣经》与圣像；又记着当时《圣经》如何译成中文，并获皇上钦准，得以公开传教；又记叙了当时教义如何传扬至各地，玄宗时期（712—756），又来了一位叫佶和（Kiho）的传教士，以后虽有佛教兴起，但教会仍得以留存。

教士也没有对旅途进行记录，但幸好有随队而来的商旅之人代为效劳。多亏这些商人，我们才能看清这段以传播宗教和扩张领土为目的的传教之路是如何完成的，而这也为后人铺平了反复旅行，来往通商的道路。在所有阿拉伯旅行者中，不得不提的有两位，他们分别是苏莱曼和马苏第。苏莱曼是一位商人，经常来往于中国与阿拉伯地区。马苏第是一位地理学家，他不仅到过远东地区进行考察，还曾周游非洲海岸。这两位旅行家，尤其是后者，都给我们留下了丰富的考察记录和旅行趣闻，让我们可以大致想象当时人民的生活状况。当然，还有很多不知名的旅行家，他们也把自己旅途中形形色色的事情记录了下来。虽然有部分业已失传，但凡有流传下来的，如辛巴达历险记等，都被人们收集起来，编辑成《一千零一夜》这样的故事书。从这些故事中，我们能从很大程度上准确匹配出过去提到的城市和现代对应的地方。例如印度、锡兰、马达加斯加和中国，这些都是大部分航线的必经之路。另外，从樟脑采集和处理的过程和手法来看，我们不难推断出所描述的地方正是印度群岛，还有辛巴达冒险时遇到的海中老者指的则是苏门答腊及邻近岛屿上的猩猩。阿拉伯人的游记不仅证明了他们是世上最伟大的旅行群体之一，而且还使 15、16 世纪旅行冒险的巨大发展成为可能。阿拉伯人在中国学会了罗盘的正确用法，并把这项技术

传到地中海，使欧洲航海家终于有条件进行长距离航行，从而为新世纪的发现做出了具前瞻性的贡献。

维京人和十字军

尽管宗教是直接或间接推动这段时期冒险活动的动机之一，但那并非只发生在教派林立的地中海沿国。就在西欧各地的探索活动渐渐式微之际，北欧人却开始了大规模的游历远行。

一开始，维京海盗从北方出发沿着法国和西班牙富饶的海岸一路向南，后来这帮被称作“在海上冒险的男人”把注意力转向了西边，并被天生的冒险精神推向未知的大西洋。他们首先找到了冰岛，然后又踏上格陵兰岛，最后在11世纪到达美洲的北岸。维京人的航海记录十分丰富，其中最有名的一本叫《红发埃里克的冒险故事》，那里面描述的事物虽然光怪陆离，却扩展了当时人们对这个世界的认知。

北欧人的频繁活动使南方诸国在冒险探索方面的兴趣被重新点燃，甚至因此进入了一个新的复兴阶段。推动这个阶段探索活动的原因很多，既包括起到承上作用的宗教传播，和起到启下作用的十字军东征，也包括了发生在中国的政治变动和东西贸易的蓬勃发展。十字军相当于军事上的朝圣者，他们怀着基督教扩张的目的，试图驱逐穆斯林的信徒，征服他们所信仰的圣地。就像早期向往和平的朝圣者一样，他们也是只专注心中和眼里的目标。但与之不同的是，他们留下了相当多的记录，只是作为旅行者，十字军的远征并没有留下更多的历史价值。

蒙古帝国的扩张

影响着这一阶段冒险活动的最重要的事情，是东亚地区成吉思汗所领导的蒙古国势力的突然壮大。蒙古人在稳定了亚洲局势后，马上把注意力转移到西方，并通过征服中亚各国入侵欧洲。虽然蒙古人在 1241 年的里格尼茨之战中被击退，但他们的凶猛让欧洲各国心有余悸，于是教皇决定派遣外交使团前往大都面见蒙古大汗。使团中有一位名叫柏朗嘉宾的方济各会修士，在花费了两年时间完成教皇派遣的任务后，他带着对东方之国风土民情绘声绘色的记录回到了祖国。除了柏朗嘉宾，当时随行的还有几个外交官以及传教士卢布鲁克。那次出行是欧洲人第一次亲身感受到古代中国的伟大和富饶。使团的出行引起了巨大的反响，为此感到最为兴奋的莫过于当时的商贸领跑者威尼斯人，他们利用教皇使者们开辟的路线，不断加深东西方的来往贸易。也正是在这样的情况下，马可·波罗开始了他最著名的冒险之旅。

马可·波罗在中国的中原、西藏和大部分中亚地区游历超

过 20 年，还曾作为蒙古帝国的派遣官员之一航行出使爪哇和印度。忽必烈统治期间的蒙古是当时前所未见最伟大的帝国。回到欧洲后，马可·波罗被抓进了监狱，他的奇妙旅程便只能通过他的口述以及同一囚室同伴手中的笔让世界惊艳。他的故事和描述不能说十分准确，但相比于同一时期和其后一段时间内旅行者和商人的记录，已经是好太多了。很多人对道听途说的奇妙故事抱有极大的兴趣，而这些奇妙故事的来源大多出自著名的《约翰·曼德维尔爵士航海及旅行记》。这本脍炙人口的书据说是由一位从来没有离开过家乡的医生所写，这样的“假造游记”实际上不会有太多的现实价值。像马可·波罗这样出色的欧洲旅行家不在少数，但他们的旅行记录却不及阿拉伯人的详尽——毕竟直到 15 世纪，阿拉伯人依然活跃在这片东西往来的领域。阿拉伯旅行家中最著名的莫过于丹吉尔的医生伊本·白图泰，他用了 25 年的时间不断周游东印度群岛、俄罗斯南部、东非海岸和赤道，他甚至穿过撒哈拉沙漠去到廷巴克图和尼日尔河谷的西部。

前往印度的航线

从 15 世纪开始，印度贸易的迅速发展成为了新时期旅行的动力。由于受当时政治环境的影响，通往东亚的陆上交通被封锁，而多亏了指南针技术的引进，欧洲各国开始寻找通往新大陆的海上航线。最先“起锚”的是葡萄牙，在“航海者”亨利王子的号召下，许多航海家探险家都致力于出海寻找从非洲海岸直达印度群岛的航线。他们一点一点地沿着非洲海岸从南往西走，在哥伦布开始他那段伟大航行的6年前，葡萄牙航海家巴尔托洛梅乌·迪亚士便已发现了非洲大陆最南端的好望角。11年后，瓦斯科·达·伽马继续从好望角出发到达印度。3年后，葡萄牙航海家佩德罗·阿尔瓦雷斯·卡布拉尔怀着相同的目标，进行了更远的航行。他一路向西，到达巴西海岸——他被认为是最早到达南美新大陆的欧洲人。

葡萄牙虽然在非洲大陆南部的发现上拔得头筹，但西班牙的航海家们却为人类展现出更广袤的新大陆。热那亚人哥伦布的新发现让其他探险家看到了希望，其中就有著名意大利航海家阿美利哥·维斯普西，他先是代表西班牙发现了委内瑞拉，后来又打着葡萄牙的旗号航行至坐落于南美海岸的拉普拉塔。其实这些旅行家的目的地是印度，目标是寻找能让欧洲商人到达印度彼岸进行商业贸易的航行路线，但这项任务一直到16世纪初葡萄牙航海家费迪南德·麦哲伦在西班牙王室的支持下才成功完成。他从地球靠近赤道的南端找到了一条能重新沟通东西贸易的通道，穿过太平洋并在1521年到达菲律宾，却不幸在一次当地的部落冲突中罹难。虽然他自己没能活下去完成剩下的航行，但他的船员们却在后来借道好望角返回西班牙，在实际意义上完成了人类首次环球旅行。

美洲探险新纪元

16 世纪头 50 年，大家都如此前赴后继争分夺秒地去探索和征服新大陆，这也许是人类冒险史上最美好的时光。旅行家们不仅从海路上发现新大陆，更有甚者在新大陆境内横越数千英里，其中就包括发现了北美大陆的科罗纳多和发现了南美大陆的奥雷亚纳，奥雷亚纳更是第一个从南美海岸跋涉到达亚马孙流域的人。怀抱着不同的动机，科尔特斯和皮萨罗分别航行至墨西哥和秘鲁，征服那有着广袤领土和深厚文化的新大陆。

虽然哥伦布在这一探险时期做出了巨大的贡献，但这一路上也少不了葡萄牙人，西班牙人和北欧旅行家们的身影。后来，英国、法国、荷兰也开始了探索行动，而代表各自的冒险家有卡伯特、卡地亚和哈德孙。另外，英国探险家沃尔特·雷利对圭亚那地区的远征以及弗朗西斯·德雷克环游世纪的伟大成就也给世人提供了具有巨大历史价值的文献记录，同时见证着英国人在这段航海时期所扮演的重要角色。英女王伊丽莎白时期，因为眼馋心热西班牙在新大陆上的攫取到的利益，德雷克带着他那艘私掠船和一船的船员千里迢迢前去掠夺、攻击。雷利、汉弗里·吉尔伯特和其他旅行家则把力量用在寻找新大陆和建立殖民地上。当然，寻找更快捷的东西商贸路线还是这个时期推动航海冒险的重要因素之一，包括马丁·弗罗比舍和约翰·戴维斯在内的航海家还在不停地寻找着那条无法企及的西北航道。随着 17 世纪的到来，法国旅行家的名字也渐渐为世人所知。萨缪尔·德·尚普兰、拉萨尔爵士、雅克·马凯特、拉罗什韦朗德里和其他旅行家，不管他们之前的身份是牧童还是牧师，如今都成为了法国探索新大陆的先驱，他们的冒险故事可以让任何旅行家叹为观止。

就在法国人努力开拓北美大陆的同时，胆大心细的荷兰探险家也在大洋洲地区马不停蹄。澳大利亚在上个世纪中叶被西班牙人发现后，荷兰人便迫不及待地开始远征之旅。他们效仿葡萄牙人当时在非洲的做法，沿着澳大利亚的海岸从南往西推进，并最终到达了塔斯曼海。这次航行不但确定了澳大利亚的岛屿属性，而且还首次发现了新西兰。

科学探险时代

最后一个阶段的伟大航行以库克船长 1768 年那次出海为开端。那次航行从英国出发，以科学考察为目的，旨在观察发生

在南太平洋新大陆社会群岛上的金星凌日现象。这是一个天文学现象，在当时科学家圈子中引起了很大反响，远征的成员中有几个专门负责收集和调查信息的科学家。这段航行后，越来越多的个人旅行家和冒险家开始以科学探索为目的，考察和收集来自世界各地的信息，各国政府也纷纷派出人员进行类似的任务。直到今日，科学考察活动依然频繁、活跃，达尔文在小猎犬号上的著名航行以及阿尔弗雷德·拉塞尔·华莱士在东印度群岛上的游历让当时的科学文明得到了革命性的进展。由此可见，出于高尚目的而开展的旅行能带来多么大的成果啊！作为科学发展的一部分，同时也作为旅行灵感之一，除了普通的陆路、海路，我们甚至有前人探索极地的记录。这些科学考察的目的也许只是为了实现一个理想，不一定有任何实用价值，整个航程下来也不会进行任何商贸活动。然而，就是这样一代一代人的坚持，一边对抗未知，一边历尽千辛万苦生死难关，才让人类稍稍触摸到文明的礁石。对科学家来说，考察航行是因为心中科学之光的指引——那光虽微弱、冰冷，却永恒、稳定。但于真正的冒险家而言，冒险探索的欲望更是来自心中燃烧的熊熊火焰——那火焰让他们誓死坚持以行动捍卫真理。

往早期旅行的历史中匆匆一瞥，也许只能看到人类游历的广泛领域以及随之而来的巨大利益。在世界这张展开的大地图上，最为突出的风景可能就是那些大山高峰了，但这不意味着我们无法在山脚的村庄里找到旅行探索的乐趣。伟大的旅行家以及他们那些惊心动魄的伟大旅程当然引人注意，但除此之外，一些小打小闹似的探索尝试也不应该被忽视。这些谦逊的旅行家一般会在一些已经被人占领的土地上探索，利用他们敏锐细致的观察和富有人情味的描述方式记录下在当地的见闻逸事。这些游记不但能让身为读者的我们获得巨大的乐趣，而且会激励我们在有条件的情况下深入研究更多当地的风土民情。

旅行的方式

在阅读不同时期的游记时，人们需要先理清不同旅行者的旅行特点和旅行方式，否则会产生理解上的困难。借助文明社会的各种基础设施，如高速公路，现代旅行总体来说都是很舒适、快捷、安全的。然而，也正因为这些现代便利导致人们能获得的旅途体验与过去相比有着天壤之别。早期的旅行者经常独自一人，乔装打扮是他们唯一能保护自己人身安全的手段。一路上，他们会遭遇到的艰难、痛苦和危险在现代根本无法想象。他们能为远行而做的准备很有限，也不会携带什么特殊装备。旅行者的交通工具只有他们的双脚，因此他们移动得很慢，也会经常被迫滞留。旅行者们在路上难免会遇上一些可疑或不

友善的人，然后误信他们的指引误入歧途。另外，由于沟通上的不便，旅行者们要达到目标通常总要绕上一大圈。时至今日，类似情况已经得到极大的改善：无论是孤身上路的旅行还是细密组织的远征都不会再遭遇到致命的困难或危险，人们发明的各种精巧设备和工具不仅能增加旅行舒适度和保证自身安全，还有效提升了旅行的成功率。当然，那种远离喧嚣的探索和在未开发土地上的冒险也还是相当费时费力的，但相对于过去，现代的旅行家起码可以用最简单快捷的方法到达未知领域的入口——这便已经是无可比拟的优势。

旅行的乐趣和好处

要说旅行的乐趣和好处——似乎太显而易见了。陌生的土地、陌生的人群和崭新的经历都能给旅行者提供更多更广泛的学习机会。在变幻莫测的冒险旅途中，只有那些熬过了生死考验的人才能获得最多的金银珠宝，而能从千里之外带回巨额财富的人，必定也能从中积累出相当丰厚的知识与经验。旅行能影响个体的思考方法和待人接物的习惯，也能使个体以更宽容的心态审视生命的价值，更深刻地体会到人类种族的群体性、潜力以及进化至今所取得的成就，这些都是非走万里路而不可得的。就算抛却以上种种，旅行本身就是一种乐趣，一种陌生却新鲜的期待，而这毫无疑问便是促使旅行者们冒险家们迈开脚步的重要原因之一。对真正的旅行者来说，没有比远行更向往的事情，没有比冒险更迫切的欲望，没有比探索更快乐的心情。那些在旅途中不得不忍受的疲惫、艰难和痛苦都不值一提，也许转眼间就会从他们脑海中消失，因为他们的眼里心里塞满了那些曾经让他们惊艳、让他们震撼的奇迹与壮丽——看过的落霞、听过的风声、闻过的花香，所有一切都那么历历在目，记忆犹新。

当然，不能所有人都去当旅行家，大部分人可能更喜欢坐在扶手椅上畅想。他们可以阅读旅行家们的游记，从中获得旅途中的快乐和价值，也可以有意识地参与到旅行者无意识的记忆中去，摘录下最有意思的描述片段。旅行家们惊心动魄的冒险经历以及其不屈不挠的精神与毅力不仅能让读者们获得崭新的人生领悟，还能使其从描述了各种美好人间世情的故事中，学会以宽容之心理解和同情地平线那头的陌生种族。正如丁尼生在《尤利西斯》一诗中所说的：

我决心驶向日落的彼岸
和映满西方星斗的海湾
至死方安

第二节　希罗多德的埃及见闻

乔治·亨利·蔡斯[1]

希罗多德被称为“历史之父”，这个赞誉最早出自西塞罗之口，后被世人承认、传颂。希罗多德是第一个把“历史”一词引入欧洲文学的作家，他赋予其以“描述过去发生，并以事实证明其存在”的定义，沿用至今。其实在希罗多德定义“历史”一词前，文学界已存在着一种类似历史记录的作品。它们由所谓的编史家编就，形式以诗歌为主，内容包括“理则”和“传说”，题材大多是描述希腊城镇的建立或某一家族的系谱或遥远彼方的奇闻。也许希罗多德正是受到了这些作品的启发，所以他早期的历史著作不乏“理则”以及对新大陆上的地理概况和风土民情的向往。当然，他也有其独一无二之处，希罗多德是

[1]　乔治·亨利·蔡斯（1874—1952），哈佛大学古典艺术教授。主要作品有《美国收藏之希腊与罗马雕塑》（*Greek and Roman Sculpture in American Collections*，1924）等。

第一个用第一人称、以自己为视角描述世事的作家，同时，他还会追踪并证实事情的来龙去脉。

希罗多德的《历史》

希罗多德所著《历史》主要叙述了希腊与波斯之间的龙争虎斗，而这并非单一的历史事件，它对欧洲后来的历史发展产生了极其深远的影响。此书被后世的文法学者划分成九卷，虽然书中提及的细节众多，但希波战争这个主题却始终贯穿其中。《历史》开篇先是回溯了波斯帝国崛起的经纬，并对其征服吕底亚、巴比伦和埃及各国以及远至斯基提亚和利比亚探险之事进行了详尽的记录。到了第五卷，按希罗多德的描述，波斯军队在攻陷了吕底亚的首都萨迪斯后，为了继续扩张把矛头指向了希腊，从而引发了爱奥尼亚人的奋起反抗。在第六卷中，波斯对爱奥尼亚城邦的第一次入侵最终以马拉松战役的胜利落幕。而此战之后，希罗多德又在之后的三卷书中叙说了波斯王薛西斯一世的征战生涯。

希罗多德的写作灵感很大程度上来自于他成长的年代——亦是希波战争爆发的年代。他曾与很多参加过马拉松战役以及萨拉米斯海战的士兵交谈过，他所在的城邦卡里亚的首都哈利卡那苏斯也早早地臣服于波斯，因此他很了解波斯帝国那令人恐惧的力量。命运和个性让希罗多德选择成为一名旅行者，他曾两次离开生养之地，像一只没有脚的小鸟般四处流浪，最后落根于意大利南部一个名为图里伊的殖民城邦（该城邦于公元前443年，由雅典人在原锡巴里斯城的旧址上建立而成）。他也曾在雅典游历，其间不仅见证了希腊文学艺术的“黄金时代”，还结交了许多在这个时代里出色的作家，如索福克勒斯。希罗多德在游记里记录了许多雅典、奥林匹亚、科林斯和底比斯的传统，以及发生在希腊各地的第一手信息资料。

希罗多德的游历目的和范围

希罗多德的游历并不局限于希腊及其邻近地区，从他在书中的叙述我们可以推测，他曾行经波斯、巴比伦、苏萨、埃克巴坦，也曾在埃及沿着尼罗河向上跋涉；他曾出海到达提尔和利比亚，也曾亲身感受过黑海、克里米亚半岛和科尔基斯的壮丽；他似乎还曾横越小亚细亚半岛，沿着叙利亚的海岸行至埃及的边界。

关于希罗多德旅行的目的一直以来众说纷纭。有人认为这其中一个最简单也是最合理的动机无非是为撰写《历史》做准备，也有人说希罗多德是一名商人，旅行是为了来往贸易。然而在《历史》一书中，我们并没有看到能支持这两种观点的证据，希罗多德在书中也没有对“商人”或“商业”表现出特殊的兴趣，他在收集各地的风土民情奇闻逸事之时也丝毫没有提及“历史”，于是又有人认为希罗多德其实是一个吟游诗人。他就像当年沿街背诵荷马史诗的吟诵者，只不过他叙说的不是那些发生在英雄时代的伟大故事，而是遥远国度的传统与风景——简而言之可能就相当于现代的斯托达德或伯顿·福尔摩斯。从这个角度出发去看《历史》，不难发现希罗多德在希腊各城邦收集传统习俗以及在世界各地领略风土民情时的欣喜和愉悦。当然，他的旅程也具有一定的政治意义。希罗多德行经之处大多是公元前5世纪对希腊有着重大影响的区域，他的游记对渴望建立雅典帝国的伯里克利而言尤为关键。为此伯里克利不惜从雅典公民大会手上调用超过相当于今天的一万美元的资金：一来可以阅读希罗多德最新的《历史》，二来也是出于对希罗多德的政治奖励。以上这些观点都只是推测，没有实质的证据。希罗多德自己曾表示，撰写《历史》只是为了“纪念那些不应该被遗忘的人事，以及存在于希腊及世界各地的伟大奇迹”，他本人也因为以崭新的方式记录旅途上的见闻并使其流芳百世。

希罗多德《历史》的真实性

世人对希罗多德是否能胜任历史记录者一职之事曾有过激

烈的辩论。从一开始他所撰写的《历史》就遭受猛烈的攻击，前有普鲁塔克著文“论希罗多德之阴险”的批判，后有希腊文法学者艾利乌斯·哈伯克特著书《希罗多德历史中的谎言》的驳斥。到了现代，随着科学验证越来越严谨，即使是希罗多德最忠实的崇拜者也不得不承认，《历史》中的描述确实存在着许多严重的缺陷。就像大多数同辈人一样，希罗多德只会说希腊语，对其他语言一窍不通，因此在旅行沟通方面他不得不依赖口译人员或会说希腊语的当地人。于是，他在转述听闻之事时通常也会不断地向读者澄清信息来源，例如他会说“这是波斯人说的”或者“这是埃及的祭司告诉我的”。而即使他所言之事发生在希腊诸城邦内，他也只引用那种民间口口相传的片言只字，绝口不提官方发布的文献资料或实际存在的证据支持。当然，如果就因为这样说他是阴险的谎言之父为免失之公允，因为希罗多德在游记中也经常质疑所闻之事的真实性，并试图把从不同人口中听到的不同信息进行逐一比较从而找到真相，就像他讨论尼罗河定期泛滥对古埃及文明的影响那样。由于当时缺乏科学严谨的考证方法，希罗多德的各种说辞和见解都遭到了多方挑战。尽管他有时候说的故事只能算是民间传说，完全与历史沾不上边——如发生埃及古王拉姆泼西尼德斯时期一桩“以尸诱犯”的逸闻，可无论如何希罗多德于后世之人而言始终是一名毫无私心且乐于分享旅行乐趣的“历史说书人”。

希罗多德的宗教信仰

《历史》不易被世人承认的原因之一，是希罗多德的宗教背景或者说他对宗教的信仰。跟同时代所有人一样，他深信人类的一切皆由神明操纵，因此在《历史》中，他“记录”下了许多神迹和启示，甚至在描述国外之事时也试图将异域神明与希腊诸神联系起来，其中一个例子便是在《历史》的第二卷中，他为了证实希腊神话起源于埃及所做的“努力”。

由此可见，希罗多德在进行历史记录工作时确实缺乏严谨的考证逻辑，难怪古今中外的历史学家们对他评价总是褒贬不一，用一段打油诗来形容则是：

埃及祭司糊弄你，
你却傻傻当了真。
希罗多德的谎言，
相信的人瞎了眼。

尽管身后有着许多不利的批评，但人们始终相信希罗多德在叙说时并不是恶意扭曲事实，只是受到了当时国家种族和时代特点的影响而已，他对历史的贡献是有目共睹的。希罗多德是当时少数能公平地看待异域蛮族的希腊人，他既会赞美希腊各地的美好，也会赞美在国外接触到各种风光与文明之瑰丽。希罗多德太喜欢故事了，所以很难成为一个严谨的历史学家。他更像是一个“历史的说书人”，以清新脱俗简洁明了的风格进行叙述，把不言自明的艺术感镌刻在字里行间，既成就了《历史》在当时欧洲新型文学作品中的地位，也使他成为文学历史上具有鲜明个性的不朽作家。当我们打开《历史》时，那些希罗多德经历过的画面便栩栩如生地展现在我们面前。我们可以像观赏电影般看着他跟随口译员或祭司在波斯帝国的街巷中穿行，在埃及的寺庙里参观：他一方面热切地边听边问，另一方面迅速记录下各地与希腊不同的人文风俗、规则习惯，使自己的叙说更为完整而精彩。除了作为事实，希罗多德的《历史》也是一段非常有趣的人类发展史，它记载了希腊这个卓越的种族在历史发展中曾经出现过的优秀个体以及他们当时所怀抱的崇高信念。

第三节 伊丽莎白时期的冒险家

威廉·艾伦·尼尔森[1]

在标志着欧洲文艺复兴时期探索精神重焕生机的事例中，尤为重要的便是新一轮的地理探险。自 1492 年哥伦布发现新大陆开始后，西班牙便开始在新大陆（主要是中美及南美洲）上进行殖民扩张。西班牙在 16 世纪掌握着欧洲天主教的绝对势力，而在伊丽莎白女王统领英格兰后，英国便与罗马教廷决裂。作为新教徒的领袖，伊丽莎白女王充满了宗教及政治野心，于是决定与西班牙争夺其在美洲的财富与殖民领地，这场争夺带来了无限的商机。在伊丽莎白的英明统治下，英格兰平稳崛起，对扩张市场的需求随之剧增。为此，除了争夺土地外，英格兰的冒险家们开始尝试建立一个庞大的海外商业体，对世界的好奇、对宗教的虔诚、对国家的拥护和对商业发展的追求成了水

[1] 见第六讲第一节作者简介。

手们不远重洋到此一搏的主要动力。

伊丽莎白时期的扩张

然而，冒险家们争夺的目的地从来都不只局限于西班牙美洲殖民地，因此尽管困难重重，他们还是会不断地按需要改变航线。如 1553 年，英国冒险家们试图通过东北航线航行至中国，却阴差阳错地来到了白海进入了沙皇的管辖范围，从而开辟了一条从英格兰直达俄罗斯的贸易路线，打破了德意志汉萨同盟在波罗的海的垄断。他们曾向地中海推进，深入探索的黎波里和摩洛哥，并在希腊各地经商，同时，为了把商品出口至印度，他们兵分两路：一些走陆路，行经埃及，黎凡特地区并横越阿拉伯和波斯；另一些则走水路，从波斯湾绕过好望角来完成目标。随着英格兰与葡萄牙在印度势力争夺的白热化，英国决定于 1600 年成立东印度公司，并由此拉开了大英帝国在印度殖民统治的序幕。

西班牙美洲殖民地

在美洲，英国的冒险家们为了建功立业不惜与西班牙人发生冲突，并努力把最美好的一切留给后世。其中弗朗西斯·德雷克爵士所领导的三次航行、汉弗里·吉尔伯特爵士的发现纽芬兰之旅以及沃尔特·雷利爵士开辟圭亚那新大陆之事都被仔细收录进《哈佛经典》中，其内容除了极具代表性的航海记录外，还包括了冒险家们在所经之处接触到关于科学、宗教甚至海盗的描述。这一切比任何杜撰的故事都要引人入胜，因为字里行间满满皆是旅行者们在面对厄运、经受艰苦时所展现的勇气和耐心，而这其中既有让人振奋的慷慨与善良，也有令人心寒的残酷与背叛。

德雷克爵士还年轻时便已野心勃勃地开始了他人生中第一次行至西方的征程。1572 年，他远征迪奥斯港，劫掠了大批准备上贡给西班牙国王的金银财宝。关于此事，有记录如下：“借助些许光线，我们在地下室看到了满屋子的银条。这些银条每根都有 20 米长，3 米宽，3.5 米高，16 ~ 18 公斤重，要是全部合计起来的话肯定超过 360 吨！”然而，当时船员们并没有马上染指如此巨大而诱人的财富，反而一心希望先找人拯救他们在旅途中受伤的船长。而当一切就绪之后，他们便开始蠢蠢欲动。“那时候西班牙在卡塔赫纳和迪奥斯港拥有超过 200 艘护卫舰，为了安全我们每次只盗取两至三根银条，且尽可能不惹火西班牙人，除非他们对我们宣战或给我们装陷阱。”从记录的后半段来看船员们的行动给西班牙驻军带来了不少的困扰和损失。

地理贡献

这些冒险家们的叙述让我们有机会看到早期美国本土以及其原住民的状况，然而这样珍贵的信息却没能作为地理科学得到普及，大家关注的往往只是表面上充满想象力和娱乐性的探索故事。在约翰·霍金斯的游记中有关于鳄鱼的描述，他说："鳄鱼在刚发现猎物时先是装得楚楚可怜，就像一名虔诚博爱的基督徒，可一旦猎物被迷惑得足够靠近后，它便凶相毕露，于是便有了'鳄鱼的眼泪'这样的谚语，用来形容那些以柔弱博取同情后无情背叛之人，其中以女人为甚。"然而在关于烟草特殊用途的描写中他又说道："佛罗里达的居民旅行时会带上一些干燥的烟草并把它们放在一段一段长长的管子中。当有需要时，他们会把管子点燃吸食烟雾从而熬过缺水断粮的日子，这种方法能保证他们在四五天内不进食也无性命之忧。然而烟草在法国却另有大用，在法国，医生会用烟草帮助病人把胃里的积水和浓痰吐出来。"植物方面，霍金斯也提到"土豆是一种比胡萝卜更好吃的植物果实"以及"美洲的菠萝树大约有两个拳头粗，外皮薄而带刺，果肉吃起来有点像苹果，却比苹果更为鲜甜"。

除了有关动植物的描述外，大部分旅行游记还会使用富有传奇色彩的笔触介绍许多诸如原始部落居民生活习俗等有趣内容。阅读游记时，我们尤其容易被印第安人塞满了黄金和珍珠的宝库所吸引，而冒险家雷利出海寻找传说中的黄金国进而发现圭亚那新大陆之事听起来更像是神话一般。传闻圭亚那的国王不但喜欢使用由金银制造的餐具，连花园里的植物也要仔细地以金银点缀装饰。

冒险家们的手段

在这里不得不澄清一点，上面提到的故事都是从英国人的视角出发进行叙述的。宗教、政治和商业上的角力激化了英国与西班牙之间的矛盾与仇恨，使英国人只看到了西班牙在对待美洲当地人和英国囚徒时残酷。其实英国冒险家们也实非善类，他们中大部分都在从事海盗以及贩卖黑奴的活动。冒险家们的勇敢和坚持以及他们对同伴及女王的忠诚固然能赢得我们的钦敬，但他们那些把人当货物般贩卖的不人道行为以及无情剥削黑奴人权的诸多恶行也引起了我们的反感与警惕。在把黑奴运往西印度群岛的路上一旦遇到风浪，冒险家们便会毫不犹豫地把奴隶们丢进海里以减轻船身负重——也许在冒险家们看来，这些在非洲逮到的黑奴不过是一种商品，跟牛羊牲畜也没有什么区别。当然，在这一系列由追逐黄金和征服土地引起的恐怖事件中，我们也不断看到冒险家们对敌人的宽宏大量、对同胞兄弟的维护热爱、对名誉荣耀的坚守以及对世间规则的尊重，

而这一切照亮了人类的大航海时代。

叙述的风格

以游记作者的见闻为基础写成的文学作品甚至能比航海家们走得更远。冒险家本人以及其代表国的荣耀，兄弟同胞们在抗敌时的众志成城和平安归航后对冒险经历的侃侃而谈都是旅行者写作的主要动力。不过他们在讲故事时并不会特意塑造风格和修辞，只会从心出发把一切用朴素易懂的方法表达出来。这是一个航海家们有着极大热情和无限野心的时代，每一次远征计划都始于梦幻般的狂热想象，然后在执行时伴以无私的奉献、大无畏的精神和极端的手段。现代人大多已认清了海盗活动的丑恶，但航海家和冒险家们的勇往直前、所向披靡还是会撼动我们的心灵，唤起我们的想象力。

> 尽管被时间消磨，被命运削薄，
> 我们的意志坚强如故，坚持着
> 奋斗、探索、寻求，绝不示弱。

第四节　发现的时代

威廉·贝内特·蒙罗[1]

15 世纪末，黑暗时代结束了。随着君主权力的膨胀和正规常备军的崛起，中世纪的封建制度不再适合时代的需要，逐渐失去了它对各个阶级的支配力量，从前各自为政的小国家开始合成一个大联邦。如卡斯提尔和阿拉贡归顺了西班牙王国，法国的各个省市在波旁皇族的统治下浑如一体，英格兰则解决了长期以来的内部争斗，在都铎王朝的带领下平稳发展。这种巩固和团结激发了这些国家的国家意识和领土扩张的渴望，地理学研究的复兴和指南针在航海上的应用使水手们有信心大胆地进行远航探索。而当土耳其决定关闭地中海港口与东方之间的旧有贸易航线时，西方国家的航海技术已经成熟到可以毫无顾忌地进行新大陆探索了。

---

[1]　威廉·贝内特·蒙罗（1875—1957），哈佛大学教授，美国政治学家兼历史学家。

哥伦布的航行

第一次代成功发现新大陆的航海家哥伦布出生于意大利热那亚，他的出航代表着西班牙皇室的利益。热那亚是地中海首屈一指的商业城市，而西班牙则是当时欧洲最为强大和进步的君主制国家。凭借着与生俱来的勇气、娴熟的航海技巧以及整个国家的财政支持，哥伦布为西班牙皇室挣得了巨额财富。关于哥伦布的探险故事，包括他如何经历 33 天航行终于达到印度群岛、如何与当地居民接触以及如何发现新大陆等种种事迹，每个美国学生都耳熟能详。但无论别人如何转述，都不如亲耳听听真实历史的说法。首先，哥伦布并不是第一个发现新大陆的人。在哥伦布首次从帕洛斯起锚的将近四个世纪前，斯堪的纳维亚人探险队便在红发埃里克之子莱夫·埃里克松的带领下，从挪威在格陵兰岛的殖民地出发行至北美文兰森林海岸。至于文兰指的到底是加拿大的拉布拉多、新斯科舍还是美国的新英格兰，历史学家们众说纷纭，目前公认的推断是，也许莱夫和追随者们确实曾经远道而来，但并没有证据表明他们有在拉布拉多南部登陆过。况且，斯堪的纳维亚人的探险并没有实施任何土地殖民，于是新大陆的丰硕果实便阴差阳错地留给了哥伦布和那些跟随他出生入死的冒险家。

哥伦布的归航带来了关于海地岛上财富资源的消息，让整个欧洲都沸腾了起来，于是西班牙皇室迫不及待地催促哥伦布再次出航，以便垄断整个新大陆的利益，而其他国家也不甘落后，纷纷派出冒险家，试图在殖民地的抢夺中分一杯羹。这些被派遣出海的冒险家中还包括了意大利佛罗伦萨航海家阿美利哥·维斯普西，他在1497年时横跨大西洋到达美洲，并在归航时带来了当地详尽的地理信息，于是后来的欧洲地图制图师便以他的名字命名新大陆。同年，卡伯特父子也在英王亨利八世的授意下，从布里斯托尔起航远征拉布拉多海岸，为以后英国在北美洲的殖民统治奠定了坚实的基础。至于法国则任命了航海家雅克·卡蒂埃负责新大陆的探索工作，而后者也不负众望地为法王挣得了圣劳伦斯河谷的管辖权。

美洲殖民

为了获得新大陆土地的拥有权，光靠发现是不够的，还要有殖民和驻军。为此，西班牙率先利诱本国人民移民到西印度群岛、中美和南美大陆等地区，葡萄牙紧随其后占领了盛产贵金属的巴西海岸。英国稍有落后，当卡伯特父子到达新大陆时大部分土地已经被西班牙占据了，于是退而求其次，从西班牙手里抢过从佛罗里达海岸到芬迪湾的领地，虽然那里没有丰富的矿藏，但从长远来看却十分有利于英国航海运输的发展。动

作最慢的法国避开了竞争者的锋芒，向北深入阿卡迪亚并占据了圣劳伦斯河谷及北美五大湖区。看到此情形，其他欧洲国家开始坐不住了，于是瑞典连忙在特拉华州布点，而荷兰也赶紧在哈德孙地区划下势力范围。可惜他们最终也只是替人做嫁衣裳，不久后，瑞典、荷兰连同法国在美洲的殖民地都悉数落入了英国人的手中。

弗吉尼亚和新英格兰

英国前后在大西洋沿岸地区建立了两个殖民地。1607 年初，一队由 100 人组成的英国移民团来到在弗吉尼亚州的詹姆斯敦定居，从而成立了英国在北美洲第一个永久殖民地。面对新大陆上的重重困难，殖民地上的居民以不屈的精神坚守阵地。他们先是根据皇家法律创立了一套适合于当地的地方自治制度，然后又借鉴了英国当时现行的行政架构建立了自己的自治区和民选政府。而另外一队移民团——五月花号上的朝圣者们则因为海难被迫停靠在肯纳贝克河出海口，并于 1620 年登陆马萨诸塞州的普利茅斯，从而建立新英格兰殖民地。朝圣者们从英国出发，行经荷兰时遭遇海上风暴，历经多番磨难终于到达大洋彼岸。为了创建一个能安居乐业的地方，朝圣者们在登陆前立下了政治协议，掌权者必须“还政于民”并且制定法律以保护新社区的未来。虽然慢慢地殖民地里的人口开始有些增长，但从第一次摸到普利茅斯岩到定居 10 年后，那里的总人数依旧不超过 300。一开始殖民地里实施的是共产主义经济和社会制度，但很快这种制度便因为“水土不服”被舍弃。而随着殖民地居民们的不断努力，普利茅斯终于逐步踏上了繁荣昌盛的发展之路。另外在马萨诸塞州内还发生了一件大事，1630 年，约翰 · 温斯罗普带领将近 1000 人在马萨诸塞州海岸登陆，并于随后的两年内在当地建立了 6 个城镇，包括波士顿。50 多年后，普利茅斯和马萨诸塞州的各个殖民地合并起来并于 1690 年成立马萨诸塞省。

到了 1630 年，英国在大西洋北部和南部海岸的殖民前哨站已发展得相当稳固，下一步就是剑指中部了。当时由于宗教分歧，一部分马萨诸塞州的居民被驱逐至南部的罗德岛和康涅狄格州，而威廉 · 佩恩和巴尔的摩男爵等人则在英国皇室的支持下，按照自己理想和计划新建了宾夕法尼亚和马里兰两个殖民地。随着英国国力的壮大，原本属于瑞典人的特拉华州和属于荷兰人的哈德孙地区最后都落入了英国人之手，而自拥有了从弗吉尼亚到马萨诸塞州整个地区后，英国的下一个目标便是吞并法国在美洲的据地，争夺其已有的利益。

内陆考察和商业贸易

除了殖民活动，当时欧洲各国也在美洲进行内陆考察。17世纪时，法国航海家便曾在五大湖区和密西西比河地区探索，而英国的毛皮商人为了贸易也曾深入新英格兰的腹地，而当时北美两个主要的殖民国家英国和法国都曾利用商人和紧随而来的传教士扩大本国在新大陆上的影响力，在阿勒格尼山脉西面的殖民地建起前，两国就因为土地问题爆发了长期的斗争。法国殖民者虽然在人数和物质补给上比较缺乏，但他们心智坚忍，且在探险和捕猎方面胜人一筹，这使得英国试图驱逐法国扩张领土的计划变得困难重重。只可惜两国实力的差距实在太大了，最终英格兰占领了从大西洋沿岸到密西西比河的整个地区，盛极一时。

第五节　达尔文在小猎犬号上的旅程

乔治·霍华德·帕克[1]

即使没有《小猎犬号航海记》，查尔斯·达尔文也一定是一个出色的博物学家，起码英国地质学家塞奇威克在看过年轻的达尔文寄回英国的旅游信件后是如此断定的——而这时达尔文的环球旅行考察尚未结束。事实证明，达尔文在小猎犬号上的航行是所有一切的开始，它不但使查尔斯·达尔文成为一名杰出的科学家，还使他的名字与功绩流芳百世。

传统的学院教育无法引起达尔文的学习兴趣，从孩提时起，他便迷上了自然界的奥秘，那些矿物、植物、昆虫和鸟类最能激起他的求知欲和行动力。达尔文的父亲把他送到剑桥大学读书时本希望他能成为一个“尊贵的牧师”，后来在导师亨斯洛的鼓励下，达尔文决定把自己的兴趣爱好钻研成一门专业知识。

[1]　乔治·霍华德·帕克（1864—1955），哈佛大学教授，美国动物学家。

远行的机遇

1831 年，为了完成从几年前就开始的对巴塔哥尼亚地区和火地岛的考察，英国海军把小猎犬号改造成一艘拥有 10 门大炮的双桅纵帆船，同时四处招揽船员出海调查智利、秘鲁和部分太平洋岛屿的地理概况，并从世界各地收集具有代表性的标本。要完成这样的任务，船上必须有一位博物学家。通过船长胡茨罗伊和亨斯洛教授的游说，达尔文好不容易获得了小猎犬号环球航行的机会。亨斯洛教授推荐达尔文的理由并不仅仅因为他是一个杰出的博物学家，而是达尔文对自然历史的理解使他能观察到别人看不到的细节，从而收集到更多有价值的事物。

小猎犬在两次不成功的尝试后，终于在 1831 年 12 月 27 日从英格兰的德文波特港出发。而在巡航了将近 5 年后，于 1836 年 10 月 2 日返回英格兰的法尔茅斯港。在航行过程中，小猎犬首先穿过大西洋来到巴西海岸，然后沿着南美洲东海岸到达火地岛，之后向北拐，绕过智利和秘鲁的海岸。在临近赤道附近时，小猎犬号朝西方前进，横越太平洋到达澳大利亚。随后从澳大利亚出发，穿过印度洋绕过好望角，再次从大西洋航行至南半球的巴西海岸。完成了这次环球航行后，小猎犬号沿着之前的航线返回英国。

达尔文从小猎犬号离开英格兰时才 22 岁，并不知道之后 5

年的海上航行生涯会对他的人生有怎么样的影响。他曾经说过此次出海代表着他的新生，而起锚那一天便是他第二生命的生日。而他自童年起便向往的周游热带地区的梦想，这次终于得以实现了。他从巴西寄给朋友福克斯的信中说道："离开英国后，我的心便充满了暴风雨般的喜悦和惊叹。"他也曾从里约给亨斯洛捎话说："在这里我第一次感受到热带森林的宏伟与壮丽，没有什么比这更令人感动的奇迹！"这另外，他在被采访时也说过："巴西那丰富的植物资源让我仿佛进入了'一千零一夜'的幻境。这里异域的风光让我欣喜欲狂，无论何时何地都有令人目不暇接的发现。"由此我们不难想象这位天生的博物学家对这次科学航行的热爱。

博物学家的修炼

在小猎犬上的航行让达尔文看到更广阔的世界，并让他有机会在博物学的领域深入研究。在这 5 年里，他克服了艰辛，努力完成使命。小猎犬号毕竟只是一艘船，无法容纳太多博物学者想要的标本，于是备受达尔文尊敬的舰务官难免诸多怨言——就像他时常挂在嘴边说的："这都是些什么脏兮兮的东西啊？如果我是船长，肯定把它们一件不剩全部丢到海里！"之所以达尔文如此感激这位舰务官却也是出于差不多的原因——

小猎犬号虽然空间狭小，但所有东西包括他的收集品都被打理得干净整齐，这为他有条理地工作创造了最有利的条件。在小猎犬号上他还学到了节省时间的黄金法则，即利用好每一分钟。而这个法则对他的研究也有着重要的意义，因为所有生命的进化都是一个连续的过程，与时间息息相关。

航海生涯磨炼了达尔文的心性，使他在没有天时地利人和的情况下依然能坚持工作。小猎犬号旅程刚开始的头三周达尔文还撑得住，可一遇上大风浪他的身体便开始出现各种不适反应。他在 1836 年 6 月 3 日写的信中留下了相关的记录：“现在的我似乎比 3 年前更虚弱了，一点天气变化就叫我卧病好长时间。幸运的是这次航行快要结束了。”尽管如此，达尔文还是孜孜不倦地坚持工作。而早期的这些艰辛让他在日后不易被世事烦扰所影响，继续潜心研究。

环球旅行回航时达尔文的精神状态有点低落，他从巴西的巴伊亚给妹妹去信时说：“小猎犬准备离开巴西的海岸线，四年的航行眼看就要结束了，曾经的热情也已消失无影。如今就算再让我深入巴西森林，我也不会兴奋莫名了。”然而几年后，达尔文在他的自传里说：“我在热带森林里看到的一切直到如今依然记忆犹新。”

航行的实用价值

关于小猎犬号航行的价值，我们不妨听听达尔文本人的看法。他曾在晚年时说过："这段旅程一直是我生命中最重要的经历。它磨炼了我的心智，让我亲眼见证了自然历史的发展，帮助我观察更多更细的东西。"而在写给船长胡茨罗伊的信中他提到："无论其他人怎么看待小猎犬号的航行，对于我来说那是一生难得的幸运，就算其中也夹杂着艰难与困苦，但我依然感念您推荐我作为博物学家同行的恩情。我的脑海中总是会回忆起在小猎犬号上的点点滴滴，以及它航行时挺拔的身姿。这些回忆，这些我在自然历史中探索到的奥秘都是无价之宝，让我永世不忘。"

小猎犬号的航行不仅磨炼了达尔文，而且具有相当重要的实用价值。达尔文经手收集的大量标本让当时的博物学家们对异域的海陆动植物有了更深刻的了解，引用在《查尔斯·达尔文的生平与信件》一书中的话："达尔文在参与排列和描述这些异域收集品时意识到，他不应该只停留在收集标本的工作上，他应该借助这些标本进行更伟大的研究。"然而在提到那些标本的实用价值时，达尔文本人心里也有点七上八下，他在1834年给亨斯洛去信说："也许你会不以为然，但我真的觉得我收集到的标本太少了！为了证明我的想法，现在只能将勤补拙了。"通过小猎犬号航行收集到的标本和物质让达尔文有机会以博物学家的身份与当时许多杰出的科学家们沟通合作。

航行的考察结果

达尔文在航行结束时不但带回了大量有趣的标本，还在心里隐约产生了一个新的想法，这个想法在考察旅程即将完成时迅速成型。在航行的后半程达尔文花了很长时间在一个珊瑚岛上进行研究，后来，他基于充分而确凿的证据提出了关于这些漂亮的沉积物形成的原理并获得了科学界的普遍承认。当然，珊瑚岛并不是他唯一的研究对象。达尔文几乎用了一生的时间反复思考物种起源的问题。虽然他在信件和航海日记里很少提及，但他在自传中说过他从归航不到一年时间的 1827 年 7 月起，便开始把长期观察到的关于物种起源的真相一点一点写成笔记。小猎犬号之旅不但给了达尔文考察的机会，还启发了他研究的灵感。

对于英国海军来说，虽然小猎犬号的航行花费了不少金钱、时间和精力，但获得的成果是有目共睹的。事实上这次航行的伟大之处并不仅仅是实现了军事开拓，同时也成就了博物学家达尔文，使他“拥有足够的能力与毅力开辟科学界的先河”。